U0579033

权威·前沿·原创

皮书系列为
"十二五""十三五"国家重点图书出版规划项目

BLUE BOOK

智 库 成 果 出 版 与 传 播 平 台

旅游安全蓝皮书
BLUE BOOK OF TOURISM SAFETY

中国旅游安全报告（2021）

ANNUAL REPORT ON CHINA'S TOURISM SAFETY AND SECURITY STUDY (2021)

主　编／郑向敏　谢朝武　邹永广

社会科学文献出版社
SOCIAL SCIENCES ACADEMIC PRESS (CHINA)

图书在版编目（CIP）数据

中国旅游安全报告.2021 / 郑向敏，谢朝武，邹永
广主编. -- 北京：社会科学文献出版社，2021.10
（旅游安全蓝皮书）
ISBN 978 - 7 - 5201 - 8594 - 3

Ⅰ. ①中… Ⅱ. ①郑… ②谢… ③邹… Ⅲ. ①旅游安
全 - 研究报告 - 中国 - 2021 Ⅳ. ①F592.6

中国版本图书馆 CIP 数据核字（2021）第 124967 号

旅游安全蓝皮书
中国旅游安全报告（2021）

主　　编／郑向敏　谢朝武　邹永广

出 版 人／王利民
责任编辑／崔晓璇　岳梦夏
责任印制／王京美

出　　版／社会科学文献出版社·政法传媒分社（010）59367156
　　　　　地址：北京市北三环中路甲 29 号院华龙大厦　邮编：100029
　　　　　网址：www. ssap. com. cn
发　　行／市场营销中心（010）59367081　59367083
印　　装／天津千鹤文化传播有限公司

规　　格／开 本：787mm × 1092mm　1/16
　　　　　印 张：20.75　字 数：319 千字
版　　次／2021 年 10 月第 1 版　2021 年 10 月第 1 次印刷
书　　号／ISBN 978 - 7 - 5201 - 8594 - 3
定　　价／138.00 元

本书如有印装质量问题，请与读者服务中心（010 - 59367028）联系

▲ 版权所有 翻印必究

《旅游安全蓝皮书》编辑委员会

顾　　问　范维澄　中国工程院院士、清华大学公共安全研究
　　　　　　　　　院院长

主任委员　戴　斌　博士，中国旅游研究院院长、教授
　　　　　郑向敏　博士，华侨大学旅游安全研究院院长、教授
　　　　　　　　　中国旅游研究院旅游安全研究基地主任

副主任委员　张　捷　南京大学旅游研究所教授
　　　　　　　　　中国地理学会旅游地理专业委员会主任
　　　　　谢朝武　博士，华侨大学旅游学院院长、教授
　　　　　　　　　华侨大学旅游安全研究院副院长

编　　委　（按姓名音序排列）
　　　　　戴　斌　韩玉灵　黄远水　李九全　梁明珠
　　　　　陆　林　马　波　申世飞　田　里　肖洪根
　　　　　谢朝武　谢彦君　张　捷　张凌云　张志安
　　　　　郑向敏　周　沛

《旅游安全蓝皮书》编辑部

主　　　编　郑向敏

副　主　编　谢朝武

参与编写人员名单

主　报　告

撰　稿　人　华侨大学旅游学院暨中国旅游研究院旅游安全
　　　　　　研究基地

执　笔　人　郑向敏

专题报告撰稿人　（以专题报告出现先后为序）

郑向敏　陈雪琼　王雷君　吴巧芳　汪京强

冯　萍　张　弛　吴敬源　施亚岚　曹永青

黄安民　成汝霞　陈秋萍　吴佳佳　刘紫娟

林美珍　李　月　王彦文　侯志强　韩紫薇

叶新才　李袭明　徐天雷　王新建　池丽平

王　芳　佟晓宇　汪秀芳　张　慧　唐　铭
王婷伟　谢朝武　方　雪　周灵飞　李梦媛
曾武英　刘泽华　李勇泉　张　帆　兰丹妮
罗景峰　安　虹　范向丽　吴阿珍　殷　杰
纪颖超　许国玺　章　坤　李蓓蓓　皮常玲
王　璐　宁　军　邹永广　关智慧　杨　勇
吴　沛　韩玉灵　崔言超　周　航　陈学友
陈金华　林　海　李宇靖　朱芊儒　黄远水
赖丽君　李智莉

编辑部办公室

谢朝武　王新建　邹永广　殷　杰　罗景峰
阮文奇　熊娜娜

主要编撰者简介

郑向敏　华侨大学旅游安全研究院院长、教授、博士生导师，中国旅游研究院旅游安全研究基地主任、首席教授，中国旅游协会教育分会副会长、教育部MTA教学指导委员会委员、全国旅游星级饭店评定委员会国家级星评员、原国家旅游局《旅游安全管理暂行办法》修订专家组组长。长期从事旅游安全与风险领域的研究工作，主持旅游安全领域的国家级、省部级科研项目10余项，出版国内首部旅游安全领域的专著《旅游安全学》，近期关注方向包括旅游安全评价、旅游职业安全、岛屿旅游安全等。

谢朝武　华侨大学旅游学院院长、教授、博士生导师，华侨大学旅游安全研究院副院长，文化和旅游部优秀专家。长期从事旅游安全与应急领域的研究工作，曾担任原国家旅游局"旅游安全管理实务丛书"执行副主编、参与原国家旅游局配合《旅游法》起草研究工作，曾主持旅游安全领域的国家自然科学基金、国家社会科学基金、教育部人文社科基金、省部级重大重点课题等项目，曾入选"福建省高等学校新世纪优秀人才支持计划""国家旅游局旅游业青年专家培养计划"。近期主要关注旅游应急管理、旅游安全行政治理等。

邹永广　华侨大学旅游管理系主任、教授、博士生导师，美国南卡罗莱纳大学访问学者，入选"福建省高校杰出青年科研人才计划"，获泉州"五四"青年奖章。长期从事旅游安全相关领域的研究工作，主持旅游安全领域的国家社科基金项目、文化和旅游部宏观决策项目、福建省社科规划项目等研究课题，近期主要关注华侨华人与旅游安全、跨区域旅游安全合作治理等。

序

    应邀为华侨大学主持完成的《中国旅游安全报告（2021）》撰写序言，内心深处实在有些忐忑不安。一是知识背景差异，这毕竟是站在全域视角系统审视旅游安全的年度报告，其信息容量、学科交叉、研究视角、情况掌握等知识信息，都非自己一时一刻可以知晓和理解；二是研究题材特质，安全几乎是所有生命体出于本能的追求，更是人类最基本的生存需求，更何况以体验生活质量为特征的旅游对安全有着更高要求，这是自己缺乏体悟的"在熟知中发现无知"的研究聚焦；三是学术追求的坚韧，将特定现象作为研究对象来关注是学术研究的起步，而锁定对象并持续性关注则是学术的追求，集聚团队成员历年不断地关注，这是进入精神层面的顽强执着和毅力品行的塑造，这是经得起时间沉淀和耐力检验的坚韧。好在自己与华侨大学探索者们相识很久，贸然写下一些感想、寄语、思绪等也不会不恭。

    第一，确立旅游安全学科方向，彰显学术团队的凝聚力。一是聚焦旅游安全的学科方向凝练。全国有600多所各种层次的旅游院校（系、所），超过5万人的学术队伍（教学型、研究型、教学研究型），华侨大学的旅游学术团队彰显其旅游学科建设特色与优势，撑起了"旅游安全"研究的大旗，无论是学位论文选题，还是发表学术论文主题，抑或是科研立项课题，都集聚在"旅游安全"研究这一主脉之上。二是学术团队持之以恒的坚持。旅游安全蓝皮书将食住行游购娱纳入旅游要素安全视野，体现出学术研究立足于产业又服务于产业的务实追求，为旅游产业审视产业要素安全打开了一扇大门，并连年推出中国旅游安全报告，这集合着团队成员的坚持。三是学术

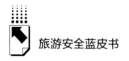

选题的理论悟性。团队的成长需要一位睿智的领头人，学术团队领衔者的学术悟性加上团队成员群策群力的学术追随，以"旅游安全"作为学科研究主攻方向，是华侨大学的旅游学术团队对高等院校旅游学科建设最具有启示性意义的学术实践。

第二，构建旅游安全专业特色，凸显人才培养质量。一是遵循专业规范基础上的特色彰显。按照教育部《普通高等学校本科专业类教学质量国家标准》要求，旅游管理类专业"4＋3"核心课程模式规定了旅游管理类各个专业的核心课程体系，这是人才培养质量的基本保障和合格要求。在此基础上，以产业特色和学科优势为依托开设专业特色选修课程，是各个院校发挥办学自主权和学科优势的专业空间，以旅游安全为主题的选修课程开设就是华侨大学旅游类专业的特色。二是优势特色发挥需要基石土壤。华侨大学旅游安全蓝皮书将自然灾害、事故灾难、公共卫生、社会安全事件等纳入旅游安全视野，体现出专业培养立足现实发展，为课程教案撰写、教学案例开发、课堂教学讲授、学生学术训练、学生毕业实习等提供了肥沃的选题土壤与训练素材。三是科研成果需要向教学素材转化。华侨大学以旅游安全学科研究为土壤，从本科生阶段至硕士生阶段再到博士生阶段开设以自身优势学科为背景的旅游安全选修课程，是其为高校打造人才培养模式树立的一个值得借鉴的样板。

第三，建设旅游安全研究基地，耕耘在祖国大地上。一是不忘初心和使命。为社会经济发展服务是高等院校的使命之一，也是发挥高校人才密集优势的义务担当。作为中国旅游研究院旅游安全研究基地，华侨大学义无反顾地将人才培养与学科优势聚焦在国家战略性支柱产业的实践运行安全需求上，围绕产业运行的安全问题开展学术研究。二是关注现实热点问题。旅游安全蓝皮书将节假日旅游、自助旅游、旅游保险、旅游安全预警应对、女性旅游市场、研学旅行、安全指数等纳入旅游产业运行热点安全视野，体现出学术研究回应现实发展需求的实践研究导向。三是认真履职创新学术。每一次中国旅游研究院基地年会都会听到华侨大学关于"旅游安全"掷地有声的呼吁，每次发言均会目睹华侨大学学者自信的身影，每次关注都会看到一册旅游安全的年度报告，反映出华侨大学旅游学人的责任与使命，这是华侨大学旅游学术研究关注产业实践的价值倾向给学界同仁最大的行动启发与责任承诺。

学术真谛的揭示需要不懈的探索，学术智慧的淬炼仰赖学术的交流。漫步在华侨大学泉州校区美丽的校园，沐浴着闽南温暖的海风，徜徉于椰榕花丛的芳香之中，一切都令人难忘。"爱拼才会赢"是人们对闽南一方水土的基本认知，我们期待着华侨大学旅游研究的同仁们有更多成果问世。

田　里

教育部旅游管理类专业教学指导委员会主任委员

中国旅游协会旅游教育分会副会长

中国旅游研究院学术委员会副主任

云南大学特聘教授、博士生导师

2021 年 2 月 28 日于昆明

前　言

2020 年是我国旅游业最艰难的一年。年初突袭而至的新冠肺炎疫情给旅游业造成了全行业、系统性、全球性的长期影响，据国家统计局公布的消息，全年国内游客 28.8 亿人次，比上年下降 52.1%，入境旅游 2720 万人次，同比减少 81.3%。从疫情发生初期全国性"停组团、关景区、断交通、禁止人群集聚"，到疫情逐步得到控制后的防控性复工复产，先后出现了大量游客中途返程、异地滞留、退订投诉和旅游企业因资金链断裂关停或倒闭等旅游经营问题，发生了酒店坍塌、客运火车侧翻、景区火灾等重大涉旅安全事故。但我国旅游业经受住了严峻形势的考验，全年没有出现因为有组织的旅游活动而传播和扩散疫情，没有发生较大的旅游安全事故负面舆情，重特大涉旅安全事故也较往年明显减少，旅游安全事故率继续保持在较低的水平，体现了较强的旅游行业安全管理能力。

在党和国家的坚强领导下，我国迅速控制住了新冠肺炎疫情，并于2020 年 7 月中恢复了跨省团队旅游业务。由于境外疫情形势依然严峻，我国进入了疫情防控常态化阶段。受此影响，2020 年我国居民出游以短程、城市周边放松休闲为主，户外登山探险活动蓬勃发展，呈现更鲜明的多元化、个性化的现代旅游和休闲需求特点。在此背景，非常态旅游安全问题、非景区游客安全事故、超旅游行业监管领域的安全问题凸显，彰显了全域旅游背景下对强化旅游安全管理综合协调、提升旅游安全文化软能力和构建立体防控体系的安全管理需求。在新的时期，旅游安全管理工作需要进一步整合应急管理、市场监督管理、卫生健康等部门力量，强化特定旅游活动

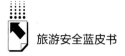

区域与特定旅游活动项目的安全监管；需要将旅游安全知识宣传、安全应急能力培训、旅游安全意识培育渗透进社区、学校、非政府组织、志愿者体系等，营造全社会旅游安全文化氛围。

疫情是一把"双刃剑"，新冠肺炎疫情虽然加剧了我国旅游业产品结构失衡、重复低效投资与供需错配问题的矛盾，暴露了部分旅游新业态供给模式的脆弱性，但也为构建高质、高效、健康的旅游供给体系提供了一个"去无效产能、调产品结构、精炼发展模式"的机会。为防控新冠肺炎疫情，旅游行业广泛实施景区流量控制、预约体验与预订服务、无接触服务等，云旅游、线上线下互动营销成为热点，现代信息技术与安全技术在科学控制景区流量、防人群拥挤、追踪游客足迹、智能预警等旅游安全管理方面展示了巨大的应用潜力，为疫情后旅游业实施安全科技赋能、进一步优化旅游安全管理体系、强化旅游安全管理手段、延伸旅游安全管理空间、全面提升旅游安全管理能力、保障旅游业高质量发展奠定了基础。

《中国旅游安全报告（2021）》是中国旅游研究院旅游安全研究基地（华侨大学）按年度推出的示范性研究成果旅游安全蓝皮书的第十部。全书分为总报告、专题报告两部分。总报告对2020年全年旅游安全的总体形势及2021年发展趋势进行了概括。专题报告由产业安全篇、安全事件篇、安全管理篇、区域安全篇四个部分组成，结合案例数据与行业管理实践，分析了旅游各行业安全、各类型涉旅安全事件、特定旅游项目安全问题以及旅游行业安全管理的现状、特征、影响因素和发展动态，提出了2021年面临的挑战和发展趋势。安全管理篇组织了相关专家对旅游行政部门的疫情应对以及疫情影响节假日旅游、自助旅游、旅游保险、旅游安全预警、女性旅游、聚集性游客、研学旅行及其应对策略等进行了专题研究。区域安全篇部分对港澳台旅游以及北京市旅游的安全表现形态、影响因素、管理手段等进行了系统分析。

本报告是中国旅游研究院旅游安全研究基地及全国旅游安全研究专家学者集体智慧的结晶。研究基地、华侨大学旅游学院及全国旅游安全领域的专家学者分别参加了部分章节的编写。本书的完成与出版得到了文化和旅游部、中国旅游研究院领导的指导与帮助，得到了北京、吉林、四川、福建等省市文化和旅游局、华侨大学校领导和科研管理部门的大力支持，也得到了社会科学文献出版社的关心、支持与帮助，在此一并表示诚挚的谢意。

鉴于旅游安全涉及范围广，旅游安全案例素材庞大，但缺乏统一和权威的来源，加上作者认识和判断的局限性，难免出现统计数据的疏漏，热诚欢迎广大读者批评指正！希望旅游安全蓝皮书能为中国旅游业的安全发展做出贡献。

摘　要

　　旅游安全蓝皮书《中国旅游安全报告（2021）》是华侨大学旅游学院、华侨大学旅游安全研究院与中国旅游研究院旅游安全研究基地组织专家编写的年度研究报告，是社会科学文献出版社"皮书系列"的重要组成部分。本年度旅游安全蓝皮书由总报告和专题报告两部分组成，其中专题报告又分设产业安全篇、安全事件篇、安全管理篇和区域安全篇四个篇章。

　　总报告从 2020 年我国旅游安全的总体形势入手，全面分析了我国旅游住宿、餐饮、交通、景区、购物、娱乐、旅行社等主要分支行业的安全情况，并深入剖析了涉旅自然灾害、事故灾难、公共卫生事件、社会安全事件等各类型旅游突发事件的发展态势。总报告系统回顾了各类旅游主体在 2020 年的主要管理工作，分析了 2020 年影响我国旅游安全的主要因素，并对 2021 年的旅游安全态势进行了分析与展望。

　　2020 年境内外旅游安全管控难度较大，以新冠肺炎疫情为主的影响因素依旧复杂多变，对我国旅游业产生较大影响。尽管 2020 年旅游安全事件类型多样、旅游安全形势较为严峻，但在党中央、国务院的统一领导下，在各级党委和政府的支持下，全行业继续坚持"安全第一、预防为主、综合治理"的方针，贯彻执行《中华人民共和国安全生产法》《中华人民共和国旅游法》《中华人民共和国突发事件应对法》等法律安全规定，全国各级政府和行业通过提升安全防控能力，落实旅游企业安全生产责任，构建安全联防联控体系，强化联动处置机制，继续加强旅游安全培训、防范、预警及应急处理，合理化解了各种旅游突发事件，保障了 2020 年我国旅游业总体安

全平稳发展。

旅游分支行业的安全形势包括：旅游住宿行业的安全事件数量有所上升，旅游餐饮安全形势较为严峻，旅游景区安全事件表现出时空的不均衡性，旅游购物安全事件明显增加，旅游娱乐安全形势趋好，旅行社业生存艰难且总体安全态势较为紧张。从分类事件来看，涉旅自然灾害事件趋势向好、伤亡人数有所下降，涉旅事故灾难的规模趋于平稳、呈小幅度增长，涉旅公共卫生安全的形势严峻，涉旅社会安全事件数量有所减少，安全管理权责须完善。

总报告提出，2020年全国旅游安全形势总体平稳，但影响旅游安全的因素依旧复杂多样，风险因素、技术因素、治理因素和保障因素等负面作用依然存在。2020年，我国在强化旅游安全预防预备、统筹旅游安全疫情监测、加强旅游安全生产、完善旅游应急处置能力、发挥旅游保险作用等方面优化旅游安全治理。展望2021年，疫情防控依然是重要任务，同时旅游公共卫生管理将精细化、人性化和智慧化，高风险项目也是旅游安全防控的重点，要进一步完善旅游安全管理机制，化解旅游重大风险，使旅游安全预警体系更加体系化和智慧化。

专题报告分设了产业安全篇、安全事件篇、安全管理篇和区域安全篇四个板块。其中，产业安全篇对旅游住宿、旅游餐饮、旅游交通、旅游景区、旅游购物、旅游娱乐和旅行社的安全态势进行了全面分析；安全事件篇对涉旅自然灾害、涉旅事故灾难、涉旅公共卫生事件、涉旅社会安全事件的态势进行了综合分析；安全管理篇主要围绕疫情防控常态化背景下旅游安全行政管理、节假日旅游安全、自助旅游安全、女性旅游安全、旅行社责任险、旅游安全预警、旅游安全年度热点事件和民宿业态安全及其管理等组织了一系列文章；区域安全篇主要对国内较具代表性的北京市的旅游安全形势与管理经验进行了深度分析，同时对港澳台地区的旅游安全形势进行了介绍。

关键词： 旅游产业安全　旅游安全事件　旅游安全管理　区域旅游安全

目 录

Ⅰ 总报告

Ⅱ 专题报告

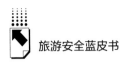

皮书数据库阅读**使用指南**

总 报 告
General Report

2020～2021年中国旅游安全
形势分析与展望

旅游安全蓝皮书编委会　郑向敏（执笔）

　　全面提高依法防控依法治理能力，健全国家公共卫生应急管理体系。各级党委和政府要全面依法履行职责，坚持运用法治思维和法治方式开展疫情防控工作，在处置重大突发事件中推进法治政府建设，提高依法执政、依法行政水平。各有关部门要明确责任分工，积极主动履职，抓好任务落实，提高疫情防控法治化水平，切实保障人民群众生命健康安全。

　　——摘自习近平总书记在《求是》上的重要文章《全面提高依法防控依法治理能力，健全国家公共卫生应急管理体系》

　　树牢安全发展理念，加强安全生产监管。各级党委和政府务必把安全生产摆到重要位置，树牢安全发展理念，绝不能只重发展不顾安全，更不能将其视作无关痛痒的事，搞形式主义、官僚主义。要针对安全生

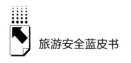
产事故主要特点和突出问题，层层压实责任，狠抓整改落实，强化风险防控，从根本上消除事故隐患，有效遏制重特大事故发生。

　　——摘自习近平总书记于 2020 年 4 月 10 日就安全生产作出的重要指示强调

　　各地文化和旅游行政部门要指导旅行社在做好疫情防控的同时，严格落实复工复产安全责任措施，重点做好经营场所和游客出行安全防范工作，密切关注汛情预报，合理安排旅游线路，避免组织旅游团到汛情严重的区域旅游；督促 A 级旅游景区严格按照要求，加强汛期隐患的排查治理，对地质灾害多发地段加强安全监测和巡查；加强旅游从业人员地质灾害防范等安全知识技能培训，提高事故防范意识和自救互救能力。

　　——摘自 2020 年文化和旅游部办公厅印发的《关于做好当前旅游安全工作的通知》

一　2020年中国旅游安全形势回顾

（一）旅游安全总体形势

　　2020 年全国旅游安全遭遇困难，但总体态势平稳。在党中央、国务院的统一领导下，在各级党委和政府的支持下，全行业继续坚持"安全第一、预防为主、综合治理"方针，贯彻执行《中华人民共和国安全生产法》《中华人民共和国旅游法》《中华人民共和国突发事件应对法》等法律安全规定，实现疫情防控常态化与旅游安全管理协同推进，旅游安全治理能力有所提升，在新冠肺炎疫情影响下我国旅游安全形势总体平稳。

　　2020 年境内外旅游安全管控难度较大，以新冠肺炎疫情为主的影响因素依旧复杂多变，对我国旅游业产生较大影响。2020 年我国旅游业先后遭遇了新冠肺炎疫情重大公共卫生事件、福建南平中巴车祸事件、云南西双版纳州客船沉船事故、四川九寨沟景区山体滑坡事件等涉旅安全事件。尽管2020年旅游安全事件类型多样、旅游安全形势较为严峻，但全国各级政府和行业通过提升安全防控能力，落实旅游企业安全生产责任，构建安全联防联控体系，强化联动处置机制，继续加强旅游安全培训、防范、预警及应急处理，合理化解了各种旅游突发事件，保障了2020年我国旅游业总体安全平稳发展。

（二）旅游行业安全形势

1. 旅游住宿业安全突发事件总数有所上升，社会安全事件发生频次最高

2020年受新冠肺炎疫情的影响，我国旅游住宿业遭遇了巨大冲击，与2019年相比，2020年我国旅游住宿业安全突发事件在数量上有所增加。2020年旅游住宿业安全状况呈现以下特征：①从事件类型来看，社会安全事件的发生频次最高，刑事治安案件依旧突出，黄赌毒行为在住宿业中依旧猖獗；其次为事故灾难，公共卫生事件和自然灾害发生的频次相比2019年有所上升。②从时间上看，安全突发事件分布较为均匀，3月之后小幅度上升，主要原因在于3月之后疫情状况有所改善，外出旅游的人数有所增加。

2. 旅游餐饮业安全形势较为严峻，出现新的安全事件类型

2020年，中国旅游餐饮业总体形势较为严峻，上半年受新冠肺炎疫情影响，许多中小店铺濒临倒闭。2020年旅游餐饮业安全状况呈现以下特征：①从时间上看，以往旅游餐饮安全事件集中发生在3~8月，而2020年旅游餐饮安全事件明显集中在下半年；②从空间上看，2020年全国共28个省份发生了旅游餐饮安全事件，其中北京市居首位，发生23起，山东省、广东省分别居第二位和第三位，旅游餐饮安全事件呈现地域分布较广且东多西少的特点；③从类型上看，新增了设施安全事件、违规违建事件以及冷链食品安全事件3种类型，这使2020年中国旅游餐饮业安全出现了新形势。

3. 旅游交通业安全形势总体稳定，但旅游客车事故问题依然突出

2020年，在疫情影响下，出入境旅游市场几乎处于停滞状态，国内旅

游交通安全在面临挑战的情况下保持稳中向好的态势，各个交通运输系统安全形势总体稳定，水路、铁路及民航交通运输未发生重特大交通事故，但依旧存在旅游道路交通事故及景区内部交通安全事故时有发生的情况。2020年旅游交通业安全状况呈现以下特征：①旅游道路交通事故数量减少，旅游客车事故仍须关注；②铁路交通运输经受疫情考验，逆境中推动铁路更高质量发展；③民航运输业遭遇巨大冲击，航空安全形势稳定；④水路交通安全形势稳中向好，未发生重特大安全事故；⑤景区内部存在安全隐患，索道、滑道、热气球事故较多。

4. 旅游购物业安全事件明显增加，旅游购物安全形势较为严峻

新冠肺炎疫情背景下，2020年我国旅游购物安全形势仍较为严峻，全年旅游购物安全事件较上年增加22.5%。2020年旅游购物业安全形势呈现以下特征：①从数量上看，较2019年，国内旅游购物安全事件数量上升，从151起增至203起，增幅高达34.4%，其中，贵州、云南、四川旅游购物安全事件数位居前三；②从时间上看，事件发生时间划分鲜明，上半年购物安全投诉事件总数仅为40起，占比19.7%，10月达到旅游购物安全投诉事件的峰值，下半年购物安全投诉事件共163起，占比80.3%；③从类型上看，价格虚高仍是旅游购物投诉的主要诱因，但数量相比2019年减少11起，而购物欺诈、强制购物、诱导购物类旅游购物安全投诉事件数量均增加。

5. 旅游景区安全形势整体向好，山岳及江河湖海等安全隐患较多

2020年面对新冠肺炎疫情的重大冲击，我国旅游景区在政府和社会各界的共同努力下，在预警体系、旅游保险和智慧设施建设方面不断提升治理能力，旅游景区安全形势整体向好。2020年旅游景区安全事件的主要特点：①受新冠肺炎疫情影响明显；②旅游主体因素是事故主要影响因素；③节假日为安全事件多发期。旅游景区安全管理呈现如下特征：一是安全管控措施渐趋完善；二是预约旅游成为主流方式；三是线上培训逐渐推广。

6. 旅游娱乐业安全形势趋好，双休日和暑假仍是安全事件的高发期

2020年，我国旅游娱乐业安全总体形势趋好，呈如下特征：①就事件发生的时间而言，双休日和暑假是安全事件的高发时段；②就事件发生的区域

而言，华中地区发生的安全事件数略高于华东地区；③就事件发生的场所而言，游乐场、漂流等场所是安全事件发生的主要场所；④就事件的项目类型而言，发生安全事件数量最多的项目类型是水上项目，其次是一般游乐项目（蹦床、滑梯等），高空项目和高速项目发生安全事件的频率也较高；⑤就事件发生的群体而言，儿童和青少年依然是事件伤害的主要群体。2020年我国旅游娱乐业安全形势虽有所改善，但仍面临严峻挑战。

7. 旅行社企业生存艰难，总体安全状态较为紧张

2020年，我国旅行社业受疫情影响也发生了巨大变化，春节期间，旅行社业务全面停摆，总体安全状态较为紧张。2020年旅行社安全形势呈以下特征：①从时间上看，受疫情影响，旅行社安全事件在时间上的表现与往年大有不同，旅游淡旺季及节假日效应不再突出，且上半年出现高峰，下半年较为平缓；②从空间上看，2020年旅行社安全事件的境内发生地主要集中在上海、北京、广东、云南、四川等省（市），境外安全事件主要集中在泰国、日本等国家；③从类型上看，旅游纠纷为旅行社安全事件的主要类型，占比87%，其次为旅游服务质量。

（三）旅游安全事件形势

1. 涉旅自然灾害安全形势向好，相比2019年死亡人数有所下降

2020年国内涉旅自然灾害安全事件数量比2019年小幅减少，死亡人数大幅降低，达到近八年的最低点。2020年我国涉旅自然灾害安全事件具有以下特征：①2020年涉旅自然灾害安全事件数量呈回落趋势；②涉旅自然灾害安全事件类型分布集中，主要集中在气象灾害、洪水灾害和地质灾害这三大类；③涉旅自然灾害安全事件死亡人数有所下降；④全国涉旅自然灾害安全事件主要集中在西南地区，其次是华东地区、西北地区和华南地区；⑤涉旅自然灾害安全事件大多发生在6～8月，累计数量17起。随着新冠肺炎疫情逐步得到控制，2021年旅游人数可能会出现大幅上升，在旅游人数快速增加之前，迫切需要社会各界协同合作，提高民众的安全意识，通过政府、景区、旅游者等各个利益相关者共同努力，全力做好涉旅自然灾害的预

防和应对工作。

2. 涉旅事故灾难趋势平稳，呈现小幅度增长

2020 年，我国涉旅事故数量比 2019 年有所上升，但总体形势平稳。2020 年我国涉旅事故灾难呈现以下特征。①涉旅事故灾难小幅增多，事故数量与伤亡人数保持较低水平，事故数量比 2019 年增长 4.8%，但致死人数下降 6.0%。②重大或特大旅游交通事故灾难减少，旅游设施安全事故造成重大伤亡。③涉旅事故灾难时空分布呈现聚集性特征：从时间上看，8~11 月为高发期，占总数量的 72.4%，其中 8 月发生数量最多，占总数的 25.3%；从空间上看，发生涉旅事故灾难最多的三个省份是四川省、安徽省和河南省，共占事故总数的 31.0%。④山地户外运动事故灾难数量最多，占总数的 32.2%，其次是酒店安全事故灾难、漂流与游船游艇事故灾难。

3. 疫情下涉旅公共卫生安全总体形势严峻，风险事件层出不穷

与 2019 年相比，2020 年涉旅公共卫生事件增加 99 起，同比增长 78.0%。同比 2019 年，2020 年涉旅食物中毒事件数量和等级程度降低，传染病疫情发生异常频繁，等级程度更为严重，涉旅公共卫生形势面临严峻挑战。在新冠肺炎疫情影响下，全国乃至国际旅游业遭遇严重冲击，2020 年涉旅公共卫生安全总体态势很不稳定，波动幅度很大。2020 年涉旅公共卫生安全呈现以下特征：①新冠肺炎疫情突袭而至，旅游公共卫生安全管控力度不足；②旅游行业复产自救，旅游公共卫生安全防范难度增加；③周边旅游盛行，旅游公共卫生配套设施仍存隐患；④身心健康多重威胁，旅游公共卫生多类事故防不胜防；⑤全球疫情形势复杂，旅游公共卫生国际协作面临挑战。

4. 涉旅社会安全事件数量有所减少，但安全管理权责仍须完善

2020 年受疫情影响，多地旅游都曾按下了长时间的暂停键，但涉旅社会安全事件数量较 2019 年只有小幅度的减少。此外，涉旅社会安全事件在疫情防控常态化背景下表现出新趋势、新特征，对旅游目的地安全管理提出了新挑战。2020 年涉旅社会安全总体呈现以下趋势：①2020 年涉旅社会安全事件数量有所减少，但安全管控依旧严峻复杂；②安全事件传播迅速，影响范围进一步扩大；③管理权责仍须完善，协调工作难度增大；④从时间上看，7~10月为涉旅社会安全事件的高发期，第一季度到第四季度占比分别为11.58%、15.79%、43.16%、29.47%；⑤从空间上看，华东地区和西南地区涉旅社会安全事件数量显著高于其他地区，华中地区涉旅社会安全事件与往年相比明显增多。

二 2020年中国旅游安全管理状况回顾

（一）安全预防：强化预防预备

1. 开展系统安全培训，提高全员安全素养

提高员工安全生产意识与防控能力是保障旅游安全的根本，以防控新冠肺炎疫情为契机，2020年全国各地文旅部门开展了系统性安全培训，员工安全素养不断提高。北京组织了各区文化和旅游局安全工作主管领导、工作人员、专职安全员，文旅行业各单位主要负责人、安全部门负责人及相关工作人员，共计8万多名行业人员参加在线培训，从生产经营单位安全生产主体责任、应急预案编制与演练、事故隐患排查治理三个方面，结合真实案例及实践经验进行了全方位的讲解。江苏省分别组织了旅游景区消防安全培训、旅游安全应急管理培训、安全生产法治教育培训等专题培训。厦门分别针对酒店、景区、旅行社开展专业培训。

2. 安全防疫多措并举，推动旅游复工复产

旅游部门根据疫情发展阶段发布有关政策，因势而新，景区防控效果明显。疫情初期，文化和旅游部等出台了《关于全力做好新型冠状病毒感染的肺炎疫情防控工作暂停旅游企业经营活动的紧急通知》等相关文件。解禁后旅游景区恢复开放，为防止人员聚集增加疫情风险，确保景区安全有序开放，文化和旅游部、国家卫生健康委2020年4月联合印发《关于做好旅游景区疫情防控和安全有序开放工作的通知》，要求坚持防控为主，限流开

放；强化客流管理，防止人员聚集等。

3. 构建疫情防控体系，卫生安全防控水平全面提升

2020年，全国各地旅游部门、旅游景区与活动场所针对新冠肺炎疫情开展了全行业、全员性疫情防控活动，从明确责任人、开展广泛学习培训、实施预约实名购票与限流措施、错峰控制、开展应急演练等方面，构建了系统性的疫情防控体系，有效提升了旅游景区景点卫生安全意识与防控水平。上海发布《A级旅游景区新冠肺炎疫情防控工作指南》，福建省印发《关于做好文化旅游场所新冠肺炎疫情常态化防控和安全有序开放工作的实施意见》，北京、安徽等地组织景区开展新冠肺炎疫情防控演练。第三方外卖平台积极展开"无接触配送"，严格检测配送员体温。此外，线下商家也积极遵循商务部于2021年1月5日发布的《餐饮服务单位新冠肺炎疫情常态化防控技术指南》，规定消费者使用公筷公勺、就餐时间不超过2小时、错峰就餐等。

（二）安全预警：统筹疫情监测

1. 疫情监测成为旅游安全预警的主流

2020年发布旅游安全预警信息共118条，其中94.9%为境外预警、33.1%为疫情预警、37.3%为包含疫情在内的综合预警，境外疫情相关预警成为年度旅游安全预警的重点。从各省区市文化和旅游厅官方网站发布的旅游安全预警信息可知，疫情及包含疫情在内的综合预警是旅游安全预警的主流和关注点，如天津市"坚决打赢疫情防控攻坚战"专题栏目发布的疫情健康预警、湖北省"疫情防控专栏"发布的疫情预警、广东省"出行提示"栏目发布的基于疫情防控的文明出游预警、甘肃省"出行提示"栏目发布的节假日综合疫情预警等。302家5A级景区官方网站发布的旅游安全预警信息皆为疫情防控及包含疫情在内的旅游安全预警，如青城山都江堰景区客流预警、天坛公园的预约购票预警、满洲里中俄边境旅游区部分景点临时关闭预警、周庄古镇景区的团队游客数量预警、黄山风景区的中高风险地区来客预警、甘孜海螺沟景区疫情综合预警等。

2. 景区接待量预警阈值由静态定值调整为动态变值

2020年，新冠肺炎疫情得以有效控制之后，各大景区景点陆续复工复产、恢复开放，为切实保障游客安全和景区防疫成果，各景区景点根据疫情防控形势和景区防控疫情能力，对预警阈值采取了动态调整策略。济南天下第一泉景区规定当入园游客达到最大承载量20%、25%、30%时，逐级启动预警机制并进行客流量预警；青州市云驼风景区规定疫情期间游客达到最大承载量25%、27%、30%时依次启动三级（黄色）预警、二级（橙色）预警、一级（红色）预警；丽江古城景区制定了《丽江古城景区2020年"五一"假期人流量管控预案》，限定游客接待量不超过景区最大承载量的30%，并据景区瞬时人流量启动三级预警机制；广东省各景区规定当接待游客人数超过景区最大承载量30%时，通过"热力图"发出预警信息；蓬莱阁景区规定一旦达到瞬时最大承载量70%，景区将立即启动预警机制，延缓入园；鼓浪屿景区规定疫情防控常态化期间，总承载量预警阈值、游客航线承载量预警阈值及核心景点承载量预警阈值均为75%。

（三）安全监管：加强安全生产

1. 开展旅游市场整治活动，共建文明市场秩序

为优化旅游环境，更好保护消费者权益，全国多地开展旅游市场整治活动。2020年6月，贵州省文化和旅游厅出台《贵州省文化和旅游市场安全生产专项整治三年行动实施方案》，制订2020～2022年的具体整治计划。[①] 7月，贵阳花溪区发力整治旅游市场乱象，开展旅游购物环境整治行动，对14家旅行社、31辆旅游车、14名导游及相关购物商场进行了检查。[②] 8月，云南省通报多地涉旅事件，指出大理州、昆明市人民政府对整治旅游市场秩序思

---

① 《省文化和旅游厅关于印发〈贵州省文化和旅游市场安全生产专项整治三年行动实施方案〉及配套文件的通知》，贵州省文化和旅游厅，http://whhly.guizhou.gov.cn/zwgk/xxgkml/jcxxgk/zcwj/dwwj/202006/t20200617_61143943.html，2020年6月17日。
② 詹燕：《花溪区整治旅游购物环境》，《贵阳日报》2020年7月27日。

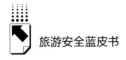
想不够重视、态度不够坚决、措施不够有力等问题，并提出多项要求。① 11月，贵安新区市监局全面开展旅游购物场所及不合理低价游整治工作，对诱骗或强迫消费，实施虚假宣传、商标侵权、以假充真、以次充好、不明码标价、低报价高结算等问题进行查处和惩戒。② 12月，海南省保亭县市监局联合综合执法局，在全县范围内开展"两节"市场专项检查，打响"春雷"行动第一战。③ 2020年8月，云南省文旅厅发布11条暑期旅游消费提示，提醒游客要选择正规旅行社、警惕低价游，避免付出高昂代价；签订旅游合同，注明法律条款，避免合同纠纷；勿转账给对私账户，要索取正规发票，以便后续维权；谨防诱导购物行为，旅途中切勿盲目、冲动消费。④

2. 建立信息共享平台，联合惩戒"动态黑名单"

2020年3月13日，国家发改委、中宣部、财政部等23个部门为聚焦改善消费环境、完善消费体制，联合印发了《关于促进消费扩容提质加快形成强大国内市场的实施意见》，提出改善购物环境，鼓励各地区、各行业运用手机App等方式整合旅游产品信息，畅通消费投诉渠道，加强12315行政执法体系和消费者维权信息化建设，形成线上线下相结合的消费者维权服务体系，强化对消费者权益的保护和市场监管，积极推进消费领域信用体系建设，充分发挥媒体监督功能，改善旅游和购物体验。⑤ 2020年10月27日，北京市市监局和朝阳区市监局携手携程、去哪儿网、美团、马蜂窝、同程艺

① 《云南通报多地涉旅事件　重拳整治旅游市场秩序》，人民网，http：//travel. people. com. cn/n1/2020/0811/c41570 - 31818270. html，2020年8月11日。

② 罗婧：《贵阳贵安市场监管系统——全面开展旅游购物场所及不合理低价游整治工作》，《贵阳日报》2020年12月6日。

③ 《海南省保亭县打响2021年市场监管第一战》，中国食品安全网，https：//www. cfsn. cn/front/web/site. indexdfshow？newsid = 53719，2020年12月26日。

④ 《云南省文化和旅游厅发布11条暑期旅游消费提示》，云南省文化和旅游厅，https：//www. mct. gov. cn/whzx/qgwhxxlb/yn/202008/t20200817_ 874172. htm，2020年8月17日。

⑤ 《关于促进消费扩容提质加快形成强大国内市场的实施意见》，中华人民共和国文化和旅游部，https：//www. mct. gov. cn/whzx/ggtz/202003/t20200313_ 851857. htm，2020年3月13日。

龙5家互联网旅游服务企业联合发布了《互联网旅游服务行业自律公约》，要求平台经营者间建立信息共享平台，对多次损害游客权益、造成恶劣影响且拒不悔改的平台经营者形成"动态黑名单"，各平台联合惩戒。服务平台及平台经营者要对游客进行旅游安全提示、消费风险提示，并鼓励普及免责退款规则和先行赔付机制等，积极探索保险机制，强化对游客权益的保障①。

（四）安全应急：强化应急处置能力

为了进一步深化旅游行业安全管理，做好旅游安全应急管理与安全防控工作，全国各地纷纷推行旅游安全专项治理与应急管理预案。2020年江苏省文旅厅颁布了《江苏省文化和旅游行业安全生产专项整治实施方案》，制定了文化和旅游领域安全隐患风险点清单和省文化和旅游厅各相关处室安全生产职责清单，列出112个具体问题隐患，实施为期两年的逐项销号和闭环管理。山西、四川等省文旅厅印发《文化和旅游厅落实安全生产专项整治三年行动计划实施方案》。青海省文化和旅游厅联合省应急管理厅、省市场监督管理局共同启动以加强旅游包车安全管理、景区高风险旅游项目安全管理、文化旅游场所消防安全管理、疫情防控安全等为重点的文化和旅游行业安全生产专项整治三年行动。郑州市印发《关于做好2020年"五一"假日文化旅游工作的通知》《2020年度安全生产工作方案》《文化广电和旅游市场突发事件应急预案》《对A级旅游景区游乐设备项目开展安全排查等相关问题的通知》等文件。广东省文物局及时下发《关于加强汛期文物安全工作的通知》，要求各地高度重视，全面开展险情排查，编制应急处置预案，严格执行巡查、报告制度，及时做好抢险加固等有效措施，力求将文物损失降到最低。此外，2020年7月20日文化和旅游部审议发布了《在线旅游经营服务管理暂行规定》，在线旅游经营者必须依法建立旅游者安全保护制度，并制定应急预案。

---

① 《〈互联网旅游服务行业自律公约〉正式发布》，中国质量新闻网，http://www.cqn.com.cn/zj/content/2020-10/30/content_8641307.htm，2020年10月30日。

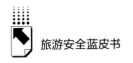
（五）安全保障：持续发挥保险作用

1. 政府出台各类保险举措，积极救市

2020 年，针对新冠肺炎疫情对旅游业造成的冲击，文化和旅游部出台各类扶持政策推动行业复产复工。例如，开展旅游服务质量保证金暂退工作，暂退 2.9 万家旅行社保证金 70.14 亿元，并协调减免旅行社的责任保险。[①] 各级政府通过各项保障措施积极救市。云南省为旅行社出险事件开通绿色通道，提高赔付时效，同时通过研发疫情隔离保险产品、免费赠送旅游从业人员健康险等帮助企业复工。[②] 突发的公共安全事件容易引发游客的出游恐慌，为恢复游客的出行信心，相关政府部门联合保险公司推出旅游综合保险。在原有险种的基础上，增加新冠肺炎等流行性传染病保险产品，切实保障游客生命健康安全。海南省率先推出"海南游、疫安心"旅游综合保险产品，凡入岛游客均可免费获得，有效缓解旅游信任危机。[③]

2. 保险企业联手旅游企业，支持行业复工复产

2020 年新冠肺炎疫情突袭而至，各旅游保险公司成立疫情应急小组，开通绿色索赔通道，协助游客退费。从 2020 年 1 月 24 日旅行社业务暂停至 7 月 16 日开放跨省团队游，由于接近半年的业务停歇和由此产生的超额退团费，中国人保财险、中国太平洋财险等为参与旅行社责任保险统保示范项目的旅行社减免保费，据估算共节省 3000 万～5000 万元保费。[④] 此外，联合旅游企业有针对性地创新旅游保险产品，携程旅行与华泰财产保险公司联合推出覆盖新冠肺炎疫情旅行阻碍责任的旅游意外险，更好实现"安心

① 《文化和旅游部介绍做好"六稳"工作、落实"六保"任务推动文化和旅游高质量发展情况》，中华人民共和国政府网，http://www.gov.cn/xinwen/2020 - 12/28/content _ 5574323.htm，2020 年 12 月 28 日。

② 《云南推出旅游组合保险，多重保障助力旅游企业复工复产》，澎湃网，https://www.thepaper.cn/newsDetail_ forward_ 6293700，2020 年 3 月 3 日。

③ 《游客旅琼可获旅游综合保险，承保新冠肺炎等传染病》，中国新闻网，https://www.chinanews.com/sh/2020 - 02 - 29/9109102.shtml，2020 年 2 月 29 日。

④ 《旅责险统保示范项目减免 5000 万保费，助力行业过难关》，大众日报，https://baijiahao.baidu.com/s? id = 1657754999790315766&wfr = spider&for = pc，2020 年 2 月 16 日。

游"。疫情期间，游客出行最大的安全诉求是尽量减少人群接触和使用公共交通，旅游保险公司新增自驾车、网约车、酒店住宿意外保险，适合多种出游方式。同时，各保险公司按照疫情防控要求灵活调整经营模式，将购买、理赔等服务线上化，最大限度保证业务正常化。

三　2021年中国旅游安全形势展望

（一）影响2021年中国旅游安全的因素分析

1. 风险因素：以新冠肺炎疫情为主的多元风险将带来严峻挑战

2020年年初，新冠肺炎疫情席卷全球，多个国家进入紧急状态。此次新冠肺炎疫情给中国的旅游业按下了"暂停键"。1月20日起，全国旅游景区景点陆续暂停开放；1月23日，中国国家铁路有限公司决定自次日起免收铁路退票手续费；1月24日，文化和旅游部要求全国旅行社及在线旅游企业暂停经营团队旅游及"机票+酒店"旅游产品。疫情发生后，整个旅游业遭受了"断崖式"下跌损失，旅游业中的景区、酒店、饭店、航空公司是主要的受损群体，旅游演出、旅游交通等也随之进入"冰冻期"。目前，此次疫情对旅游业的影响会持续多长时间还难预测，但无疑这场重大的突发公共卫生事件仍会给2021年旅游业发展带来严峻挑战。

此外，事故灾难、社会安全、自然灾害等多元风险仍将持续影响2021年我国旅游行业安全。2020年，我国自然灾害以洪涝、地质灾害、台风、风暴为主，6~8月的暴雨洪涝灾害给西南、华南等地的旅游住宿业安全带来了严重威胁，如2020年6月7日，受多日强降雨的影响，阳朔一家品牌酒店被淹，52名顾客受困，2名顾客遇难身亡。① 此外，2020年3月7日，

---

① 《悲剧！解读入住酒店期间死亡两人的背后原因》，网易，https://www.163.com/dy/article/FFPMNTIF054487LK.html，2020年6月23日。

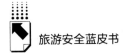

泉州欣佳酒店经营者违法违规建设、改建和施工导致建筑物坍塌，造成71人被困，29人死亡。[①] 2020年4月4日起，安徽黄山景区对安徽籍游客免费开放14天，景区现场拥挤不堪。[②] 又如2020年国庆黄金周期间，黄山景区安全措施落实不到位，客流管理不畅，在当日接待客流仅1.8万人的情况下仍造成了游客聚集。当前，旅游安全事件与日俱增，风险类型复杂多样，风险防控难度越来越大，预计2021年各种风险因素将持续影响旅游行业的稳定运行与游客的生命安全。

2. 技术因素：信息技术将深化旅游安全管理体系

我国旅游业已初步建立了较为健全的旅游安全管理体系，需要充分利用现代科技手段，推动旅游安全管理的深化，发展旅游安全大数据技术，建立涉旅事故灾难案例库，精准搜寻、分析和评估安全隐患，提升旅游安全隐患的监控与预警能力、旅游事故的定位能力。

疫情防控常态化背景下，可以借助大数据和科技为旅游者提供安全防疫出行路线，从而让游客减少担忧、树立信心。例如，高德地图推出驾车防疫路线，用户可选择自动避开疫情中高风险地区，同时还提供一键查询任意城市具体防疫要求和防疫政策的功能，提醒出行者提前做好相关准备，避免游客滞留、医学隔离等风险。在景区游览方面，一是采取游览预约政策，利用大数据提前预测旅游热门景区、拥堵路段和大客流时段，及时通过智慧小程序、微信公众号等平台发布相关信息提示，引导游客预约出行、错峰出行，避免人群聚集；二是景区游览服务智能化，旅游景区可利用AI、大数据、人脸识别、智能语音等技术，加快智慧旅游向纵深发展，减少旅游者与旅游从业人员的接触，以满足防疫需要，提升景区服务能力。因而，2021年科技赋能旅游、打造智慧旅游在旅游业的复苏中显得尤为重要。

---

① 《福建泉州酒店坍塌致29死 泉州市长等49名官员被问责》，凤凰网资讯，https://news.ifeng.com/c/7y6Ug9ay7fs，2020年7月14日。
② 《黄山景区开启"人从众"模式，这么多的游客，拥挤不堪》，搜狐网，https://www.sohu.com/a/387923413_120658736，2020年4月14日。

3. 治理因素：旅游安全管理体制机制完善迫在眉睫

当前，各种风险因素依然严峻，2021 年我国旅游安全形势仍然面临众多挑战，而完善旅游安全管理体制机制对风险防控与处置极为重要。如旅游社会安全事件往往表现为突发事件，仅仅凭借过去的经验总结进行管理决策是行不通的，无法在短时间内形成资源和信息的最优化整合，会扩大事件的负面影响。因此，政府部门需要完善旅游突发事件的预防预警机制、监测机制、救援体系和事件发生后的恢复机制，尽最大努力缩减事件带来的损失和影响。此外，对于旅游经营单位而言，存在旅游安全管理的认识不够充分、管理水平比较低下、专业人才较少、缺乏健全的应对方案和预警体系等问题，这些问题均容易导致旅游风险产生及扩大。特别是在新冠肺炎疫情等重大公共卫生事件影响下，旅游安全形势不容忽视，强化重大突发公共安全事件危机预防预备制度，完善旅游安全应急管理与处理机制，将是 2021 年旅游业平稳发展的重要影响因素。

4. 保障因素：亟待旅游保险产品提振游客信心

2020 年上半年，突如其来的新冠肺炎疫情令旅游流动几乎停滞，旅游上下游产业链遭受"冰封"，上半年国内旅游人数 11.68 亿人次，同比下降 62%，国内旅游收入 0.64 万亿元，同比下降 77%。下半年，国外疫情持续反弹，入境旅游业务暂缓。国内旅游市场得益于疫情防控得当正逐步回暖。但是，大众对旅游安全仍存疑虑，担心疫情风险危及正常旅游出行。此外，由于新冠肺炎疫情作为突发公共卫生事件先前并未列入旅游意外险和旅行社责任险产品条例中，旅游者无法得到风险保障。因此，保险企业应开发疫情高风险地区旅行取消、旅行阻碍责任等新型针对性保险产品，进一步强化疫情期间游客出行安全。2021 年，旅游企业可以通过保险措施保障旅游安全，这是刺激旅游市场恢复和重振游客出游信心的关键。

（二）2021年中国旅游安全态势展望

1. 疫情防控仍是旅游安全管理的重要任务

由于新冠肺炎疫情在全世界未得到根本控制，预防新冠肺炎疫情仍是

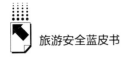
2021 年旅游安全管理的重点任务。旅游行业疫情防控仍以推进旅游活动提前预约、规模控制、实名化，管理措施常态化、防控手段精准化为主要特征。随着 2020 年年底冬季气温降低，新冠肺炎疫情在我国局部范围内反弹，我国疫情防控常态化和长期化，疫情防控和恢复生产两手抓。旅游业发展需要强化疫情防控措施，做好员工健康监测与管理、公共卫生和场馆防控、游览过程服务管理、异常情况处置等，同时引导游客群体有序释放出行需求。政府部门应根据卫生事件的实际程度及时发布预警并下达行政命令。经营者也应该积极履行自己的义务，严格执行政府部门下达的各项指令，限制客流量，必要的时候关停园区等。此外，还要主动总结有效的管理经验，制定适时适用的公共卫生响应预案，并在此基础上将其制度化、体系化。2021 年，新冠肺炎疫情的考验也预示着旅游公共卫生事件的防控工作任重而道远。

2. 旅游公共卫生安全管理将精细化、人性化、智慧化

2020 年新冠肺炎疫情限制了人们的出行活动，对旅游业造成极大冲击。疫情助推实名预约旅游，景区预约制度成为管理常态，"无预约不旅游"已成旅游消费新选择，这也对景区和线上平台预约能力提出更大考验。截至 2020 年 4 月 16 日，全国恢复开园并可在携程上预约的景区数量达到 3864 家。"五一"假期通过预约游览景区的游客比例达 77.4%。① 预约旅游不仅是疫情防控下的应急之举，更是旅游精细化管理和高质量发展的长期要求。2021 年，景区采取限流和预约，根据游客数量和信息有针对性地进行活动管控，让景区景点更加有序、安全，促进旅游公共卫生安全管理更加精准细化。

同时，疫情期间，近郊游成为游客首选，携程发布的《2020 "五一"旅游消费新趋势大数据预测报告》显示，"五一"期间本地游、周边游成主流。2021 年，周边旅游仍将为主导，周边旅游公共卫生安全配套设施也要求更加完善，环境卫生消毒清洁、餐饮"分餐制"或"自助餐制"、住宿提

---

① 《2021 年中国旅游业或现三大变化》，中国新闻网，https：//economy.gmw.cn/2020 – 12/30/content_ 34505347.htm，2020 年 12 月 30 日。

供游客"再消毒"机会，使得旅游公共卫生安全服务更加人性化。此外，"无人服务""虚拟现实""智能导览""数据监测"成为各大旅游企业和景区智慧旅游建设的基本要求。2021年，借助智慧旅游平台，更多旅游公共卫生智能化设备投入使用，再加上直升机等先进设备投入紧急救援、现代科学技术精准定位与追踪行踪等，旅游公共卫生安全的风险预防与应急救援机制将更加完善，未来旅游公共卫生风险预防与应急救援的及时性、精准性、智能性将获得质的飞跃。

3. 高风险旅游项目事故灾难频繁发生，仍是旅游安全防控重点

高风险旅游项目一直是旅游安全事故灾难的主要类型，也是需要联合治理的项目。在个性化的旅游背景下，参加高风险旅游项目的游客不断增多，新兴的高风险旅游项目不断涌现，越来越多的游客参与滑雪、登山探险、攀岩、瀑降、溯溪、漂流、潜水、无动力低空旅游等高风险旅游项目，一些新的、刺激性的旅游项目也不断涌现，然而许多活动爱好者的安全防范意识和突发事件应对能力还较低，并且我国对高风险旅游项目安全引导服务水平不高，安全监管还不够深入，导致事故灾难频发，事故类型趋多样化，旅游安全管理需要进一步深化。2021年，应进一步加强以文旅部门、应急管理部门、市场监管部门联合应对高风险项目专项治理，构建高风险旅游项目的联合治理机制，推进高风险项目管理精准化、科学化。

4. 应进一步完善旅游安全管理机制，化解旅游重大风险

近年来旅游业重大危机事件频繁发生，如何化解旅游重大风险成为旅游业健康平稳发展的重中之重，也成为未来旅游界需要不断探索的命题。未来应加强与文旅部门、卫生和防疫部门、应急管理部门等的沟通和联动，建立合作机制和疫情防控智慧网络，利用预警技术和智能手段及时追踪定位、发现突发状况，以确保迅速配备物资、设备，联系对口的救援机构，建立健全疫情风险应急预案，明确防控责任机制，落实防控责任，确保实施效果。同时，旅游安全管理机制的完善需要管理体制加以保障，2020年7月20日文化和旅游部审议发布了《在线旅游经营服务管理暂行规定》，在线旅游经营

者必须依法建立旅游者安全保护制度，并制定应急预案。《在线旅游经营服务管理暂行规定》的推行以及《中华人民共和国旅游法》《中华人民共和国网络安全法》《旅行社条例》等相关法律法规的贯彻实施为旅游安全管理机制的完善提供了重要支撑。

5. 旅游安全预警将更加体系化、智慧化

疫情防控常态化下，旅游行政主管部门将联合卫健、工信、气象、交通、公安等相关职能部门，加快建立快速、精准、分级发布的旅游安全突发事件快速预警机制，以实现旅游安全高质量预警和高质量管理。首先，在预警分级方面，要自上向下，根据预警体系内容构成，统一分级标准，以利于国家、省、市、县、景区五级预警平台的对接、共享和联动，为预警信息快速发布奠定基础。其次，在预警发布方面，遵循"风险认知上持包容态度、风险研判上采用集体审议、决策机制上引入听证程序、决策模式上明确地方政府属地管理责任"等原则，充分发挥"互联网＋旅游"服务平台作用，通过大数据分析等智能手段，收集、挖掘、分析、分级和评估预警信息，根据预警体系内容确定预警级别，采用政府补偿的方式建立预警信息发布"绿色通道"，快速发布预警信息，并要保证预警信息实时更新、不间断推送。未来旅游安全预警将更加体系化、智慧化，将助力我国旅游业高质量发展。

四　结束语

2020年，在《中华人民共和国安全生产法》《中华人民共和国突发事件应对法》《中华人民共和国旅游法》《旅游安全管理办法》《旅行社条例》《安全生产事故报告和调查处理条例》等法律法规的指导下，各级政府和旅游主管部门在旅游突发事件的安全预防预备、安全预警、安全监管、安全应急与治理等方面取得了一系列的进展与突破。2021年，各地各级政府和旅游主管部门将科学部署旅游安全管理的各项工作，统筹推进疫情防控与旅游业健康发展，强化旅游业风险抵御能力，完善旅游安全管理体制，加强旅游安全生产预防与预警，化解旅游重大风险，实现旅游业高质量发展。

专题报告

Special Reports

产业安全篇

B.2

2020~2021年中国旅游住宿业的
安全形势分析与展望[*]

陈雪琼　王雷君　吴巧芳[**]

摘　要： 2020年的新冠肺炎疫情是一场全球性的公共卫生事件，此次疫情对我国旅游住宿业造成了沉重的打击，并增加了旅游住宿业安全突发事件成因的复杂性。从事件类型来看，旅游住宿业安全突发事件主要包括事故灾难、社会安全事件、公共卫生事件和自然灾害四大类。我国旅游住宿业安全突发事件的特征主要表现为：发生时间主要集中于3月之后，事故种类结构变化显著。

* 本文受"新华侨华人（中国新移民）来中国就业的文化交融模式及其路径研究"（HQHRYB2018 - 08）资助。

** 陈雪琼，华侨大学旅游学院教授、硕士生导师，主要研究方向为旅游服务与管理；王雷君，硕士研究生，研究方向为旅游企业管理；吴巧芳，硕士研究生，研究方向为旅游企业管理。

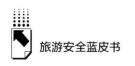
关键词：　旅游住宿业　安全突发事件　安全形势

2020年新冠肺炎疫情在全国范围内的扩散对我国旅游住宿业造成了重击，产生了较大的负面影响。本文在中国旅游新闻网、百度网、新浪网、迈点网等知名门户网站上输入"民宿/酒店/宾馆盗窃""酒店/宾馆/民宿抢劫""酒店/宾馆/民宿死亡事件""酒店/饭店爆炸事故"等关键词，对2020年我国发生的旅游住宿业安全突发事件进行检索，共检索到事件411起。本文结合案例，分析了2020年我国旅游住宿业的安全特点，探寻了影响安全突发事件的因素，并对2021年旅游住宿业安全形势进行了展望，最后提出了旅游住宿业安全管理建议。

一　2020年中国旅游住宿业安全的总体形势

2020年，在新冠肺炎疫情的影响下，我国旅游住宿业的安全态势与2019年稍有不同。从事件类型来看，旅游住宿业安全突发事件主要有事故灾难、社会安全事件、公共卫生事件和自然灾害四大类。根据案例统计（见表1），2020年我国旅游住宿业安全突发事件总数较2019年有所上升，各类突发事件所占比重与2019年大为相同，其中，社会安全事件的发生数量最多，其次为事故灾难，公共卫生事件和自然灾害发生的数量相比2019年有所增多。从事件发生的时间和地点来看，旅游住宿业发生的安全事件基本上覆盖了全年各月与全国各省市。从事件造成的损失程度来看，这些事件不仅对顾客的生命、隐私安全等造成严重的威胁，还严重影响了我国旅游住宿业的形象。

表1　2020年旅游住宿业安全突发事件数量

单位：起

事件种类	亚类	2020年	2019年
事故灾难	消防事故	41	45
	设施事故	56	76
	施工事故	6	4
	小计	103	125

续表

事件种类	亚类	2020 年	2019 年
公共卫生事件	食物中毒	6	13
	突发疾病与死亡	4	1
	精神安全问题	39	25
	职业危害	1	0
	小计	50	39
社会安全事件	刑事治安案件	186	167
	人员冲突	12	12
	非正常伤亡	42	37
	小计	240	216
自然灾害		18	3
总计		411	383

二 2020年旅游住宿业安全的概况与特征

（一）旅游住宿业安全突发事件种类

1. 事故灾难

旅游住宿业的事故灾难类型主要为消防事故、设施事故和施工事故。2020 年事故灾难约占住宿业安全突发事件总数的 25.1%，较上一年有显著下降。与往年相同，事故灾难中设施事故占比最大，约占事故灾难的 54.4%，这类事故基本每月都发生，其中电梯故障、浴室玻璃门炸裂、浴室故障、旋转门夹人事故发生频率高。另外，设施事故中的坍塌事故也引起了各界的关注，如 2020 年 3 月 7 日，福建省泉州市欣佳酒店的重大坍塌事故，造成了 71 人被困、29 人死亡。① 消防事故占事故灾难的 39.8%，消防事故发生原因主要是消防安全意识尚未全面普及，对消防安全隐患重视程度不够。

---

① 《3·7 泉州欣佳酒店坍塌事故》，百度百科，https：//baike. baidu. com/item/3. 7 泉州欣佳酒店坍塌事故/24517017? fr = aladdin，2020 年 3 月 7 日。

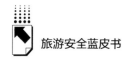
2. 公共卫生事件

旅游住宿业的公共卫生事件类型主要分为食物中毒、突发疾病与死亡、精神安全问题及职业危害。2020 年公共卫生事件约占住宿业安全突发事件总数的 12.2%，与上年相比略有上升。在该类型事件中，精神安全问题类事件发生最多，占公共卫生事件的 78%，主要表现形式为顾客受到惊吓。另外，受疫情影响，2020 年我国对住宿业食品卫生安全事件尤为重视，食物中毒事件较 2019 年显著减少，一方面是由于相关部门对公共卫生安全严格把关，另一方面是因为受疫情影响，游客减少了在公共区域的活动。

3. 社会安全事件

旅游住宿业社会安全事件主要包括刑事治安案件、人员冲突事件以及非正常伤亡。2020 年社会安全事件占住宿业安全突发事件总数的 58.4%，是四大主类事件中发生数量最多的。从事故类型上看，社会安全事件各类型占比与前两年大致相同，刑事治安案件占比为 77.5%，非正常伤亡次之，人员冲突占比最小。刑事治安案件主要包括打架斗殴、黄赌毒、偷盗、杀人和抢劫等。如 2020 年 1 月 2 日，河南省濮阳市某酒店，一男子挟持酒店负责人，索要现金和车辆，并造成该人质受伤。[①] 人员冲突主要表现形式为主客间实施暴力、主客发生口角和各种投诉等。非正常伤亡占比较 2019 年略有上升，自杀案件增加。

4. 自然灾害

自然灾害主要有暴雨、洪水、台风等气象灾害以及由此引发的二次灾害。2020 年自然灾害事件较 2019 年有所增多，洪水灾害影响最大。如 2020 年 6 月 8 日，广西贺州市姑婆山森林酒店，若干游客和工作人员因洪水被困。[②]

（二）旅游住宿业安全突发事件的特征

1. 安全突发事件在淡旺季时段差异性不显著

2020 年我国旅游住宿业安全突发事件月份分布较为均匀，事件发生高

---

① 《男子酒店内劫人质索现金车辆大批特警到达现场处置》，网易新闻，https：//news. 163. com/20/0102/13/F1SVTO3100018AOR. html，2020 年 1 月 2 日。

② 《激流中救援（防汛救灾全力以赴）》，人民网，http：//politics. people. com. cn/n1/2020/0610/c1001 - 31740918. html，2020 年 6 月 10 日。

峰期在3月之后，淡旺季两极分化差异不显著。其中2020年3月住宿业开始恢复营业，故在非常规旺季，由于疫情缓和后游客出行增多，3月之后的旅游住宿业安全事故增加。

2. 住宿业安全事件的类型结构变化显著

与2019年相比，事故灾难与社会安全事件仍占住宿业安全突发事件的大部分，但事故灾难数量有所下降，社会安全事件数量有所上升。消防事故、设施事故与上一年相比，数量均有所下降，施工事故数量略有上升。公共卫生事件数量较上一年有所上升。在社会安全事件中，2020年发生刑事治安案件186起，比上一年略有增加，多为黄赌毒相关事件。

3. 公共卫生问题引起重视

受新冠肺炎疫情的影响，2020年是特殊的一年，是全民抗疫的一年。与2019年相比，2020年旅游住宿业的食物中毒事件减少，这主要是由于相关部门对旅游住宿业的食品安全问题越来越重视，以及游客因为疫情，尽量避免了在公共场所就餐和聚集。

（三）旅游住宿业安全管理主要进展

1. 国家及各省市对旅游住宿业的扶持力度加强

在疫情的影响下，我国旅游住宿业陷入了停滞阶段，国家为扶持旅游住宿业，出台了一系列政策帮助旅游住宿业复产复工。2020年2月6日，财政部、财务总局发布《关于支持新型冠状病毒感染的肺炎疫情防控有关税收政策的公告》，受疫情影响较大的住宿业等困难行业在2020年度发生的亏损最长结转年限由5年延长至8年。[①] 2020年2月27日，国家文化和旅游部办公厅印发《关于用好货币政策工具做好中小微文化和旅游企业帮扶工

---

① 《关于支持新型冠状病毒感染的肺炎疫情防控有关税收政策的公告》，中华人民共和国中央人民政府网站，http://www.gov.cn/zhengce/zhengceku/2020－02/07/content_5475528.htm，2020年2月6日。

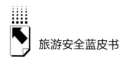

作的通知》，缓解中小微文化和旅游企业的资金压力。① 另外，各省市也出台了各项扶持旅游产业的政策。

2. 旅游住宿业自身安全监督整治力度加强

随着国家对住宿业多种标准及监管政策的出台，我国各省市住宿业相关部门也不断加强安全防范管理。例如，2020 年 10 月 20 日，市场监管总局通过了《国家市场监督管理总局关于修改部分规章的决定》（第 31 号令），对 30 个部门规章进行一揽子修改，其中包括《中华人民共和国企业法人登记管理条例施行细则》②，这一政策的修订加强了对旅游住宿业企业法人的监督。

3. 数字智能化技术为旅游住宿业安全提供助力

受本次新冠肺炎疫情的影响，各大旅游住宿企业尤其是酒店业在服务环节利用机器人推出了无接触式服务，颠覆了传统旅游业的服务方式，减少了人员接触和疫情感染的风险。另外，随着旅游产业的复产复工，我国旅游住宿业朝着数字智能化技术方向发展，提出了"旅游 +""互联网 +"的模式，游客可以在线观看旅游住宿企业及其客房的全景，根据自己的喜好选择楼层、房间等。可见，传统旅游住宿业的安全管理已经不再适用于新环境下住宿业态的新需求，文化创意和科技应用将会在未来的旅游住宿业中占据重要位置。

三 2020年影响中国旅游住宿业安全的主要因素

（一）旅游住宿业外部因素

1. 疫情的突发性与持续性

新冠肺炎疫情突袭而至，出于经济等方面的原因，人们的心理压力加大，旅游住宿业自杀事件增多；对于无收入的旅游住宿业管理者来说，人口

---

① 《文化和旅游部：用好货币政策工具做好中小微文化和旅游企业帮扶工作》，搜狐网，https：//www.sohu.com/a/377050753_179557，2020 年 3 月 2 日。

② 《最新！企业法人登记管理条例施行细则（2020 年修订版）》，搜狐网，https://www.sohu.com/a/431763185_178923，2020 年 11 月 14 日。

流动的限制使其遭受巨大损失，部分经营业主为了获得经济来源，不惜铤而走险，擅自营业，增加了安全卫生事件的发生概率。

2. 网络传播效果的双面性

随着手机、电脑等高科技产品的普及以及互联网覆盖率的提高，消费者越来越倾向于从网上了解旅游住宿业的安全性问题。网络传播虽然给消费者带来了巨大的便利，但也需要消费者具有一定的信息甄选能力。部分网友在网上散布旅游住宿业出现新冠肺炎病例的谣言，这些未经核实的信息一旦在网上发布，经过网友的大量转发，不仅会对旅游住宿企业的声誉造成影响，还会引起社会恐慌。

3. 旅游住宿业安全法律体系不完善

我国旅游住宿业安全问题包括食品安全问题、卫生安全问题、消防安全问题、隐私安全问题等，问题种类的复杂性增加了旅游住宿业法律法规制定的难度。目前，我国旅游住宿业安全法律条文规定得过于笼统，难以实施，且法律法规和标准体系严重滞后，很多旅游住宿业营业标准低于国际标准，一些不法经营者在存在安全隐患的情况下仍接待消费者入住。

（二）旅游住宿业内部因素

1. 员工缺乏专业的岗前培训

旅游住宿业是一个劳动密集型行业，就业门槛较低，我国经济的突飞猛进导致这一行业的人员需求数量的增长速度和企业内部规章制度的完善程度不匹配，部分旅游住宿业员工未经培训直接上岗，业务技能不熟练，增加了服务过程中的安全隐患。如2020年12月12日，酒店员工因未及时收回上一位住客的房卡，导致一名孕妇在酒店休息时受惊吓先兆性流产。①

2. 设施设备缺乏定期的、详细的检查

设施设备缺乏定期的、详细的检查主要会产生两方面的安全隐患，一是

---

① 《男子凌晨突现酒店房门口，孕妇受惊吓先兆流产》，腾讯网，https://new.qq.com/rain/a/20 201218A0IUV600，2020年12月18日。

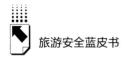

设备老旧出现故障，如玻璃门爆炸、镜子坠落、浴室门打不开等，这些会给顾客的身体和心理造成不同程度的伤害；二是泄露顾客隐私，一些不法分子在电视机旁边、天花板某角落、路由器旁边等隐蔽地方安装针孔摄像头，通过窃取客人隐私来获得非法收益。

3. 操作流程不合理，监管不到位

随着顾客旅游需求的变化，旅游住宿业的服务内容也发生了变化，但服务流程没有及时更新，甚至一些旅游住宿企业并没有制定适合自己企业的服务流程，这就使得员工在服务时随意性较大，完成的质量参差不齐，进而出现抹布擦杯子、浴巾擦马桶等卫生乱象。旅游住宿企业在员工完成服务后监督不到位，直到问题通过媒体曝光出来才意识到问题的严重性。

（三）顾客自身因素

顾客安全意识不强是导致旅游住宿业安全事故频发的重要因素之一。旅游住宿业的很多公共区域，如旋转门、楼梯口等，都明确规定禁止儿童在此追逐打闹，但部分带儿童外出旅游的家长并不在意这些警告，以致儿童受伤事故频发。另外，顾客抗压力不强导致的自杀事件及自制力不强和法制观念淡薄导致的违法事件屡次发生。很多人尽管知道黄赌毒违法，仍旧抵制不了诱惑加入其中。部分消费者在遭受不法侵害时保持沉默，助长了邪恶势力，加剧了安全事件的形态恶化。

（四）自然灾害因素

2020年，应急管理部和自然资源部、气象局、水利部、卫生健康委等部门联合核定认为：2020年我国自然灾害以洪涝、地质灾害、台风、风暴为主，全年各种自然灾害造成591人死亡失踪，10万间房屋倒塌，其中南方遭遇了1998年以来的最大汛情。[①] 6~8月的暴雨洪涝灾害给西南、华南、

---

① 《应急管理部公布2020年全国十大自然灾害》，新华网，http://www.xinhuanet.com/politics/2021－01/02/c_1126939363.htm，2021年1月2日。

江南等地的旅游住宿业安全带来了严重威胁，如 2020 年 6 月 7 日，受多日强降雨的影响，阳朔一家品牌酒店被淹，52 名顾客受困，2 名顾客遇难身亡。①

四　2021年中国旅游住宿业安全形势展望及管理建议

（一）形势展望

1. 疫情结束时间不明，旅游住宿业发展前景仍不乐观

2020 年年初，新冠肺炎疫情汹涌来袭，旅游住宿业成为受影响最严重的行业之一，虽然在国家的扶持政策下各个部门已经开始复工复产，但随着第二波疫情的来袭，预计全国旅游住宿业，尤其是入境旅客聚集的城市和地区会受到持续影响，旅游住宿业安全形势依旧严峻。

2. 食品和卫生安全是未来旅游住宿企业关注的重要方面

新冠肺炎疫情给旅游住宿业带来巨大打击的同时也唤醒了民众的食品安全意识和卫生安全意识。旅游住宿企业在营业时要求顾客出示健康码、测体温，检查顾客近期行程；顾客在入住时更加在意设施设备的清洁程度以及食品的安全状况。此外，各省为了抑制病毒传播，相继颁布野生动物禁食法令，降低了旅游住宿业中的食品安全问题和卫生安全问题出现的概率。从 2020 年的安全事故中可以看出，2020 年的食物中毒事件和上一年相比有所减少，这一趋势在未来会更加显著。

3. 气候变化引起的旅游住宿业安全事件越来越常见

英国公益团体基督教救济会发布通知称，2020 年全球气象灾害发生次数再次刷新历史纪录，因气候变化产生的灾害继续肆虐，其中中国降水连续

---

① 《悲剧！解读入住酒店期间死亡两人的背后原因》，网易，https://www.163.com/dy/article/FFPMNTIF054487LK.html，2020 年 6 月 23 日。

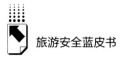

第二年超过正常水平，过去用"百年一遇"描述的热浪和洪水等气象灾害，正变得越来越常见。① 随着全球气温上升以及环境的持续恶化，极端天气增多是必然趋势，如果人类不立即采取措施，极端天气造成的人员伤亡将会越来越严重。

（二）管理建议

1. 规范旅游住宿业安全治理体系

旅游住宿业安全问题的防范需要立法部门、执法部门与媒体合作完成。立法部门要加强对旅游住宿业的立法监督，将旅游住宿业安全问题提升到法律层面；执法部门依据立法规定要求网络预定平台、经营业主、顾客多主体联动，对订单来源加强调查，对房间设备实施全方面排查，严禁不符合上市要求的旅游住宿企业营业，同时还要加强与消防支队、工商局、卫生局等部门的联系，建立起一个严密的安全治理体系；媒体提高对旅游住宿业安全问题的曝光率，引起群众注意。

2. 加强安全意识的宣传与培训

旅游住宿业员工和顾客作为安全事件的直接利益相关者有必要提高自己的安全意识和应急自救能力。政府和媒体应成为宣传的主导力量，加强安全知识的社会宣传和安全事件的新闻报道，旅游住宿企业要对员工进行定期培训，提高员工的应变能力。员工和顾客也要积极主动地学习相关安全知识，保护自己的合法权益，不给坏人可乘之机。

3. 加大安全信息保护方面资金的投入，重视顾客隐私安全

企业要投入一部分资金购买技术设备，聘请专业的技术人员进行信息系统的维护，同时开发适合旅游住宿企业的信息安全系统，运用科学技术提高企业信息安全管理水平，确保科学技术在旅游住宿企业安全管理中发挥应有的效应。

---

① 《2020 年气候变化加重气象灾害》，新华网，http：//www. xinhuanet. com/world/2020 - 12/29/c_ 1210951004. htm，2020 年 12 月 29 日。

4. 定期检查设施设备

住宿企业需要定期检查设施设备，主要体现在两个方面：一是检查设施设备的安全性，有些旅游住宿企业的浴室门把手由于年久失修开关不灵活，客人如果不了解很容易把自己反锁在里面，对于使用时间较长、有安全隐患的设施设备要及时更换；二是检查设施设备是否被不法分子做过手脚，一些犯罪分子为了获得非法收益以客人的身份在旅游住宿企业设施内放置针孔摄像头（如遥控器空隙里、路由器里面等），这些地方不打开根本发现不了，定期检查也可以减少此类事件的发生。

5. 加强疫情防控，落实主体责任

目前疫情仍处于防控常态化阶段，旅游住宿业仍须加强疫情防控，落实各负责人之间的具体责任。同时，还应要求所有工作人员必须佩戴口罩，了解一定的疫情相关知识，有异常状况及时上报；保持营业场所空气流通，对住宿人员和工作人员定时进行健康检测；做好口罩、洗手液、消毒剂等防疫物资储备；制定应急工作预案，设置应急处置区域等。

B.3
2020~2021年中国旅游餐饮业的安全形势分析与展望

汪京强　冯萍　张弛　吴敬源*

摘　要：　2020年，受新冠肺炎疫情影响，我国旅游餐饮业发展受到较大冲击；旅游餐饮外卖业务迅速发展；旅游餐饮安全形势较好；新增了设施安全事件、违规违建事件以及冷链食品安全事件3种类型。安全事件类型及发生原因较复杂，事件危害性较大。展望2021年，旅游餐饮安全的外卖卫生安全以及进口冷链食品运输安全将成为社会各界关注的重点；无接触服务技术将被推广，与智慧餐饮安全系统共同成为旅游餐饮安全的保障。

关键词：　旅游餐饮业　餐饮业安全　安全形势

2020年，受新冠肺炎疫情影响，餐饮业陷入危机，各大餐饮门店、小吃摊等纷纷响应号召停店歇业，餐饮业遭到重创。根据EPS数据库收录的国家统计局餐饮数据，2020年1~10月全国餐饮收入达29598亿元，与2019同期相比下降21%。严峻的行业形势推动了外卖、直播等线上产品的迅速发展，也带来了新的餐饮安全形势。

---

* 汪京强，博士，华侨大学旅游学院高级实验师、硕士生导师，主要研究方向为神经旅游实验学、酒店管理、餐饮管理、旅游实践教育；冯萍、张弛、吴敬源，华侨大学旅游学院硕士，研究方向为旅游企业管理。

以"食物中毒""食物造假""食物卫生""外卖卫生""违规违建""火灾爆炸""打架斗殴"等为关键词在百度网、网易网、新浪网、腾讯网、搜狐网以及各地方网站对 2020 年我国发生的旅游餐饮安全事件进行搜索，搜索日期截至 12 月 31 日，共搜索到大陆 28 个省（自治区、直辖市）共175 个案例。结合案例，本文分析了 2020 年我国旅游餐饮安全事件类型分布与特点、影响旅游餐饮安全的主要因素以及旅游餐饮安全管理的主要进展，并且有针对性地给出了 2021 年旅游餐饮安全管理建议。

一 2020年旅游餐饮业安全总体形势

2020 年中国旅游餐饮业总体形势较为严峻，上半年受新冠肺炎疫情影响，许多中小店铺濒临倒闭，餐饮收入同期下降幅度较大。由于上半年跨省旅游尚未恢复，旅游餐饮安全事件集中发生在下半年，与往年旅游餐饮安全事件集中在食物中毒、食物卫生、火灾爆炸等方面不同的是，今年外卖卫生事件、冷链食品安全事件以及违规违建事件较往年更为突出，这使 2020 年中国旅游餐饮安全出现了新形势，需要引起消费者、业界及政府有关部门的重视。

二 2020年中国旅游餐饮安全事件类型分布与特点

（一）旅游餐饮安全事件内容分析

将收集到的旅游餐饮安全事件的具体新闻文本进行清洗，剔除无关及重复内容后，进行多次分词处理，直至达到理想的分词结果，得到高频词表（见表1），并在此基础上进行可视化展现，形成词云图（见图1）。

"餐厅""饭店""商场"等词反映了旅游餐饮安全事件的常见发生场所；"火灾""造假""卫生"等词反映了旅游餐饮安全事件的常见发生形式；"异物""调料""筷子""大肠菌群"等词反映了旅游餐饮安全事件的

常见起因；"伤者""医院""恶心""腹泻"等词反映了旅游餐饮安全事件的常见后果。值得注意的是，较之往年，"外卖"在旅游餐饮安全高频词中位居第三，这反映出2020年外卖迅速发展的同时，其卫生安全也不容忽视。此外，"冷冻""外包装""阳性"等词也排位较前，反映出以往较被忽视的进口产品安全监测问题；最后，新增的"坍塌""建筑"等词反映出餐饮店违规违建等安全问题。

表1 2020年旅游餐饮安全事件高频词

高频词	词频	高频词	词频	高频词	词频	高频词	词频
食物	267	骑手	39	伤者	15	深圳	11
餐厅	236	消防	38	餐具	15	济南	11
外卖	136	厨房	37	玻璃	15	人员伤亡	10
异物	126	消费	36	电商	15	莲蓉	10
月饼	109	经营	31	师傅	15	猪肉	10
火灾	92	坍塌	31	疫情	15	环境卫生	10
学生	85	调料	27	设施	15	检出	10
饭店	81	腹泻	26	筷子	14	殴打	10
事故	78	时间	25	饮料	14	摆放	10
餐饮	76	游客	24	恶心	14	大连	10
阳性	64	环境	23	永兴县	13	郴州	10
用餐	58	症状	23	干净	13	鲍鱼	10
北京	56	食用	22	严重	13	奶茶	9
食品安全	56	加工	21	奶粉	12	味道	9
消费者	55	发生冲突	21	大肠菌群	12	样品	9
造假	55	受伤	20	鸡精	12	黑龙江	9
外包装	54	地沟油	18	救治	12	杭州	9
门店	52	山东	18	超标	12	福建	9
价格	51	学校	17	广安市	12	清理	9
医院	49	酒店	17	健康	12	储存	8
商场	47	口罩	17	襄汾县	11	串串香	8
卫生	43	建筑	17	酱油	11	川菜	8
火锅	42	牛肉	16	死亡	11	质量	8
平台	42	油烟	16	回收	11	处罚	8
冷冻	40	突发	16	堆放	11	淮安	8

图1　2020年旅游餐饮安全事件高频词词云图

（二）旅游餐饮安全事件类型分布

1. 时间分布特征

2020年旅游餐饮安全事件明显集中在下半年。受新冠肺炎疫情冲击，随着旅游业和餐饮业的逐渐恢复，7月旅游餐饮安全事件增多。其中，11月发生最多（45起），这是因为随着年底新冠肺炎疫情的反弹，进口冷链食品被检测出新冠阳性事件增多，政府有关部门和相关企业高度重视并加强进口冷链食品的安全排查，旅游餐饮安全事件在12月相对减少（见图2）。

2. 空间分布特征

从空间上来看，2020年全国共28个省（自治区、直辖市）发生了旅游餐饮安全事件（见表2），其中北京市居首位，发生23起，山东省、广东省位居第二位和第三位，分别发生19起和17起，旅游餐饮安全事件呈现地域分布较广且东多西少的特点。从地域来看，华东地区旅游餐饮安全事件发生较多（65起），华北地区次之（40起），华南地区位居第三（26起），这与各地旅游业、餐饮业发展水平同步。

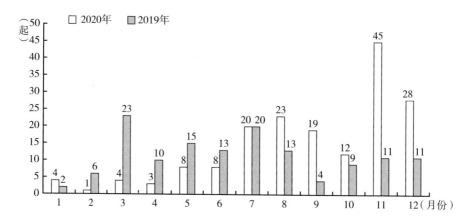

图2 2019年与2020年旅游餐饮安全事件时间分布对比

表2 2020年旅游餐饮安全事件地域及地区分布

单位：起

地域	地区	数量	地域	地区	数量
东北	黑龙江	5	华南	广西	3
	吉林	1	西北	陕西	3
	辽宁	7		甘肃	1
华东	江苏	5		新疆	2
	山东	19	西南	四川	2
	安徽	8		云南	5
	福建	10		贵州	2
	浙江	16		重庆	1
	上海	7		西藏	1
华中	湖北	6	华北	北京	23
	河南	3		天津	6
	湖南	5		河北	3
华南	江西	6		山西	7
	广东	17		内蒙古	1

3. 事件类型分布特征

参照国家旅游局编撰的《旅游安全知识总论》中的安全事故类别，可将旅游餐饮安全事件归为事故灾难、公共卫生事件、社会安全事件和网络餐饮购物安全事件4大类,又细分为设施安全事件、违规违建事件、食品卫生事件等共11类(见图3)。

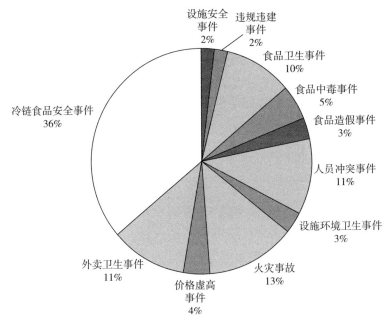

图3　2020年旅游餐饮安全事件类型分布

(1)事故灾难

事故灾难占2020年旅游餐饮安全事件总量的17%,主要包括火灾事故、设施安全事件以及违规违建事件。

①火灾事故

2020年共收集到22起火灾事故,具体原因包括燃料爆炸、烟道起火、油锅起火、蒸汽箱故障、油烟机长期未清洗等。其中6起事故涉及人员伤亡。如2020年8月27日,江苏南通一餐馆突发爆炸,餐馆坍塌成一堆废墟,附近商铺也多被波及,仅餐馆旁边的一家玻璃店损失便高达50万元。①

① 《江苏南通如皋市一餐馆突发爆炸,现场多人受伤》,鹰事网,http://img.0375888.cn/zixunsudi/2020-08-27/5628.html,2020年8月27日。

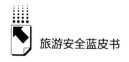
②设施安全事件

餐饮设施安全事件发生原因较多，包括设备老化、设备不合格、操作不当等，设施安全通常属于安全隐患，应在日常设施检查中防患于未然，否则便可能引发较严重的后果。如2020年8月21日，贵州贵阳一餐厅电风扇在客人用餐时突然掉落，致使客人头部受伤。①

③违规违建事件

违规违建事件在往年较少受到关注，但2020年突发的违规违建造成的巨大人员伤亡事件引起了政府及社会各界的关注。山西临汾饭店坍塌事故，造成29人死亡、7人重伤、21人轻伤。② 应对餐馆、饭店等建造、改造进行严格把控。

（2）公共卫生事件

2020年餐饮公共卫生事件包括食品卫生事件、食物中毒事件、设施环境卫生事件以及食品造假事件，占总量的21%，成为监管的重点。其中，食品卫生事件占总量的10%，占餐饮公共卫生安全事件的48%。

①食品卫生事件

食品卫生管控一旦不到位很有可能引发食物中毒等问题，难点在于全方位检测与把控。2020年食品卫生事件共收集到18起，包括用餐时吃出异物（蟑螂、苍蝇、头发等）以及食材变质、食物发霉等。如2020年7月18日，一女子在济南海底捞的菜品乌鸡卷中吃出塑料，第二天出现胃部痉挛和便血等情况。③

②食物中毒事件

2020年食物中毒事件共收集到8起，多为集体性中毒，占总量的5%。如多位顾客在广东惠来一肠粉店食用河粉后，出现腹泻、呕吐等情况，送医治疗后，1人经全力抢救、医治无效去世，2人病情较重，2人病情稳定，

① 《餐馆风扇掉落砸破头，男子索赔6000元，店方：又不是3岁小孩》，东方资讯网，https：//mini.eastday.com/a/200828022156029.html，2020年8月21日。
② 《山西临汾饭店坍塌事故36小时全记录》，新京报，https：//baijiahao.baidu.coms?id=16765114506516722&wfv=spider&fov=pc，2020年8月30日。
③ 《济南市民海底捞吃出疑似塑料片！店方不接受采访 总部表示正在处理》，搜狐新闻网，https：//www.sohu.com/a/408370870_120101614，2020年7月18日。

另有 6 人症状较轻。①

③食品造假事件

食品造假是餐饮业中屡禁不止的问题，2020 年仍出现了坚果造假、饮料造假等餐饮安全事件。消费者发现食品造假，降低了商家和品牌的美誉度。

④设施环境卫生事件

餐饮设施卫生是餐饮卫生的保障，除了重视食物本身的健康问题外，对就餐设施与环境的卫生要求也越来越高。2020 年共收集设施环境卫生事件 6 起，占总量的 3.4%，包括厨房环境卫生、餐具卫生以及员工个人卫生等。如 2020 年 7 月 29 日，浙江杭州一海底捞餐具被检测出大肠杆菌。②

（3）社会安全事件

2020 年餐饮社会安全事件包括人员冲突事件、价格虚高事件以及冷链食品安全事件，其中冷链食品安全首次受到社会各界关注。

①人员冲突事件

餐饮业人员冲突事件包括供需两方即商家或员工与顾客之间发生冲突、顾客之间发生冲突等。2020 年共收集人员冲突事件 20 起，占总量的 11%，其中不乏人员伤亡且发生在醉酒情况下。如辽宁沈阳一餐厅服务员因与熟客喝酒聊天时发生争吵，不慎将其捅死。③

②价格虚高事件

旅游餐饮价格虚高问题虽然得到一定控制，但仍时有发生。2020 年共搜集到 7 起，其中包括"天价鲍鱼""天价烤肠""天价面条"等事件。如山东青岛被曝一只普通鲍鱼村民要价 500 元人民币。④

① 《广东惠来一肠粉店发生一起疑似食物中毒事件》，光明地方网，https：//difang.gmw.cn/gd/2020 - 08/04/content_ 34054095. html，2020 年 8 月 4 日。

② 《海底捞又双叒出事！杭州一门店筷子被检出大肠菌群》，腾讯新闻，https：//new. qq. com/omn/20200729/20200729A0PBKW00. html，2020 年 7 月 29 日。

③ 《一句"你这项链不值钱"引发冲突 餐厅服务员捅死顾客被判无期徒刑》，腾讯网，https：//new. qq. com/rain/a/20201231A0FTNM00，2020 年 12 月 31 日。

④ 《青岛又现天价海鲜，不过这次不是青岛大虾了，是"天价鲍鱼"》，百度新闻网，https：//baijiahao. baidu. com/s? id = 1670521774790632940&wfr = spider&for = pc，2020 年 6 月 26 日。

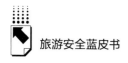

③冷链食品安全事件

冷链食品安全事件是餐饮安全中新出现的一种事件类型，受国外新冠肺炎疫情影响，进口冷链食品被多次曝出新冠检测阳性，且多出现在产品内、外包装上。如江西省萍乡市进口冷链食品冻南美白虾集装箱内壁和产品外包装检测出新冠阳性。①

（4）网络餐饮购物安全事件

餐饮业中，网络购物安全事件主要为外卖卫生安全事件。受新冠肺炎疫情影响，2020年线下餐饮业发展低迷，外卖后来居上，发展迅猛，外卖卫生安全事件也随之而来。2020年共收集外卖卫生安全事件19起，主要问题仍是消费者就餐时吃出异物。

（三）旅游餐饮安全事件特点

1. 餐饮安全事件总量增多

通过对2012～2020年中国旅游餐饮安全事件的统计，与2012年相比，2020年旅游餐饮安全事件数量同比下降5.4%，但与2019年相比同比上升27.7%（见图4）。

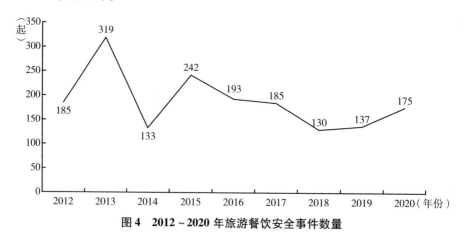

图4　2012～2020年旅游餐饮安全事件数量

---

① 《江西省萍乡市冷链食品冻南美白虾集装箱内壁和产品外包装检测出新冠阳性》，中华网，https：//3g.china.com/act/news/10000169/20200715/38491543.html，2020年7月15日。

2. 餐饮安全事件类型增多

2020年新增了设施安全、违规违建以及冷链食品安全三类安全事件，餐饮安全事件类型的增多加大了管控和治理的难度与复杂性，未来应加大对这几方面安全事件的重视。

3. 餐饮安全事件危害性较高、后果严重

火灾爆炸事故具有突发性，一旦发生，相关人员很难即时得到保护，最终酿成悲剧。违规违建安全事件造成的人员财产损失不可估计，但可通过日常排查与检查，加强管控，防患于未然。

三　影响旅游餐饮安全的主要因素

2020年新冠肺炎疫情突袭而至，旅游餐饮遭受了大规模冲击。通过详细分析2020年的旅游餐饮安全事件，从新冠肺炎疫情、政府监管、经营者、消费者四个层次分别进行归纳总结。

（一）新冠肺炎疫情

新冠肺炎疫情突袭而至给旅游餐饮造成了一定的负面影响。在餐饮环节中，冷链物流、集体堂食及接触式外卖配送等成为影响旅游餐饮安全的主要因素，务必保证食品的来源、配送过程等餐饮业务流程的安全性。此外，还应转变经营理念，开发新的经营模式。例如，企业可以开发像"无接触式配送""单人座""小饭菜"等高安全性餐饮理念。

（二）政府监管

政府对于旅游餐饮安全有多个部门进行协同监管，旅游餐饮市场庞大，监管成本较高，政府缺少监管的经费、技术及人员，导致监管难度大、效率低。因此，政府应当健全及优化相关政策，增加监管经费投入。同时将惩戒力度扩大，严格执行监管流程才能使餐饮安全问题无所遁形。

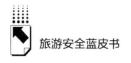

（三）经营者

1. 部分商家缺乏自律意识

当前，景区的餐饮从业人员的流动性很大，部分商家缺乏自律意识，这导致餐饮的品质全依赖于商家的自身道德水平，餐饮安全风险较高。

2. 部分商家缺乏安全意识，餐饮安全知识水平较低

旅游餐饮经营者的餐饮安全知识水平和安全意识与餐饮安全息息相关，其卫生行为的好与差都会影响餐饮安全。同时，餐饮经营者的餐饮流程是否规范也很大程度地影响餐饮安全。因此应提升从业人员的相关餐饮安全知识水平及安全意识，严格规范卫生安全流程。

（四）消费者

消费者自身的安全意识也是影响餐饮安全的因素之一。很多消费者选择在景区进餐后就没有了安全意识，将餐饮安全问题直接抛给了商家。另外，消费者的维权意识较低、维权成本较高也很大程度影响餐饮安全。

四 2020年中国旅游餐饮安全管理主要进展

（一）各地政府大量出台食品安全文件

2020 年 9 月 15 日，国家卫生健康委对原卫生部 2010 年 10 月 20 日发布的《食品安全国家标准管理办法》进行了修订，形成了《食品安全标准管理办法（征求意见稿）》①，其中包括后新冠肺炎疫情时期受人关注的"食品冷链物流卫生规范"。此外，各地政府还密集出台疫情期间食品安全

---

① 《食品安全标准管理办法（征求意见稿）》，中华人民共和国司法部、中国政府法制信息网，http：//www. moj. gov. cn/news/content/2020－09/15/zlk_ 3256212. html，2020 年 9 月 15 日。

防控文件，全面规范了食品安全的标准，全面部署了食品质量的提升策略。

（二）文化和旅游部出台用餐安全文件

2020年7月17日，文化和旅游部办公厅发布了《关于统筹做好乡村旅游常态化疫情防控和加快市场复苏有关工作的通知》，[①] 规定了以"公筷公勺 文明健康"为主题，开展乡村旅游"公筷公勺"行动，营造安全健康卫生放心的用餐环境，鼓励提供无公害农产品、绿色食品，综合地提出了用餐安全的建议及规定。

（三）"互联网＋"、数字化智慧化推动餐饮安全监管

新冠肺炎疫情时期，许多餐饮行业提前实现了餐饮安全"互联网＋"及数字化，各地市场监管局也积极利用大数据系统监管餐饮安全。[②] 政府餐饮监管部门积极与第三方网络平台合作，疏通市民投诉、举报餐饮安全问题的渠道，提升结案处理效率，形成了餐饮安全社会共治状态。

（四）餐饮业商家全面部署疫情期间的防控策略

第三方外卖平台积极展开"无接触配送"，同时，严格检测配送员体温。此外，线下商家也积极遵循2021年1月5日商务部发布的《餐饮服务单位新冠肺炎疫情常态化防控技术指南》，例如，对经常接触的公共用品和设施（如电梯间按钮、扶梯扶手等），每日清洁消毒不少于3次，重点部位要做好消毒记录，等等。

---

① 《文化和旅游部办公厅关于统筹做好乡村旅游常态化疫情防控和加快市场复苏有关工作的通知》，中华人民共和国司法部、中国政府法制信息网，http://zwgk.mct.gov.cn/zfxxgkml/zykf/202012/t20201213_919386.html，2020年7月17日。
② 朱祥宁、朱美鸿、刘紫微：《新冠肺炎疫情对餐饮业的影响及应对策略探讨——基于线上534份调查问卷分析》，《商场现代化》2020年第14期，第1～4页。

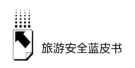

五 2021年旅游餐饮业安全形势展望与管理建议

（一）2021年旅游餐饮业安全形势展望

1.《食品安全标准管理办法》（征求意见稿）将有效保障疫情时期的旅游餐饮安全

《食品安全标准管理办法》的修订，将有效对新时期出现的食品卫生问题进行管制，将对从餐饮源头到运输过程的各项风险进行防控，辅以各地方的防控文件，政策层面的不断完善必将从根源上对旅游餐饮业形成有效的保障机制。

2. 运输冷链成为餐饮监管的重点

冷链运输产品多次被曝核酸检测结果为阳性，极大地影响了旅游餐饮业的经营信心，引起政府、企业、消费者及其他各界的共同重视，消费者的维权意识及监管意识得到了极大的提升，加强冷链食品监管力度将成为餐饮运输监管工作的重点。[1]

3. 社交媒体等形式的消费者自发监管将成为更广泛的行为

疫情之中，社交媒体等平台得到了迅速发展，越来越多的旅游餐饮业的安全隐患被频频曝光，消费者对于餐饮安全问题关注的主动性和积极性也得到了极大的提升，全民监管将成为旅游餐饮业的常态。

4. 订餐平台及外卖安全监管将成为工作重点

为减少聚集，消费者越来越多地接受并通过外卖等形式订餐[2]，外卖的制作及配送成为消费者颇为关注的事情，针对外卖配送的一系列餐饮安全问题成为防控监督重点。

---

[1] 《海关总署进出口食品安全局加强对进口冷链食品源头管控》，《中国食品学报》2020年第20（07）期，第180页。

[2] 王建华、王恒、孙俊：《基于订餐平台视角的食品安全监管策略》，《经济与管理》2020年第34（03）期，第79~85页。

5. 无接触送餐技术更广泛运用到旅游餐饮配送服务中

从外卖的无接触，到酒店和餐厅的送餐机器人，尤其是在各疫情防控隔离点，都更加突出无接触的重要性。高新技术依托的科学技术手段已经愈加成熟，极大地提升了送餐的安全性，降低了风险，并且提高了工作效率，在接下来的发展中，各种无接触技术也会变得更加成熟和人性化。①

（二）2021年旅游餐饮业安全管理建议

1. 加大和深化专项监管力度

旅游餐饮业安全的检查和整治常态化，定期公开公布联合整治工作成果，形成交叉监管制度。② 对于国外进口和冷链运输等各个环节进行专项整治，坚决杜绝在旅游餐饮食品的源头或运输过程中出现安全隐患，加快落实各项材料的溯源，③ 让每个食品都能做到源头可查，实现精准防控。

2. 加快智慧化旅游餐饮业建设和发展

人工智能应用于餐饮业的各项环节中，尤其是在配送等供应链环节，加快智慧化建设，推动高新技术的攻关和突破。④ 同时，政府应鼓励民间进行创新和研发，给予支持，广泛吸纳社会各界的建议和创新思维，共同加快餐饮业的技术进步。

3. 加大行政处罚力度

严厉打击不合规和违法行为，加大行政处罚力度，提高违规违法成本，让不法商家彻底不敢抱有侥幸心态。

4. 开展包括疫情防控在内的培训工作和餐饮安全宣传教育活动

对包括政府工作人员在内的社会各界进行防疫防控专项工作培训，加大

---

① 王大树、张辉：《无接触经济：“昙花一现”还是大势所趋》，《人民论坛》2020 年第 18 期，第 12～15 页。

② 张雁琳：《我国推进食品安全路径选择》，《黑龙江畜牧兽医》2016 年第 12 期，第 52～55 页。

③ 王虹、王成杰、杨旭、刘向阳、陈志锋、王震：《进口食品追溯体系的现状及发展趋势》，食品与发酵工业，https://doi.org/10.13995/j.cnki.11-1802/ts.025560，2020 年 12 月 22 日。

④ 李彩宁、毕新华：《餐饮服务食品安全智慧监管平台构建研究》，《电子政务》2017 年第 12 期，第 64～71 页。

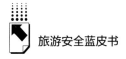
餐饮安全相关的法律法规宣传力度，强化安全管理意识，[1] 通过正确的途径和方法将安全隐患在第一时间进行控制，将损失降到最低，尽可能减少其危害影响。

5. 杜绝浪费，全面推动消费者展开"光盘行动"

由政府牵头，呼吁和监督社会各层都要做到"光盘"，确保粮食不会被浪费和无故损耗，坚决反对粮食浪费。[2]

6. 把握和利用好社交媒体等新平台

政府部门充分利用社交平台，将旅游餐饮业的食品安全问题通过更加生动形象的形式进行展现。对于在线评论应当积极予以反馈，把握好民众这一最有效的监督和信息提供的资源，[3] 同时，积极与民众自媒体相互补充，确保信息的真实性，完善社交平台的监督作用。[4]

① 师景双、袁超、杨振东、高牡丹、吴珍珍、任雪梅：《网络餐饮服务食品安全问题及监管建议》，《食品工业》2020年第41（11）期，第275～278页。

② 赵伟洪：《节约粮食与反对浪费：新中国保障粮食安全政策演变研究》，《江西社会科学》2020年第40（11）期，第28～38页。

③ 陈新：《创新福建餐饮服务食品安全的监管机制研究》，《中共福建省委党校学报》2014年第12期，第98～104页。

④ 费威、潘雨浓：《自媒体、监管部门与企业的食品安全演化博弈》，《华南农业大学学报》（社会科学版）2020年第19（06）期，第84～100页。

B.4

2020～2021年中国旅游交通业的
安全形势分析与展望

施亚岚　曹永青*

摘　要：　2020年，受疫情影响，国内旅游交通安全在面临挑战的情况
　　　　　下保持稳中向好的态势，各个交通运输系统安全形势总体稳
　　　　　定，水路、铁路及民航交通运输未发生重特大交通事故，但
　　　　　依旧存在旅游道路交通事故及景区内部交通安全事故时有发
　　　　　生的情况。旅游交通安全在安全防疫、智慧交通、交旅融合
　　　　　等方面取得重要进展。2021年，应继续完善智能交通系统协
　　　　　同管控交通安全，针对游客出行需求加强重点领域监管，强
　　　　　化政策支持推动"标准化"管理。

关键词：　旅游交通业　交通事故　交通安全

一　2020年中国旅游交通业安全的总体形势

2020年，我国的交通运输行业四大系统受到新冠肺炎疫情不同程度的负面
冲击。公路方面，据交通运输部统计，2020年上半年完成营业性客运量39.6亿
人次，同比下降了54.8%。到11月为止，我国公路自年初累计旅客客运量达到
628793万人次，相比2019年降低了47.6%，旅客周转量累计42598004万人公

---

* 施亚岚，华侨大学旅游学院副教授，主要研究方向为旅游规划与开发、旅游环境管理；曹永
青，华侨大学旅游学院硕士研究生，主要研究方向为旅游规划与开发、智慧旅游。

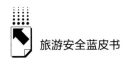

里，同比降低了48.1%。就水路而言，旅客客运量自年初累计共13838万人次，同比降低46.1%，旅客周转量305078万人公里，同比降低58.5%。就铁路而言，旅客发送量自年初累计共199581万人，比上年同期降低41.2%；旅客周转量自年初累计共7565.35亿人公里，比上年同期降低45.1%。就民航而言，2020年1~9月，全国旅客运输量累计达28058.5万人次，比上年同期降低43.6%；旅客周转量累计达4298.6亿人公里，比上年同期降低51.3%。①2020年，在新冠肺炎疫情的冲击下，我国交通运输系统受到不同程度的影响。运输周期短、对客运需求依赖高的行业在此次疫情中损失惨重，机场、高速公路、公交和航空板块的一季度净利润同比跌幅均超过100%，而航空板块的净利润跌幅甚至达到327.4%。②然而，疫情防控措施得力有效，中国民航更是在全球率先触底反弹，成为全球恢复最快、运行最好的航空市场。③我国交通运输业在安全防疫的基础上开始逐步恢复，良性发展。

2020年我国基本完成了"两通"和"十三五"规划目标任务，而且取得了交通运输疫情防控阶段性胜利。2020年旅游交通安全总体趋势较好，旅游交通事故以境内为主，这与我国对出境旅游的限制有关。中华人民共和国海关总署和国家移民管理局等单位联合发布，建议我国国民非必要不出境，文旅部也发布相关文件并要求所有线上旅游产品及其他旅行团暂停业务。水路、铁路和航空交通运输系统安全形势较为稳定，道路交通呈现事故风险多元分散的特征，新晋网红景区内部安全事故频发，诸如景区内的高空索道、玻璃滑道、热气球、滑雪场滑道，此类交通设施成为主要诱因。交通运输部及地方相关部门多措并举，通过安全提醒、有效引导、发布新规、制定预案等方式全力保障交通安全运营，推动旅游复工复产。

① 数据来源：中国民用航空局网站，http：//www.ccaac.gov.cn/。

② 《中金网研报精选：疫情对交通运输行业影响》，中金网，http：//www.cngold.com.cn/20200619d1703n345290852.html，2020年6月19日。

③ 《中国民航成为新冠肺炎疫情冲击下全球恢复最快的航空市场》，中国新闻网，https：//www.chinanews.com/cj/2021/01-12/9385214.shtml，2021年1月12日。

二 2020年旅游交通安全的特点和进展

（一）2020年旅游交通安全的基本特点

1. 道路交通事故风险多元分散，旅游客运安全不容忽视

2020年，道路交通安全事故仍是旅游交通安全的关键领域，并且由于境外旅游的停滞，境内道路安全事故多集中在下半年，并呈现自驾车、农用车、旅游客车、货车等多主体的特征。受降雨天气影响，8月11日，两辆旅游大巴车在国道544线九寨沟县漳扎镇，突遇山石垮塌，造成1人死亡、6人受伤。[1] 11月30日，台湾南投县境内发生一起游览车翻车事故，致1人死亡、5人重伤、15人轻伤。这辆游览车为高雄市一家旅行社发出，刹车失灵是此次事故的原因。[2]

表1 2020年重大交通安全事故

日期	地点	交通工具	事故类型	伤亡情况	事故原因
2020年1月21日	安徽安庆	自驾车	车祸	4人死亡1人受伤	操作失误
2020年2月13日	上海浦东	自驾车	车祸	4人受伤	撞栏杆
2020年3月20日	湖南郴州永兴	列车	车祸	1人死亡4人重伤	列车侧翻
2020年6月2日	湖南张家界	客车	车祸	8人受伤	撞车
2020年6月23日	广东英德	自驾车	车祸	6人死亡	撞车
2020年6月25日	云南西双版纳州澜沧江水域	客船	船祸	1人死亡17人受伤	沉船
2020年7月7日	贵州安顺	公交车	车祸	21人死亡16人受伤	坠湖
2020年8月10日	黑龙江五常	客车	车祸	9人死亡6人受伤	司机操作不当

---

[1] 《四川阿坝州九寨沟县两辆旅游大巴车被飞石砸中致1死6伤》，中国新闻网，https：//www.chinanews.com/sh/2020/08-11/9262226.shtml，2020年8月11日。

[2] 《台湾南投发生游览车翻车事故 致1死20伤》，央广网，https：//baijiahao.baidu.com/s?id=1684860087783876050&wfr=spider&for=pc，2020年12月01日。

续表

日期	地点	交通工具	事故类型	伤亡情况	事故原因
2020 年 8 月 11 日	四川九寨沟	旅游大巴	车祸	1 人死亡 6 人受伤	山石垮塌
2020 年 8 月 14 日	河北保定	小型汽车	车祸	8 人受伤	撞车
2020 年 8 月 22 日	云南大盈江拉贺练大桥	皮划艇	船祸	3 人死亡 3 人受伤	翻船
2020 年 9 月 20 日	山东青岛	飞机		3 人死亡	坠机
2020 年 10 月 6 日	安徽六安	自驾车	车祸	3 人死亡	撞车
2020 年 10 月 10 日	贵州毕节	客车	车祸	7 人死亡	撞车
2020 年 10 月 21 日	河北高阳	小客车	车祸	7 人死亡	撞车
2020 年 10 月 29 日	江西宜春	客车	车祸	7 人死亡 1 人受伤	撞车
2020 年 11 月 11 日	福建南平	中巴	车祸	9 人死亡 5 人受伤	撞车
2020 年 11 月 18 日	山东泰安	自驾车	车祸	4 人死亡	
2020 年 11 月 22 日	台湾中山高速	休旅车	车祸	4 人死亡	撞护栏
2020 年 11 月 24 日	包茂	汽车	车祸	3 人死亡 6 人受伤	天气恶劣
2020 年 11 月 30 日	台湾南投	旅游客车	车祸	1 人死亡 5 人重伤	刹车失灵
2020 年 12 月 1 日	辽宁鞍山	自驾车	坠入冰窟窿	3 人死亡 2 人受伤	
2020 年 12 月 10 日	山西河津	小型汽车	车祸	9 人受伤 1 人重伤	撞人
2020 年 12 月 11 日	河北石家庄	小型汽车	车祸	4 人死亡	撞车
2020 年 12 月 14 日	广东茂名	小型汽车	车祸	4 人死亡 2 人受伤	撞车
2020 年 12 月 14 日	广东化州	小型汽车	车祸	2 人受伤	撞车
2020 年 12 月 30 日	包茂高速湘西凤凰段	客车	车祸	9 人死亡 14 人受伤	撞车

2. 铁路和水路运输经受疫情考验，未发生特大安全事故

2020 年，我国铁路营业里程由"十二五"末的 12.1 万公里增长到 14.63 万公里。疫情期间，铁路交通运输系统经受住了严峻的考验，在避免疫情传播的过程中发挥着重大作用，然而仍然无法杜绝一些铁路安全事故的发生。2020 年铁路安全事故发生的原因大多为脱轨、脱线，例如，3 月 20 日，一列由济南开往广州的 T179 次客运列车（实载 800 余人）行驶至京广铁路湖南郴州永兴县境内时发生脱轨，列车前部起火，9 节车厢发生侧翻，造成 1 人死亡、4 人重伤、120 余人受伤，事后国务院安委办通报事故为受

连日降雨影响泥石流滑坡引起列车侧翻。①

2020年，水路交通安全形势稳中向好，没有出现特大安全事故，但是仍不乏由天气、操作等原因造成的水路旅游交通事故发生。1月21日，菲律宾长滩岛一艘载有21名中国游客的游船在遭遇强风后翻船，造成1人死亡、3人受伤。②6月25日，一艘载有27人的船只在西双版纳州境内澜沧江与南班河交汇处发生翻沉，失踪9人、死亡1人。③8月22日，在大盈江拉贺练大桥下游发生一起皮划艇侧翻事件，造成3人死亡、3人受伤。④

3.民航运输业触底反弹，航空安全成绩显著

2020年，全球航班数量出现坠崖式下挫，全球追踪商业航班总量减少了42%。航空旅行需求急剧减少，全年全球航空事故总量减半，死亡人数有所增加。在此形势下，中国民用航空交出了一份满意的安全成绩单，其整体安全水平不断提高、事故指标优于世界平均水平。9月，运输飞机日利用率已恢复到8.0小时，正班客座率和正班载运率已分别达到79.4%和71.6%。截至11月底，全行业运输航空连续安全飞行达到"120+3"个月，中国民航连续18年保证了空防安全。运输航空责任原因严重征候万时率0.0066，比"十二五"期间下降15.1%。2020年，2个主要安全指标均降为"零"，第一个是亿客公里死亡人数十年滚动值从2010年的0.0091降低到0；第二个是百万小时重大事故率十年滚动值从2010年的0.097降低到0。9月20日，山东青岛九天国际飞行学院有限公司一架小型飞机在训练时

① 《国务院安委办通报T179次列车脱轨事故：泥石流滑坡引发》，搜狐网，https：//www.sohu.com/a/385677370_652017，2020年4月05日。
② 《载21名中国游客船只菲律宾长滩岛翻船！45岁女子死亡3人受伤》，搜狐网，https：//m.sohu.com/a/368237887_161795，2020年1月21日。
③ 《云南载27人船只在西双版纳澜沧江水域翻沉，已搜救到9人》，搜狐网，https：//www.sohu.com/a/404071319_162758，2020年6月25日。
④ 《云南盈江意外落水事件3名失联人员全部找到，已不幸遇难！》，腾讯新闻，https：//xw.qq.com/yn/20200826011241/CYN2020082601124100？pgv_ref=sogousm&ADTAG=sogous，2020年8月24日。

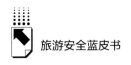

坠落，致3人死亡。① 9月29日，上海虹桥机场1名东航机务人员在机坪遭牵引车撞倒身亡。②

4. 网红景区安全隐患凸显，索道、滑道、热气球事故多发

2020年，景区内部安全事故频发，新晋网红景区的惊险刺激游乐项目安全隐患凸显。9月18日，重庆万盛奥陶纪景区，一名景区工作人员从速滑索道上坠入山谷，抢救无效身亡。③此外，多起玻璃滑道事故和热气球事故引发关注。例如，8月20日，辽宁本溪虎谷峡景区由雨水导致滑速过快，多名游客失控相撞，致1人死亡多人受伤。④10月2日，湖南株洲悠移庄园热气球飞行营地发生坠落事故，造成1人死亡。⑤ 11月30日，云南腾冲火山地质公园热气球发生故障，一名工作人员从高空掉落当场身亡。⑥

（二）旅游交通安全管理的主要进展

1. 国庆中秋双节叠加，保障疫情趋稳后长假出行

2020年，国庆中秋双节叠加，迎来了疫情趋稳之后的第一个长假。文化和旅游部数据中心统计，国庆假期前7天，全国共接待国内游客6.18亿人次。假期第7天，返程客流高峰持续。交通运输部举行例行发布会，为防止高速公路出现拥堵，规定10月1日零时起高速公路免费通行（以驶离高速公路出口的时间为准）。另外为满足游客乘坐公共交通的需求，交通运输

---

① 《青岛一公司小型飞机坠落后续：悲痛！机上3人抢救无效死亡!》，搜狐网，https：//www.sohu.com/a/420180877_678130，2020年9月22日。
② 《虹桥机场一人遭碾压身亡！刚刚，东航通报……》，搜狐网，https：//www.sohu.com/a/421751808_467393，2020年9月29日。
③ 《一名女子从景区速滑索道坠入山谷抢救无效身亡》，搜狐网，https：//www.sohu.com/a/420293949_120053955，2020年9月21日。
④ 《辽宁本溪虎谷峡景区玻璃滑道事故致1死多伤　事故原因》，佰佰安全网，https：//www.bbaqw.com/wz/140616.htm，2020年8月21日。
⑤ 《湖南株洲悠移庄园热气球飞行营地一男子从热气球上坠亡瞬间曝光：高空极速下坠》，搜狐网，https：//www.sohu.com/a/422433280_120363919，2020年10月3日。
⑥ 《云南腾冲地质公园热气球发生故障一工作人员坠亡　官方：正在调查》，搜狐网，https：//www.bbaqw.com/wz/140616.htm，2020年11月30日。

部指导各地结合历史经验提前进行筹划，判断客流量，做好城市公交、城市轨道交通、出租车服务保障，在主要景区和交通枢纽区（机场、车站）这些游客集中的地方加强应急运力保障服务。通过提前宣传，假期居民错峰出游、预约旅游已逐步实现。国内已有超过1万家景区通过在线平台提供预约预订服务，越来越多的景区通过信息化手段来保障游客出行安全及体验。《5A景区数字文旅发展水平调研报告》显示，截至2020年9月30日，我国5A级景区在线预约比例已达94%。

2. 深化道路客运供给侧结构性改革，满足人们安全高效的出行需求

随着人们出行、旅行需求呈现个性化、专业化，道路客运产品的供给方式和供给结构亟待优化。尤其是疫情这一特殊时期给交通运输业带来机遇和挑战，客运经营者纷纷出台相关支持政策，在保障旅游交通安全的前提下，通过相应举措助推行业复工复产，交通运输部修订发布了《道路旅客运输及客运站管理规定》，自2020年9月1日起施行。这一规定增加了规范客运新模式发展和强化安全监管的内容，切实保障运营安全。通过从严管控800公里以上客运班线、明确包车客运运次时限要求、强化道路客运安全事项告知（明确"客运经营者应当按照有关规定在发车前进行旅客系固安全带等安全事项告知"）强化安全监管。

3. 推动智慧交通进程，着力优化立体交通网络

为强化交通强国战略规划的推进，加快智慧交通建设，在疫情期间，智慧交通也为疫情防控工作做出了突出贡献。1月17日，交通运输部推进9件交通运输更贴近民生实事，开展ETC智慧停车城市试点、推动交通一卡通"全国通用"及推进重点水域电子船票应用等。8月3日，交通运输部发布《关于推动交通运输领域新型基础设施建设的指导意见》，要求推进信息技术在交通运输业的应用。智慧交通充分运用5G通信、大数据、人工智能等技术，使交通运输行业的基础设施得到发展，进一步提高交通运输服务的水平。

4. 安全防疫多措并举，推动旅游交通复工复产

2020年4月8日，武汉对外交通恢复，长江海事部门采取多种措施，

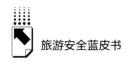
全力做好水上交通安全保障工作；要求对武汉市运营的轮渡加强安全监管，支持轮渡公司复工复产，为两江游的夜游船提供现场维护和现场巡航。8月12日，交通运输部印发《关于加强游轮疫情防控和运营安全工作的通知》，对航线复航进行评估，并制定应急预案，稳慎推进游轮复航。加强与地方应急管理、水利、卫生健康、文化和旅游等部门的沟通合作。9月18日，文化和旅游部办公厅发布《关于做好2020年国庆节、中秋节文化和旅游假日市场工作的通知》，要求统筹安排旅游景区疫情防控工作，按照"限量、预约、错峰"要求，确保假日旅游景区开放安全、平稳、有序。

三 2020年影响我国旅游交通安全的主要因素

1. 不可抗力隐含风险

新冠病毒有着较强的传播力，居民和旅客的聚集和流动明显地增加了其传播的风险。为了使出行的游客在疫情期间能够安全到达目的地，交通运输部门在各方面加强防范。《交通运输部关于分区分级科学做好客运场站和交通运输工具新冠肺炎疫情防控工作的通知》《公路水路旅行疫情防控指南》相继发布。除此之外，自然灾害、恶劣天气等不可控因素也是影响旅客出行交通安全的关键因素。很多旅游交通事故都是由天气导致的，比如雨、雾、冰雹、风沙这些异常天气。11月24日，包茂发生的一起车祸就是由恶劣天气导致的，最终3人死亡、6人受伤。①

2. 网红设施隐患凸显

近年来，高空索道、玻璃栈道、吊桥、蹦床、滑道等游乐项目成为大众追捧的旅游产品，许多新晋网红景区应运而生。网红景区以短期吸引人流作为目标，然而短时间的客流量暴增，超出了景区的游客最大承载力，随之产

---

① 《最新！陕西包茂高速40余辆车相撞，致3人死亡6人受伤》，腾讯新闻网，https：//xw. qq. com/xian/20201124006468/XAC2020112400646800，2020年11月25日。

生安全问题。海西州格尔木市315线"U型网红路"成为市内外游客游玩"打卡"之地，节假日期间游客不听执法人员劝阻，随意停车、上路拍照，极大地增加了安全风险。为此，相关部门设立警示牌禁止拍照。① 此外，很多网红游乐项目的设备设施并没有专门的、统一的行业标准和资质规范，生产厂家往往参照一般产品的要求进行生产。

3. 组织监管双重缺失

从许多景区安全事故中可看出，交通游线与旅游活动组织不合理、疏导管理不畅通，容易导致旅游流分布不平均，部分旅游节点过于拥挤深藏安全隐患。企业对车辆驾驶人的管理存在漏洞，对驾驶人的安全教育不到位，缺乏对驾驶人的交通安全教育和管理，致使驾驶人交通安全意识较差，未能遵守交通安全法律法规，存在严重交通违法行为。此外，网红景区安全事故频发敲响警钟，相应的监管责任更不能缺失。进一步完善行业标准，制定更加细化和全面的管理规范，规范旅游项目的建设和产品生产，建立健全日常安全管理和各种专项应急预案等管理制度，高度重视风险防范，做好隐患排查。

四　2021年旅游交通业安全形势展望与对策研究

（一）2021年旅游交通业安全形势展望

1. 强化政府和社会共治，安全赢得更全面保障

在做好疫情防控的基础上，贯彻落实党中央、国务院关于安全生产工作的决策部署和国务院安委会印发的《道路运输安全专项整治三年行动实施方案》，从近年来发生的重特大事故中吸取教训，全面提升旅游客运安全发展水平。这不仅需要政府付出努力，同样需要整个社会共同参与。深化部门

---

① 《青海格尔木对"网红U型公路"设警示牌禁止拍照》，人民日报，https://baijiahao.baidu.com/s？id=1675350126455825974&wfr=spider&for=pc，2020年8月18日。

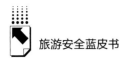

协同将成为共识,各地有关部门纷纷开始实践,实现执法协作、信息共享,形成工作合力。完善保障措施,积极推动旅游客运安全工作纳入地方政府年度工作重点,确保各项工作任务完成到位。加强宣传引导,利用媒体渠道,引导游客提升安全文明出行意识。

2. 强化科技支撑应用,安全防范更智慧

2021年是我国"十四五"规划开局之年,在"交通强国"被正式纳入"十四五"规划建议后,智能交通的落地速度将加快。交通运输部于2020年12月批复安徽、陕西、江西、广东、上海等地交通强国试点实施方案。《交通强国建设纲要》提出推动旅游专列、旅游航道、旅游风景道、自驾车房车营地、游艇旅游、低空飞行旅游等发展。交旅融合成为一大亮点,是交通运输和旅游行业转型升级的有效途径之一。旅游交通通过充分应用智慧手段,可以精准判断客流的时空分布,准确把握游客的出行特点,对交通安全进行分析研判,利用大数据监测预警预防,并精细指挥调度各地公安机关,保障游客交通安全。

3. 交通旅游深度融合,出行产品不断升级

游客对出行的需求在不断提高,游客运输也更加专业化,人们在出行时能"说走就走",逐步实现"人享其行"。交通运输服务系统以道路运输为基础,以高铁、民航为主要发展方向,整个服务体系更加完善,使得游客的出行更加便捷、舒适。随着"互联网+"逐渐渗透到人们生活中,人们的出行方式正在改变,网约车覆盖全国的各个城市。在新形势下,抓住疫后旅游出行发展新机遇、寻找同行发展破局之道,已成为业内面临的共同课题,旅游客运、高端旅游、景区车辆接驳、自驾旅游等将迎来不同程度的创新,以满足高品质、多元化、个性化的旅游需求。

(二)2021年旅游交通业安全对策

1. 针对游客出行需求,加强重点领域安全监管

首先,私家车自驾出行量持续攀升,事故风险多元分散。近五年春运期间,私家车肇事占比由2015年的53.1%逐年上升至2019年的69.4%。疫情期间,自驾出行更成为旅行主要方式。因此,应加强私家

车安全管理，提高驾驶人的安全意识和驾驶技能，加大违法行为打击惩处力度。其次，针对旅行出行、学生放假、职工休假等出行需求的叠加，应加强长途客运班线、省际旅游包车、农村客运等重点领域的安全监管。再次，各部门合力防范交通事故，加强与气象等部门协调联动，有效防范各类自然灾害引发的次生衍生安全事故；加强与各地公安机关合作，主要领导要亲自部署相关工作，深入一线进行实地督促指导，确保交通安保工作落到实处。

2. 加快行业标准制定，强化日常组织监管

新晋网红景点和交通设施的安全管理，源头治理是关键。首先，应加快行业标准制定和实施，目前，有关新兴游乐项目的国家标准已相继出台。其次，交通运输、住建、安全生产、市场监管、文旅等行政主管部门应多方协同跟进，加强日常监管，开展风险评估，对网红游乐设施使用情况采取综合安全检查，建立健全日常安全管理、各种专项应急预案等管理制度。最后，景区经营者应注重对游乐设施的科学管理和安全检查，通过限流等方式，避免游乐设施超负荷运营。

3. 应对境内外疫情风险，落实分区分级防控

当前，境外疫情加速蔓延，国内出现多点、零星、散发病例，2021 年疫情防控形势仍严峻而复杂。首先，为防止境外输入、境内反弹风险，应继续从严控制出入境旅游业务，并做好国内旅游出行安全宣传和应急预案。其次，在总结 2020 年春运返程、复工复产、"五一""十一"运输服务工作的基础上，对 2021 年交通运输领域的高风险地区、重要环节、重点人群的防控措施和应急处置进行全面部署，在《客运场站和交通运输工具新冠肺炎疫情分区分级防控指南》的基础上，专门制定 2021 年分区分级防控指南，按照各领域防控标准严格落实客运服务防疫措施。

B.5

2020~2021年中国旅游景区的
安全形势分析与展望

黄安民　成汝霞*

摘　要：　安全是旅游景区管理的核心着力点，是旅游高质量发展的重
　　　　　要保障。随着旅游景区数量不断增多，新兴旅游日趋发展，
　　　　　景区安全的影响因素复杂多样，安全风险和管理难度愈发增
　　　　　大。本文对2020年我国（不含港澳台地区）旅游景区安全事
　　　　　件进行统计梳理，总结其总体形势、发展概况、特征及形成
　　　　　原因，并进行展望分析及有针对性地提出管理建议，以期为
　　　　　旅游景区安全的精细化管理提供借鉴。

关键词：　旅游景区　景区安全　旅游安全

　　安全是旅游景区的"生命线"，旅游景区安全是游客满意度的基本要求
和旅游可持续发展的重要保障。然而由于景区旅游项目的复杂性、旅游产品
的创新性、游客需求的多样性，潜在安全隐患愈发增多，旅游景区安全面临
严峻挑战。因此，综合分析景区年度发展形势，优化旅游景区安全的精细化
管理，是弥补景区安全薄弱环节、强化景区高质量发展的重要途径。

---

* 黄安民，华侨大学旅游规划与景区发展研究中心主任，教授、博士生导师，主要研究方向为
旅游与休闲、景区管理、区域旅游发展战略；成汝霞，华侨大学旅游学院硕士研究生。

一 2020年中国景区旅游安全的总体形势

依托文化和旅游部等政府部门网站及中国旅游新闻网、人民网、百度网、搜狐网、新浪网等影响力大、实时性高的网络平台，以2020年为时间限制，利用"游客被困""游客溺水""旅游设施故障""游客突发疾病""旅游大巴事故""游客中毒"等旅游安全相关关键词，汇总整理2020年中国（不含港澳台地区）旅游景区安全事件共177起，较2019年的186起略有减少。其中轻微及一般事故20起，重特大旅游安全事故1起，死亡人数37人，其中重特大旅游安全事故即"山西10·1台骀山景区火灾事故"，景区线路问题引发火灾致13人遇难、15人受伤。2020年我国旅游景区安全事件时间分布范围广，除1~3月疫情初期安全事件较少，其他仍与往年一样以4月、5月、8月、9月和10月为高发期，与节假日时间相契合。空间范围遍布29个省、自治区和直辖市，其中四川省居首位为16起，福建省和广西壮族自治区均为14起，居其次。涉及地文景观、水域风光、遗址遗迹、生物景观和建筑与设施多种景区类型，尤以地文景观和水域风光突出。事件类型以事故灾难为主，高达92.1%，自然灾害和社会安全事件二者合计约占7.9%。从事件性质看，旅游游览安全事件（132起）和旅游娱乐安全事件（36起）占据主要部分，旅游交通安全事件（6起）较少。旅游安全问题是旅游景区发展的短板，整体来看，虽然2020年新冠肺炎疫情给旅游业带来很大冲击，但在政府及全社会的共同努力下，景区不断反思提升，从预警体系、旅游保险、智慧景区等方面不断提高治理能力，我国旅游景区安全形势整体向好。

二 2020年中国旅游景区安全的概况及特点

（一）旅游景区安全事件的分布概况

1. 旅游景区安全事件的时间分布特征

从时间分布特征看，2020年旅游景区安全事件集中分布于4月、5月、

8 月、9 月和 10 月，其中 8 月最多，达 32 起，上述几个多发月份分别与清明假期、"五一"假期、暑假及"十一"假期吻合，整体与 2019 年时间分布一致，但由于 2020 年 1 月新冠肺炎疫情突袭而至后的隔离政策，与 2019 年相比，2020 年 2 月仅发生 1 起安全事件即广西六旬老人因精神分裂想寻短见于会仙河公园落水。① 由此可见，旅游景区安全与出游高峰期存在紧密联系，高峰期供需矛盾激增，安全风险增多，安全问题发生可能性较大，须特别重视。

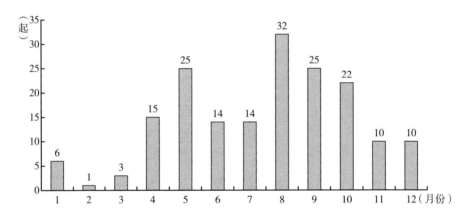

图 1　2020 年中国旅游景区安全事件的月份分布

2. 旅游景区安全事件的空间分布特征

从空间分布特征看，2020 年我国旅游景区安全事件遍布 29 个省、自治区和直辖市，空间分布范围较广，且区域间存在一定差异性。从省份来看，旅游安全事件最多的省份是四川省，达 16 起，福建省和广西壮族自治区并列第二，皆为 14 起，山东省和河南省各 12 起并列第四。旅游安全事件空间分布主要受旅游资源禀赋、地理位置等影响存在差异，从区域来看，主要集中于西南、华东、华南及华中地区；西北、东北地区旅游安全事件较少，但随着旅游开发及游客的个性化需求增多，旅游安全问题也不容忽视。

---

① 《北流：六旬老人公园落水，值班人员紧急施救_陈盛标》，搜狐网，https：//www. sohu. com/a/370417101_ 262890，2020 年 2 月 2 日。

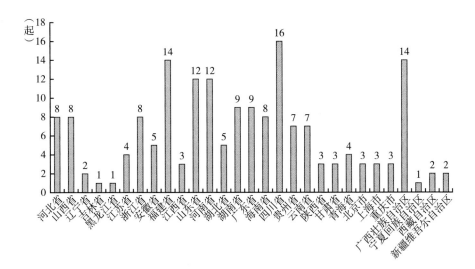

图2 2020年中国旅游景区安全事件的省、自治区和直辖市分布

3. 旅游景区安全事件的事故类型分布特征

表1 2020年中国旅游景区安全事件的事故类型分布

单位：起

事件类型	自然灾害	事故灾难	公共卫生事件	社会安全事件
旅游游览安全	9	121	—	2
旅游娱乐安全	—	36	—	—
旅游交通安全	—	6	—	—
旅游购物	—	—	—	3
合计	9	163	0	5

从旅游景区安全事件的事故类型看，事故灾难占据主体，高达163起，占92.1%；其次为自然灾害事件9起，占5.1%；再次为社会安全事件5起，仅占2.8%。从旅游安全事件的性质来看，主要为旅游游览安全事件132起，占总量的74.6%，主要为游客迷路/受伤被困、游客溺水以及身体不适或突发疾病；其次为旅游娱乐安全事件36起，占20.3%，多为游客漂流或潜水溺水、游乐设施故障；旅游交通安全事件较少共6起，多为旅游景区内观光车发生意外。

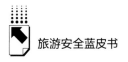

4. 旅游景区安全事件的景区类型分布特征

从旅游景区安全事件发生的景区类型看，地文景观类为94起居第一位，高达53.1%，第二为水域风光类58起，占32.8%，其他依次为建筑与设施类14起、遗址遗迹类7起、生物景观类4起。由此可见地文景观类景区和水域风光类景区，因其固有的山岳及江河湖海等地理风貌潜在安全隐患较多，依旧是我国旅游景区安全问题的核心抓手，必须强化这两类景区的安全检查。此外，以主题公园为主的建筑与设施类易发生设施故障，危害性大，亟待强化安全监管。

（二）旅游景区安全事件的特点

1. 受新冠肺炎疫情影响明显

公共卫生事件对旅游景区的危害性和破坏力极大。据统计，2020年1～3月新冠肺炎疫情前期景区旅游安全事件仅为10起。而随着政府政策、景区退票、居家隔离等有效措施的实施，疫情得到控制，人们可以通过线上"云游"及景区预约等慢慢恢复旅游，旅游景区的安全事件开始逐渐增多。清明节显现增长苗头，再到"五一"、中秋、暑假直至"十一"，旅游安全事件随着旅游活动的复苏也恢复以往的增多趋势。

2. 主要因素源于旅游主体

导致旅游安全事件的主要因素在于旅游者，177起安全事件中，游客迷路18起、游客游泳被困2起、擅自下海游泳2起、不熟悉潮汐规律被困7起、独自探险/自驾3起，充分体现了游客是景区旅游事件的重要影响因素。游客是旅游活动的主体，游客自身因素也是旅游安全事件的重要引致因素，然而自身因素极其容易被忽略，游客安全意识有待提高，此外旅游常识和旅游素养也须强化。

3. 节假日为安全事件多发期

2020年年初因疫情人们出游欲望被压制，而清明节作为压制后反弹的第一个假期，旅游安全事件出现跨越性增多（15起），"五一"假期则达到第一个旅游小高峰，景区旅游安全事件同时达到第一个峰值（25起），8月暑假旅游活动猛增且安全事件数量最多为 32 起，约占总量的 18.1%，9 月和 10 月国庆节前后旅游释放到一定程度，安全事件多达 26.6%。从整体时间来看，旅游景区安全仍与游客出游高峰期密切相关，节假日旅游景区供需矛盾增加，旅游安全隐患增大。

（三）旅游景区安全管理的主要进展

1. 安全管控措施渐趋完善

相关政府部门颁布的景区安全管理政策效度高且执行力强。如疫情解禁后为确保景区安全有序开放，文化和旅游部、国家卫生健康委 2020 年 4 月联合印发《关于做好旅游景区疫情防控和安全有序开放工作的通知》，要求坚持防控为主，强化客流管理等。此外，为确保节假日安全平稳发展，2020年 9 月文化和旅游部资源开发司颁布《关于做好 2020 年国庆节、中秋节假期旅游景区开放管理工作的通知》。另针对冬季疫情高发期，文化和旅游部发布《关于进一步加强冬季旅游市场监管工作的通知》，为景区安全管理提供方向和保障。

表 2　2020 年中国旅游景区安全管理相关行业标准和规范性文件

颁布时间	行业标准/规范文件
2020 年 1 月 26 日	《文化和旅游部办公厅关于全力做好新型冠状病毒感染的肺炎疫情防控工作暂停旅游企业经营活动的紧急通知》
2020 年 2 月 25 日	《旅游景区恢复开放疫情防控措施指南》（资源函〔2020〕2 号）
2020 年 4 月 13 日	《关于做好旅游景区疫情防控和安全有序开放工作的通知》（文旅发电〔2020〕71 号）
2020 年 7 月 14 日	文化和旅游部《关于推进旅游企业扩大复工复业有关事项的通知》
2020 年 9 月 11 日	《关于疫情防控形势下促进文旅产业发展的建议》（文旅产业函〔2020〕255 号）
2020 年 9 月 15 日	文化和旅游部办公厅《关于做好 2020 年国庆节、中秋节文化和旅游假日市场工作的通知》

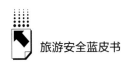
续表

颁布时间	行业标准/规范文件
2020 年 9 月 18 日	《文化和旅游部资源开发司关于做好 2020 年国庆节、中秋节假期旅游景区开放管理工作的通知》(资源函〔2020〕75 号)
2020 年 11 月 30 日	《关于深化"互联网＋旅游"推动旅游业高质量发展的意见》(文旅资源发〔2020〕81 号)
2020 年 12 月 4 日	文化和旅游部《关于进一步加强冬季旅游市场监管工作的通知》
2020 年 12 月 25 日	《文化和旅游部国家发展改革委财政部关于公布第一批国家文化和旅游消费示范城市、国家文化和旅游消费试点城市名单的通知》(文旅产业发〔2020〕97 号)

资料来源：中国政府网、文化和旅游部官网。

2. 预约旅游成主流方式

2020 年"无预约不旅游"蔚然成风，迎来预约旅游元年。2020 年 3 月习总书记杭州调研时指出预约旅游是国家治理水平的表现。[1]2020 年 4 月文旅部联合卫健委发布《关于做好旅游景区疫情防控和安全有序开放工作的通知》，要求景区完善预约制度，游客接待量不超过最大承载量的 30%。社科院联合美团发布 2020 年《中国景区预约旅游便利度指数报告》，指出预约旅游可提高旅游便利度。西安钟楼、湖南森林植物园、良渚古城遗址公园等众多景区实行预约制，预约旅游已成景区安全健康发展的重要途径。

3. 景区线上培训逐渐推广

线上培训相对线下培训，不受时空限制又能节约成本，且可反复学习，已成为旅游景区安全管理的新助力。景区为强化员工培训，提升管理和服务人员业务素养和水平，纷纷开启"云培训"。资源开发司联合中央文化和旅游管理干部学院推出旅游景区公益云课堂，涉及能力素养、文旅融合、政治

---

① 《"浙江行"第三日　习近平关注了这个话题》，中国青年网，http：//news. youth. cn/sz/202004/t20200402_ /2268612. htm，2020 年 4 月 2 日。

理论、旅游业务、应急处理等15门课程;① 沂南县为全县A级旅游景区责任人开展安全生产线上培训,② 中国旅游景区协会举办"智慧旅游、科学运营"首期全国智慧化景区建设线上培训班。③

三 2020年中国旅游景区安全事件的形成原因

(一)安全管理机制待健全

旅游安全管理机制主要包括旅游景区管理者与政府主管部门两方面。景区管理者认识不足,其机制内安全管理专业人才较少、管理水平和业务素养较低,导致预警体系、应急方案、应急设备等安全管理机制缺乏;部分地方政府还不够重视旅游景区的安全管理,对景区安全监管和惩罚力度相对较小,缺乏一定的责任与担当。如重庆奥陶纪景区一工作人员乘坐景区4号速滑线拍摄宣传视频发生意外,抢救无效死亡。④

(二)旅游安全意识较薄弱

旅游安全意识须从旅游管理者和旅游者两个方面来谈。一方面是旅游管理者,多"面子主义""形式主义",工作懈怠且常存在侥幸心理,对于安全演练和安全隐患排查不重视。另一方面是旅游者,不掌握旅游地的基本情况,自以为是,不遵照景区规定,喜欢偏僻刺激的冒险,没有自我保护的准备和自救安排以及体质和适应力,以上两方面致使很多旅游安全事件发生。

① 《资源开发司推出旅游景区公益云课堂》,中国政府网,https://www.mct.gov.cn/whzx/bnsj/zykfs/202004/t20200407_852355.htm,2020年3月2日。
② 《沂南县开展旅游景区安全生产线上培训》,直播旅游网,http://www.zhibolvyou.com/page215? article_id=2368,2020年2月18日。
③ 《首期全国智慧化景区建设线上培训班成功举办_旅游》,搜狐网,https://www.sohu.com/a/400442783_120381074,2020年6月7日。
④ 《安全提示 | 痛心!网红景点又出安全事故_管理》,搜狐网,https://www.sohu.com/a/419890015_120209831,2020年9月21日。

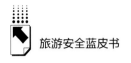
如广西桂林漂流因员工失误，两名游客落水①；游客徒步登五台山不走常规路线被困致 2 死 1 伤②。

（三）突发事件应急能力差

突发事件的不可回避性和应急的紧迫性对景区要求极高，新冠肺炎疫情等突发性公共卫生事件以及全球变暖加剧会引发的洪涝、泥石流、台风等自然灾害，严重威胁景区安全，而当前景区应急能力非常薄弱。2020 年新冠肺炎疫情突袭而至，游客纷纷退票，为旅游按下暂停键，许多旅游景区和企业濒临破产。如河南洛阳市栾川县 4A 级景区养子沟申请破产，成疫情之下第一个申请破产的 4A 级景区③，旅游景区对突发事件的应急能力还需要提高。

四　2021年中国旅游景区安全形势展望与管理建议

（一）形势展望

1. 景区安全治理协同化

旅游是综合性产业，囊括食住行游购娱等诸多行业。同样，旅游景区安全管理涉及因素复杂，包括公安、医疗、文旅、资源、财务、运输等多个领域，而当前我国旅游景区安全管理链条仍在建立，还存在诸多错漏环节，这些管理缺位本身就是旅游安全制度隐患，亟待改善。此外，随着景区管理经验的丰富累积以及实践的需要，旅游景区"安全共同体"成为共识和趋势，旅游景区安全相关部门的协同化成为必需。

---

① 《广西桂林漂流因员工失误致游客落水》，百家号，https：//weibo.com/3580214914/JzWmA8ouJ？type = comment，2020 年 12 月 24 日。

② 《游客徒步登五台山被困致 2 死 1 伤，工作人员：走的不是常规路线》，百家号，https：//baijiahao.baidu.com/s？id = 1686062707606053063&wfr = spider&for = pc，2020 年 12 月 14 日。

③ 《疫情后的第一家 4A 景区申请破产，旅游业复苏之路依旧漫长！》，百家号，https：//baijiahao.baidu.com/s？id = 1666319547795054491&wfr = spider&for = pc，2020 年 5 月 10 日。

2. 安全管理聚焦人本化

景区安全管理的系统包括管理者、员工及游客等人，旅游景区是由人开发并为人服务的，人作为安全管理的核心，地位愈发突出，营造安全的旅游环境，这种安全的环境一方面源于物质环境，另一方面源自精神层面，对于旅游者是一种心理安全感。旅游景区应注重安全氛围的建设和营造，包括对于员工和游客都要给予足够的关怀和重视，给予充分的安全感，同时引导其参与到安全管理中来，构建和谐的安全旅游环境。

3. 安全管理技术智能化

数字化建设是现代化景区安全管理建设的科技保障，充分融合互联网应急管理、安全生产、防灾减灾，实现安全预警、动态监测、数字响应等智能安全监测，为景区安全管理提供"内芯"。互联网结合景区安全，既可科学决策，还可实时应急、检测和安保等，从整体上实现智能安全管理，解决传统景区安全管理的死角和痛点。如广东"热力图"运用"互联网＋"防灾减灾和大数据技术对全省20多个重点景区进行安全风险实时监测。[1]

（二）管理建议

1. 加强政府及相关部门协作

旅游及相关部门应重视协同治理景区安全，由文旅部门、应急管理部门、公安部门、人民政府带头进行安全管理合作，联合相关部门从预警防控、投诉渠道、权责明确、反馈机制等方面统一协调、统一行动和配合，形成科学系统的安全协作机制。协作机制内，各部门要明晰自己的职责，能准确快速找准定位，参与安全治理，积极担当，提高旅游安全共同治理能力和治理水平。

2. 完善预警和救援体系建设

基于人工智能和大数据等技术，进行自动监测分析、事前预警和救援准

---

① 《广东加强景区安全监测预警"热力图"保出游安全》，中国新闻网，https：//baijiahao. baidu. com/s？id＝1665556229274573723&wfr＝spider&for＝pc，2020年5月2日。

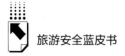

备。利用多种媒介进行安全隐患的标注提醒，通过景区官网、微信、抖音等进行线上宣传，通过门票、导游手册等进行线下宣传；定期进行安全巡查，安全隐患及时排查，建立安全档案及时记录，高风险事件要及时科学地制定应急预案；要定期开展部门联动的安全管理救援演习，熟悉救援程序，掌握操作规范要领，能提供及时有效的援助。

3. 促进景区安全管理精细化

旅游景区安全管理精细化要素是细化措施、规范秩序。建立和进一步完善安全管理体系，制定细致的安全服务制度，如核心景点、高风险节点、出入口等增加景区安监人员，加大安全巡查密度，及时发现安全隐患，并根据应急预案进行处理，建立相关联防机制，及时联动。此外，借助互联网，做好游客宣教工作。例如利用景区安全讲解口袋、GPS 安全卫士等趣味和智能的小程序，提供优质的旅游安全服务。

4. 加强安全教育培训工作

一是员工技能学习和演练常态化。线上和线下结合进行安全知识与操作技能培训，提高管理意识，增强责任感，提高预防与应急本领，避免不安全行为或失误引发事故。二是提高游客安全意识和保护自己的能力，提醒告知游客潜在风险、救生设备的使用方法和游览注意事项等。游客应掌握安全知识和自救技能，遵守景区安全管理规定。

B.6

2020~2021年中国旅游购物的
安全形势分析与展望*

陈秋萍　吴佳佳　刘紫娟**

摘　要： 新冠肺炎疫情背景下，2020年我国旅游购物安全形势仍十分
　　　　严峻。通过对218起中国旅游购物安全事件的统计分析发现，
　　　　全年旅游购物安全事件较上年增加22.5%。旅游购物安全事
　　　　件在时间、地域、类型、群体、商品等方面较以往年份略有
　　　　变化。游客防范意识淡薄，相关利益群体联手共享暴利仍是
　　　　旅游购物安全事件的主要成因。国家致力于改善旅游购物消
　　　　费环境，整治旅游市场购物乱象，在法规政策、服务监管、
　　　　科技支持等方面都取得了新的进展。展望2021年，新冠肺炎
　　　　疫情得到全面控制后，我国旅游业将迎来新一轮复苏。多元
　　　　化的游客需求与多样化的消费方式将给旅游购物安全带来新
　　　　的挑战。建议从开发刚需群体青睐商品、加大违规处罚力
　　　　度、净化旅游购物环境、加强在线购物监管等方面构建安全
　　　　保障体系。

关键词： 旅游购物　新冠肺炎疫情　消费环境

---

　* 基金项目：福建省社会科学规划项目"侨乡文旅融合与经济转型升级的路径与机制研究"
　　（FJ2020B121）。
** 陈秋萍，华侨大学旅游学院副教授，从事旅游人力资源管理研究；吴佳佳，华侨大学旅游学
　　院2019级硕士研究生；刘紫娟，华侨大学旅游学院2020级硕士研究生。

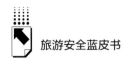
一 2020年旅游购物安全的总体形势

随着新冠肺炎疫情突袭而至，2020 年中国旅游业呈现冰封—解冻—回暖的发展脉络。上半年，国内游约 12 亿人次，同比 2019 年下降 62%；出境游仅 50 万人次，同比跌幅 78%。①据国家统计局网站消息，2020 年国内游客 28.8 亿人次，比上年同期减少 30.2 亿人次，下降 52.1%。2020 年国内旅游收入 2.23 万亿元，比上年同期减少 3.50 万亿元，下降幅度达到 61.1%。② 本研究借助网络搜索方式，在人民网、新华网、微博、微信公众号等网站平台及文化和旅游部、各省市区文化和旅游局、315 中国消费者协会官网，以"旅游购物安全""旅游购物投诉""旅游＋购物欺诈""旅游＋强制消费"等为关键词进行搜索，分别搜集到 2020 年国内游、出境游、入境游购物安全案例 203 起、14 起、1 起，分别占 93.1%、6.4% 和 0.5%。整体而言，我国旅游购物安全形势仍十分严峻。

二 2020年旅游购物安全的概况与特点

（一）旅游购物安全概况

1. 事件数量变幅显著

2020 年国内旅游购物投诉事件总数较 2019 年大幅增加，从 151 起增至 203 起，增幅高达 34.4%。其中，贵州、云南、四川三省的旅游购物安全事件数位居前三，分别为 52 起、44 起、38 起。贵州省成为旅游购物安全事件的新晋高发地区，云南省旅游购物安全事件虽有减少但总量仍居高不

---

① 《上半年国内游客同比降 62%，2021 年中国旅游业将向何处去?》，腾讯新闻，https://new.qq.com/omn/20210126/20210126A01OIQ00.html，2021 年 1 月 26 日。
② 《国家统计局：2020 年国内游客 28.8 亿人次 旅游收入 22286 亿元》，新浪财经_新浪网，http://finance.sina.com.cn/jjxw/2021 - 02 - 28/doc - ikfpnnz0175337.shtml，2021 年 2 月 28 日。

下。受新冠肺炎疫情的影响，出入境旅游购物安全事件的整体数量显著下降。其中，出境游购物安全事件降幅为44%，入境游购物安全事件降幅为50%。

2. 事件发生时间划分鲜明

2020年初新冠肺炎疫情突袭而至，国家采取紧急公共卫生事件响应措施应对疫情的扩散与传播，旅游业进入全面停摆状态。[①] 因而上半年旅游购物安全投诉事件总数仅为40起，占比19.7%。7月起，旅游业逐渐回暖，国内游购物安全投诉事件逐渐增多，并在10月达到峰值。下半年购物安全投诉事件共163起，占比80.3%。我国旅游购物安全事件数量在上半年与下半年出现明显区别，但高峰期仍与暑假、国庆黄金周等节假日交叠。

3. 事件投诉类型增多

218起旅游购物投诉事件中，50起由价格虚高所致，这仍是旅游购物投诉的主要诱因。但价格虚高类旅游购物安全投诉事件数量相比2019年减少11起，而购物欺诈、强制购物、诱导购物类旅游购物安全投诉事件数量均增加。此外，2020年旅游购物安全事件增加了售后不佳、三无产品、虚假宣传、质价不符四种投诉类型，这四种投诉类型总计30起，占比13.8%。

（二）旅游购物安全事件的特点

1. 旅游购物安全事件数量发生变化

相比2019年，2020年国内游购物安全事件增加52起，增幅为34.4%；出境游购物安全事件减少11起，降幅为44.0%；入境游购物安全事件减少1起，降幅为50.0%。从数量与幅度而言，2020年我国三大旅游市场购物安全事件均发生了显著变化。从旅游购物安全事件总数来看，2020年旅游购物安全事件相比2019年增加40起，增幅为22.5%（见图1）。主要原因在于国内旅游市场购物安全事件激增，且增加量多于出入境旅游购物安全事

---

① 崔凤军：《新冠肺炎疫情对文旅产业的冲击与对策——兼论文旅产业的敏感性与脆弱性》，《台州学院学报》2020年第42（01）期，第1~5页。

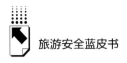

件的减少量。新冠肺炎疫情在全球范围内暴发，使出入境旅游市场遭受巨大打击，出入境旅游购物安全事件因此锐减。

**图 1　2014～2020 年中国国内游、出境游、入境游三大
旅游市场购物安全事件数量对比**

2. 国内游购物安全事件发生空间变化

将 2019 年与 2020 年国内游购物安全事件的空间分布情况进行对比可得，2020 年，贵州、云南、四川、福建、西藏、青海的旅游购物安全事件发生数位列前 6，数量占比与波动均较大，其余各省份的旅游购物安全事件发生数量占比与波动较小。贵州、四川、西藏与青海等地区的旅游购物安全事件数量较上年有不同程度的增加。云南、福建的旅游购物安全事件分别减少 24 起、3 起。总体而言，国内游购物安全事件呈明显的区域集中性，发生地区主要分布在我国的西南部（见图 2）。

3. 旅游购物安全事件投诉类型变化

我国旅游购物安全事件主要包括价格虚高、购物欺诈、强制购物、假冒伪劣等 13 种类型（见图 3）。其中，价格虚高是最常见诱因，其次是购物欺诈与强制购物。2020 年价格虚高类旅游购物安全投诉比上年减少 11 起，降幅为 18%。此外，购物欺诈、强制购物、诱导购物类旅游购物投诉均有不同程度的增加。另外，2020 年旅游购物投诉增加了售后不佳、三无产品、

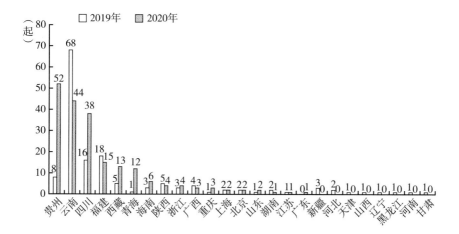

图2　2019～2020年国内游购物安全事件的空间分布对比

虚假宣传、质价不符四种类型，总计23起。投诉产品以珠宝首饰、玉石玉器、名贵药材、特色工艺品等商品居多。泰国、日本是出境游购物安全事件的高发地区，消费商品多为泰国的乳胶制品及日本免税店的相关产品，投诉原因主要是强制购物、以次充好。

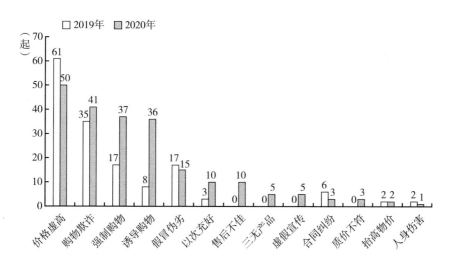

图3　2019～2020年国内游购物安全事件投诉类型对比

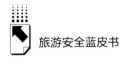

4. 旅游购物安全事件游客群体特征

在各类游客群体中，跟团游群体购物安全事件最多，占比89.0%，其次是自助游与自驾游群体，分别占9.1%与1.9%。携程发布的相关数据显示，在我国跨省旅游恢复半个月之际，通过携程报名参团的游客量单日最高突破2万人。便捷实惠的跟团游仍是游客的主流选择，人数环比增长77.8%。[①] 由于行程多为旅行社统筹安排，且中老年人跟团游群体占比较大，[②] 游客的防范意识较薄弱，易发生价格虚高、强制或诱导购物等安全事件。

5. 旅游购物安全事件消费商品特征

对218起案例进行分类汇总，发现2020年旅游购物投诉主要集中于珠宝首饰、玉石、药材等商品。珠宝首饰类与玉石类商品合计占比高达50.25%，药材类商品与玉器类商品分别占比14.73%与11.68%（见图4）。究其原因，珠宝首饰类商品不仅价格昂贵，且质量鱼龙混杂，游客较难分辨真假及品质优劣，极易出现价格虚高、假冒伪劣、以次充好等现象，加上游客在购物过程中由于时间仓促、心情放松，易于被情景误导，陷入骗局而不自知。

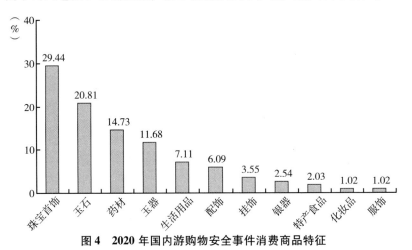

图4　2020年国内游购物安全事件消费商品特征

---

① 《携程报告：国内跟团游市场复苏，参团游客单日破2万》，携程旅行网，https://www.traveldaily.cn/article/139565，2020年7月31日。

② 《跟团游将如何发展？未来如何？》，搜狐新闻，https://www.sohu.com/a/289211604_740280，2019年1月15日。

（三）旅游购物安全管理的主要进展

1. 促进休闲消费扩容提质，改善旅游购物体验

2020年3月13日，国家发改委、中宣部、财政部等23个部门为聚焦改善消费环境、完善消费体制，联合印发了《关于促进消费扩容提质加快形成强大国内市场的实施意见》，提出改善购物环境，鼓励各地区、各行业运用手机App等方式整合旅游产品信息，畅通消费投诉渠道，加强12315行政执法体系和消费者维权信息化建设，形成线上线下相结合的消费者维权服务体系，强化对消费者权益的保护和市场监管，积极推进消费领域信用体系建设，充分发挥媒体监督功能，加大对侵权违法行为的曝光力度，改善旅游和购物体验。[①]

2. 建立信息共享平台，联合惩戒"动态黑名单"

2020年10月27日，北京市市监局和朝阳区市监局携手携程、去哪儿网、美团、马蜂窝、同程艺龙5家互联网旅游服务企业联合发布了《互联网旅游服务行业自律公约》（以下简称《公约》）。《公约》涵盖依法经营、信息公示、风险提示、权益保护、共享共治、持续发展等内容，在规范互联网服务企业发展、保护游客权益方面发挥积极作用。《公约》要求，平台经营者间要建立信息共享平台，对多次损害游客权益、造成恶劣影响且拒不悔改的平台经营者要形成"动态黑名单"，各平台联合惩戒。服务平台及平台经营者要对游客进行旅游安全提示、消费风险提示，并鼓励普及免责退款规则和先行赔付机制等，积极探索保险机制，强化对游客权益的保障。[②]

3. 开展旅游市场整治活动，共建文明市场秩序

为优化旅游环境，更好保护消费者权益，全国多地开展旅游市场整治活

---

① 《关于促进消费扩容提质加快形成强大国内市场的实施意见》，中华人民共和国文化和旅游部，https：//www.mct.gov.cn/whzx/ggtz/202003/t20200313_851857.htm，2020年3月13日。

② 《〈互联网旅游服务行业自律公约〉正式发布》，中国质量新闻网，http：//www.cqn.com.cn/zj/content/2020-10/30/content_8641307.htm，2020年10月30日。

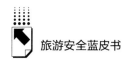

动。2020 年 6 月，贵州省文化和旅游厅出台《贵州省文化和旅游市场安全生产专项整治三年行动实施方案》，制订 2020～2022 年的具体整治计划。①7 月，贵阳花溪区开展旅游购物环境整治行动，对 14 家旅行社、31 辆旅游车、14 名导游及相关购物商场进行了检查。② 8 月，云南省通报多地涉旅事件，指出大理州、昆明市人民政府存在对整治旅游市场秩序思想不够重视、态度不够坚决、措施不够有力等问题。③ 11 月，贵安新区市监局全面开展旅游购物场所不合理低价游整治工作，对诱骗或强迫消费，实施虚假宣传、商标侵权、以假充真、以次充好、不明码标价、低报价高结算等问题进行查处和惩戒。④ 12 月，海南省保亭县市监局联合综合执法局，开展"两节"市场专项检查，打响"春雷"行动第一战。⑤

4. 制定旅游诚信指导价，助力打击低价游

2020 年 8 月 8 日，丽江市文旅局、旅游协会共同发布了旅游诚信指导价，包括日均最低消费参考价、主要旅游产品地接诚信指导价多项费用。"旅游诚信指导价"通过厘定产业链各环节成本，制定一个价格底线，借此打击不合理"低价"，引导游客理性出游，不要被"低价游"迷惑住，从而促进旅游市场的健康发展。⑥

5. 发布旅游消费提示，引导游客正确选择

贴心消费提示为引导游客正确选择提供助力。2020 年 8 月，云南省文旅厅发布 11 条暑期旅游消费提示，提醒游客选择正规旅行社、警惕低价游，

① 《省文化和旅游厅关于印发〈贵州省文化和旅游市场安全生产专项整治三年行动实施方案〉及配套文件的通知》，贵州省文化和旅游厅，http：//whhly. guizhou. gov. cn/zwgk/xxgkml/jcxxgk/zcwj/dwwj/202006/t20200617_ 61143943. html，2020 年 6 月 17 日。
② 詹燕：《花溪区整治旅游购物环境》，《贵阳日报》2020 年 7 月 27 日。
③ 《云南通报多地涉旅事件　重拳整治旅游市场秩序》，人民网，http：//travel. people. com. cn/n1/2020/0811/c41570 - 31818270. html，2020 年 8 月 11 日。
④ 罗婧：《贵阳贵安市场监管系统——全面开展旅游购物场所及不合理低价游整治工作》，《贵阳日报》2020 年 12 月 6 日。
⑤ 《海南省保亭县打响 2021 年市场监管第一战》，中国食品安全网，https：//www. cfsn. cn/front/web/site. indexdfshow？newsid = 53719，2020 年 12 月 26 日。
⑥ 《"旅游诚信指导价"有助打击低价游》，北青网，http：//travel. people. com. cn/n1/2020/0811/c41570 - 31817941. html，2020 年 8 月 11 日。

避免付出高昂代价；签订旅游合同，注明法律条款，避免合同纠纷；勿转账给对私账户，要索取正规发票，以便后续维权；谨防诱导购物行为，旅途中切勿盲目、冲动消费。① 9 月，岳阳县发布出境安全提示，倡导理性消费、理性维权，同时提醒游客遇旅游服务质量问题，可及时通过 12308 外交部领事保护热线、12301 全国旅游投诉服务热线或旅游目的地公布的官方投诉电话进行咨询或投诉。②

三 2020年旅游购物安全事件成因分析

旅游购物安全事件的成因，既有游客防范意识薄弱、经营者与导游处心积虑诱骗等直接因素，也有市场监管不力、导游激励机制不合理、行业恶性竞争等间接因素。

（一）直接成因

1. 游客理性消费意识薄弱

2020 年上半年我国旅游业处于冰封状态，直至疫情得到控制，旅游业才逐渐回暖。数月的居家生活让多数国人压抑的心情亟待释放，同时也让人们意识到健康的重要性。在 2020 年发生的 218 起旅游购物安全投诉事件中，有 77 起案例的起因是游客同情经营者的悲惨遭遇，出于助人之心而消费，事后发现受骗。部分游客迷信玉器、佛饰所带来的招财辟邪保平安作用而透支消费，由于金额超出经济承受能力而反悔。另有游客盲目从众，因购买不实用且价格不菲的商品而感到懊恼。由此可见，游客在购物时缺乏理性的辨

---

① 《云南省文化和旅游厅发布 11 条暑期旅游消费提示》，云南省文化和旅游厅，https://www.mct.gov.cn/whzx/qgwhxxlb/yn/202008/t20200817_ 874172. htm，2020 年 8 月 17 日。

② 《出境安全提示》，岳阳县文化旅游广电新闻出版局，http：//www.yueyang.gov.cn/yyx/37589/39129/content_ 1370091. html，2020 年 9 月 18 日。

别能力，盲目从众是导致旅游购物安全事件的重要因素之一。[①]

2. 旅行社与经营门店形成利益联盟

2020 年发生的国内旅游购物安全事件中出现了 41 起购物欺诈、37 起强制购物、36 起诱导购物案例。在市场监管不力的情况下，旅行社与部分经营商家形成利益联盟，联合设计骗局，诱导、强制顾客进行消费。另外，部分商店基于买卖双方的信息不对称，打着各种新概念和新型营销方式的旗号，采取虚假宣传的方式，以高额回报为诱饵进行购物诈骗，而后将从游客处获得的利益与旅行社分摊，用以维护长期的合作关系。[②]因此，一些社会经验不足、鉴别能力较差的游客极易被这类骗局所蒙蔽。

（二）间接成因

1. 市场监管力度不足

2020 年的国内旅游购物安全投诉事件中存在 50 起价格虚高案例、15 起假冒伪劣案例、10 起以次充好案例、5 起三无产品案例。这从侧面反映了旅游购物市场监管不到位的问题，给旅游商品供应者与旅行社可乘之机。如果市监部门加大监管力度，事先设置统一规范的管理制度，对经营企业的违法行为进行查处整改、严厉打击，及时开展专项整治活动，此类旅游购物安全事件的数量必将减少。

2. 旅行社无序竞争，激励机制不合理

由于旅行社的准入门槛较低，行业市场机制尚未健全，我国旅行社数量不断增多。为了在激烈竞争的环境中生存，旅行社只好尝试各种办法从游客处获利以维持企业发展。除了不断寻找方法"开源"，不少旅行社还在导游薪酬激励上实施"节流"，削减导游的福利津贴。由于景区有淡旺季，导游在淡季获得的绩效与提成明显减少。为获取更多收入，导游只好与门店联手诱导、强制游客消费，在购物消费中收取回扣，间接导致旅游购物安全事件

① 汪峻宇：《旅游购物陷阱存在原因及治理——以九寨沟事件为例》，《环球市场》2017 年第000（010）期，第 118 页。
② 杨通书：《让旅游购物成为享受而不是陷阱》，《人民政协报》2013 年 8 月 19 日第 B02 期。

的发生。

3. 投诉渠道多元，维权懂法风气渐行

随着科学技术的不断发展，当游客遭遇购物诈骗、强制消费等行为时可以充分利用互联网维护自身的合法权益。我国从国家层面到地方层面均设有旅游购物投诉渠道，多元化的投诉渠道不仅有利于消费者发声，还有助于公开曝光和点名批评违法乱纪的商家门店，以儆效尤。游客拿起法律武器保护自身的正当权益，维权懂法风气的形成会在一定程度上增加旅游购物安全事件的曝光数量。

四　2021年旅游购物安全事件的展望与管理建议

（一）2021年旅游购物安全事件的新形势

新冠肺炎疫情在全球范围的蔓延对我国旅游业产生的负面影响仍在持续。由于疫情防控的需要，跨省旅游受到明显限制。预计2021年上半年旅游企业的运营管理仍会受到极大冲击。在疫情得到稳定控制的前提下，旅游业才有可能迎来新一轮的复苏。国内旅游市场可能率先回暖，迎来新的消费高峰。相应地，国内游购物安全事件的数量可能呈现与2020年持平或小幅增长的趋势。当世界各国疫情的控制情况显著改观时，我国的出境游与入境游才可能逐渐恢复。因此，2021年我国出境游与入境游的安全事件数量可能呈现与2020年持平或小幅下降的趋势。

（二）旅游购物安全事件的管理建议

疫情背景、需求与消费方式的改变给旅游购物安全带来新挑战，可从加大违规处罚力度、开发新型旅游商品、净化旅游购物环境、加强在线购物监管等方面构建旅游购物安全保障体系。

1. 开发刚需群体青睐的旅游商品

周边游、亲子游、研学游、非遗游的兴起，使旅游商品消费出现显著变

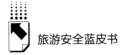
化。分析后疫情时代的旅游主力军如亲子游、周边游的购物偏好，有针对性地开发特色旅游商品，可在一定程度上减少旅游购物投诉事件的发生。随着文旅融合发展的深化，越来越多的非遗项目引发关注，适时推出可体验、可购买，集艺术性与观赏性于一体的新型旅游商品，也是防范旅游商品过于单一、容易造假的重要方法。

2. 加大违规行为的处罚力度

旅游购物安全事件屡禁不止的重要原因是违规成本较低。除了完善法律法规，还须严格执行法律法规。另外，可加大对旅游购物安全事件的处罚力度，并提高信息透明度，构建预警机制，发布旅游购物黑名单，将涉及违规旅游商品的生产、运输、流通、销售的企业与个人公之于众，让更多的游客保持警惕性。

3. 净化旅游购物环境

加强舆论的宣传引导功能，加大市场监管力度，营造良好的市场环境，是保障旅游购物安全的必由之路。一方面，在梳理旅游购物安全事件规律的基础上，政府主管部门、线上线下媒体共同发声，提醒游客提高自身的鉴别能力与防范水平。另一方面，构建游客维权网络，在人员、技术、管理等方面提供保障，为游客购物投诉提供渠道与便利。

4. 加强在线旅游购物监管

新冠肺炎疫情推动了无接触购物与无接触景区的兴起，使得在线旅游购物消费增多。疫情持续过程中，智慧旅游将越来越普及，在线旅游购物事件也呈现抬头的趋势。由于游客对于线上购物的防范意识较弱，一旦出现纠纷，也存在沟通、责任认定、索赔流程等方面的困扰。因此，加强在线旅游购物监管以及提供在线旅游购物索赔的相关支持具有重要的现实意义。

B.7
2020 ~ 2021年中国旅游娱乐业的安全形势分析与展望

林美珍　李月　王彦文*

摘　要：　2020年，我国旅游娱乐业安全总体形势趋好，双休日和暑假是安全事件的高发时段；华中和华东地区是安全事件的高发区域；一般游乐项目和水上项目是安全事件的高发项目；儿童和青少年是安全事件伤害的主要群体。2020年我国旅游娱乐业安全形势虽有所改善，但仍面临严峻挑战，须重视高速、高空、水上、新兴网红游乐项目的管理。

关键词：　旅游安全事件　旅游娱乐业

一　2020年中国旅游娱乐业安全总体形势

与2019年相比，2020年我国旅游娱乐业安全总体形势如下：就事件发生的时间而言，双休日和暑假仍是安全事件的高发时段；就事件发生的区域而言，华中和华东地区是安全事件的高发区域；就事件发生的场所而言，游乐场依然是安全事件发生的主要场所；就项目类型而言，发生安全事件数量最多的仍旧是水上项目，其次是一般游乐项目（蹦床、滑梯等）；就事件发生的群体而言，儿童和青少年依然是事件伤害的主要群体。

---

* 林美珍，华侨大学旅游学院教授、硕士生导师，主要研究方向为旅游企业管理；李月、王彦文，华侨大学旅游学院硕士研究生。

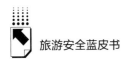

二 2020年中国旅游娱乐业安全事件的
概况与特点

本文通过百度等主流搜索引擎与新华网、网易新闻、中国网、新浪网、搜狐网、腾讯新闻、人民网等知名门户网站，以"旅游娱乐场所""游乐园""主题公园""动物园""游乐设施""水上乐园""漂流/索道/玻璃栈道""滑雪""快艇游船"并结合"安全"或"事故"为关键词，对2020年1~12月发生在我国境内的旅游娱乐业安全事件进行搜索，最终共筛选出31起旅游娱乐业安全事件案例，并以此为基础资料进行统计分析。

（一）旅游娱乐业安全事件的时间分布特点

2020年1~12月，旅游娱乐业安全事件集中发生在8月（8起）、5月（7起）、9月（4起）、12月（4起）和6月（3起），总计26起，占事件总数的83.87%。节假日期间（仅包含国家法定节假日）共发生安全事件3起，占事件总数的9.68%，与2019年相比，数量略微下降，表明国家加强节假日旅游安全管理工作颇有成效。1~3月，新冠肺炎疫情突袭而至，国家采取一系列疫情防控政策，旅游娱乐业未发生安全事件。就2019年与2020年安全事件发生的月份分布来看，8月仍然是安全事件的高发时段（见图1）；就一周内的分布对比来看，与2019年相比，2020年安全事件仍然主要发生在周六（5起）和周日（10起）（见图2）。此外，2020年周一、周二和周三发生安全事件的数量较2019年有所增加（见图2）。

（二）旅游娱乐业安全事件的空间分布特点

2020年全国共有16个省份发生旅游娱乐业安全事件（见图3），事件发生较多的省份是河南（4起）、河北（3起）、辽宁（3起）、江苏（3起）

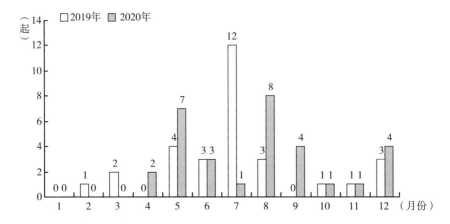

图1　2019~2020年中国旅游娱乐业安全事件月份分布对比

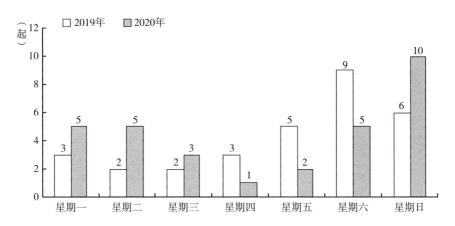

图2　2019~2020年中国旅游娱乐业安全事件一周分布对比

和四川（3起），共16起，占事件总数的51.61%。与2019年相比，山东省的安全事件减少4起，而辽宁省则增加3起，其余各省份安全事件的数量波动较小。2020年旅游娱乐业安全事件发生的区域主要集中在华中（8起）、华东（7起）、东北（5起）和华北（5起），共发生旅游娱乐业安全事件25起，占事件总数的80.6%。

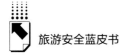

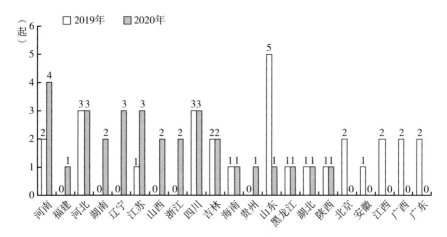

图3 2019~2020年中国旅游娱乐业安全事件省份分布对比

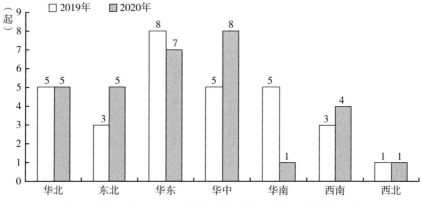

图4 2019~2020年中国旅游娱乐业安全事件区域分布对比

（三）旅游娱乐业安全事件的发生场所特点

2020年，旅游娱乐业安全事件主要包括事故灾难、自然灾害和社会安全事件，未涉及公共卫生事件，其中，事故灾难29起、自然灾害1起、社会安全事件1起。图5的数据表明，与2019年相比，2020年，游乐场依然是旅游娱乐业安全事件发生的主要场所，海水浴场发生的安全事件数波动最大，减少了6起，降幅为85.71%，而漂流、滑翔、蹦床场所等新兴娱乐项目发生的安全事件数有所增加。

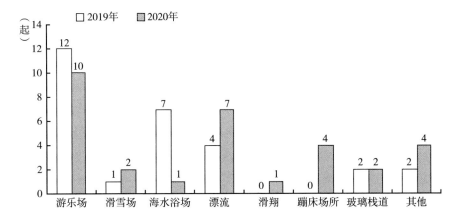

图5　2019～2020年中国旅游娱乐业安全事件发生场所对比

（四）旅游娱乐业安全事件伤害主体的特点

儿童和青少年安全意识比较薄弱且缺乏自我保护能力，因此，这两类群体一直是旅游娱乐业安全事件的主要伤害主体。2020年涉及儿童的安全事件共有7起，涉及青少年的安全事件共有7起，占事件总数的45.16%。游乐场、漂流、蹦床等场所设施设备不完善、安全防护不到位等因素导致儿童和青少年在参加旅游娱乐活动的过程中受到伤害。此外，儿童和青少年容易忽视相关安全须知和注意事项，常私自开展旅游活动、违反安全管理规则，这也是导致他们成为安全事件伤害主体的重要因素。例如，8月8日，5名青年结伴去湖南平江县连云山峡谷漂流景区漂流，到达终点后其中两人脱去救生衣放在自助漂流皮筏上，擅自下水游泳，意外溺亡。

（五）旅游娱乐业安全事件项目类型分布与伤亡人数

旅游娱乐业安全事件的项目类型主要有高空项目、高速项目、水上项目、探险项目和一般游乐项目（蹦床、滑梯等）五类。2020年发生安全事件最多的项目类型仍是水上项目，共12起，占事件总数的38.71%。此外，与2019年相比，2020年高空项目、水上项目发生安全事件的数量略微上升，分别增加2起和1起，高速项目、一般游乐项目发生安全事件的数量有

所下降，分别减少 2 起和 1 起（见图 6）。从伤亡情况来看，2020 年造成游客死亡的安全事件 12 起，造成游客受伤的安全事件 15 起，共计 27 起，占事件总数的 87.1%。死亡率最高的安全事件类型是水上项目，相关部门需要重视水上项目的安全管理问题。

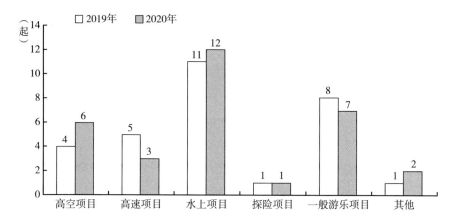

图 6 2019～2020 年中国旅游娱乐业安全事件项目类型分布对比

三 影响中国旅游娱乐业安全的主要因素

（一）不可控的自然灾害因素

自然灾害的发生具有突发性、危害的广泛性等特征，是影响旅游娱乐业安全的重要因素。4 月 26 日，河南省孟州市西虢镇莫沟村游乐场内充气游乐设施被大风吹翻，造成 6 名儿童受伤。相关部门应做好自然灾害发生前的监测预警以及突发事件出现后的应急救援工作，以最小化人员伤害。

（二）旅游者风险意识薄弱

旅游者在体验旅游娱乐项目时，往往注重追求娱乐性，容易忽视游乐过程中的安全性，尤其是青少年和儿童，因安全意识较为薄弱，不幸事件频繁发生。8 月 23 日，湖南、重庆等地的 6 名"驴友"在贵州滴水滩瀑布（该瀑布属尚未开发的野景区）探险时，2 名重庆"驴友"在瀑布速降过程中被困瀑布半中央，不幸遇难。该事件中游客没有意识到瀑降的危险性、景区缺乏相应的安全保障措施是导致游客死亡的主要因素。

（三）旅游娱乐业安全措施的缺失

旅游娱乐场所经营者安全制度规范、安全监管手段、安全设施设备等安全措施缺失，或为赚取更多的利润而开展违规经营是引发旅游娱乐业安全事件的重要因素。8 月 18 日，一名游客在网上购买三亚中仁联盟海洋运动推广发展有限公司的户外潜水项目，在三亚百福湾海域进行户外潜水活动时意外溺亡。经查，中仁联盟公司经营范围不含潜水培训，未申办高危性体育运动许可证，不具备从事经营性潜水活动资格，涉嫌非法经营。

（四）设施设备故障

设施设备故障是引发旅游娱乐业安全事件的较为常见因素。5 月 12 日，河北邢台市天河山景区，一名游客乘坐滑索准备下山，不料滑索出现故障，被困在距离出发点 60 米、距地面 120 米的地方动弹不得。12 月 28 日，南京欢乐谷飞翼过山车"掠食者"在启动爬升过程中，设备外部变电站跳闸造成短暂停电，设备突然停止运行，导致 32 名游客被困。

（五）工作人员责任意识、安全意识欠缺

旅游娱乐场所工作人员专业素质、安全意识的欠缺也是引起旅游娱乐业安全事件的重要因素之一。4 月 19 日，刚刚开业不久的中原福塔塔顶的高空秋千项目出现严重失误，视频显示有一名游客乘坐高空秋千正要启动，工作人员却没有将下方的电动推拉护栏拉开，导致游客撞上护栏，差点跌落，并有不少杂物从高空跌落塔底，给游客本身与下面的过往市民造成了不少的惊吓与伤害。

四 2021年中国旅游娱乐业安全形势展望
与管理建议

（一）2021年旅游娱乐业安全形势展望

1. 双休日、小长期和暑假仍是旅游娱乐业安全事件的高发时段

受疫情影响，2020年年初旅游业整体处于停摆状态。随着疫情的逐步稳定，人们的旅游需求得到释放，旅游娱乐场所的到访人数逐渐增加，特别是青少年和儿童成为旅游娱乐场所的主要消费者。虽然法定节假日的旅游安全事件得到了有效控制，但周日、小长假、暑假仍然是旅游安全事件的高发时段，需要重点关注。2021年，旅游娱乐场所的经营者应在这些时段适度控制人流，避免游乐设施超载运转，确保游客安全。

2. 游乐场和涉水区域仍是旅游娱乐业安全事件高发场所

2020年发生在游乐场和涉水区域的旅游安全事件共计22起（其中发生在游乐场的安全事件10起、发生在涉水区域的安全事件12起）。游乐场和涉水区域作为游客访问较多的旅游娱乐场所，游乐设施使用率高且种类多样，因而加重了日常的检修任务，对检修人员的专业要求也较高，如果管理维护工作不到位，稍有不慎就会导致安全事件的发生。像海水浴场、漂流等活动容易受到一些不可控的自然因素的影响，意外事故时有发生，且易造成死亡。2021年，游乐场和涉水区域仍是旅游安全事件的高发场所，需要不断加强对这些场所的管理和防控。

3. 儿童和青少年是旅游安全防控工作的重点关注群体

2020年涉及儿童和青少年的安全事件占比达到了45.16%。儿童和青少年往往因其年龄较小，安全意识较差，判断力和应急能力不足，容易受到伤害。家长疏于监护、经营者的安全管理工作不到位，会加大儿童和青少年发生事故的可能性。因此2021年，旅游相关管理部门和旅游娱乐业经营者应重点关注儿童和青少年群体，加强对他们的安全防控教育，并对他们的安全技能进行培训。

4. 高速、高空项目的设施故障是安全事件防控的重点

从2020年的旅游娱乐业安全事件案例中可以看出，高速、高空项目中游乐设施故障引起的事件较多。突发的断电短路、安全带断裂以及脱轨等是引发安全事件的常见因素。例如，发生在江苏无锡的"蒸汽飞车"空中滞留事件导致20名游客被挂半空中多时，虽未造成生命威胁，但引起了游客严重的不安情绪，对其心理造成了严重创伤。2021年，高速和高空游乐设施的安全防控工作依旧不容忽视。

5. 高风险娱乐项目是旅游安全事件防控的重中之重，新兴网红娱乐项目是安全事件防控的盲点和难点

2020年我国发生的旅游娱乐安全事件中，滑雪、瀑降、漂流、滑翔等高风险旅游娱乐项目出现的安全事故较多，带来的伤害也较大。例如，2020年发生的7起漂流项目安全事件导致的结果一般是游客溺亡。高风险的旅游娱乐项目也应是2021年旅游娱乐安全防控工作的一大焦点。

近几年，新兴的网红娱乐项目发展迅速，但有关部门尚未制定明确的安全标准，因而这些网红娱乐项目成为监管的盲区。这些网红娱乐项目的安全性往往没有经过严谨的评估，在建设和运营的过程中缺乏严格的标准，导致建设质量和管理水平难以保证。以"网红蹦床"和"玻璃栈道"为例，虽然这些项目已经导致多起安全事故，但并未处于有关部门的重点监管范围之内，而如此的监管困境也是因为无明确的标准可依。新兴的网红娱乐项目仍是安全事故防控的盲点和难点。

6. 疫情防控常态化给旅游娱乐业带来了新考验

2019年年底，全国乃至全球范围内暴发了新冠肺炎疫情。2020年疫情形势有所好转，但仍旧对人们的生活产生了重大的影响，旅游娱乐场所到访人数较多，也增加了游客之间相互接触和传染的风险。娱乐场所的设施设备往往是共用的，从而增加了患病游客通过共用设施传染其他游客的风险。这无疑给旅游娱乐业的发展带来了巨大的挑战。相关部门应制定积极的安全防

控措施，旅游娱乐业经营者要加大对娱乐场所游客量的限制，严格执行疫情防控政策，避免游客的生命安全受到威胁。

（二）2021年旅游娱乐场所安全管理建议

1. 建立重大公共卫生事件响应机制

新冠肺炎疫情给有关政府部门和旅游娱乐场所的经营者带来了挑战和思考。在面对公共卫生事件时，有关政府部门应根据卫生事件的实际程度及时地发布预警并下达行政命令。经营者也应该积极履行自己的义务，严格执行政府部门下达的各项指令，限制客流量，必要的时候关停园区等。此外还要主动总结有效的管理经验，制定适时适用的公共卫生响应预案，并在此基础上将其制度化、体系化，融入园区安全管理的每一个环节。总之，要时刻做好危机管理工作，保障旅游娱乐企业应对卫生事件的能力，有条不紊地在政府部门的指导下经营。

2. 加强旅游风险意识宣传，建立旅游安全规范制度化操作

旅游风险应该由游客和旅游娱乐场所经营者共同防范，缺一不可。经营者规范操作，旅游者注意防范就能使旅游风险降到最低。政府和企业应通过各种公共媒体大力宣传，加强公众对旅游安全问题的重视，增强公众的旅游风险意识，促使旅游者养成安全旅游的习惯。对于旅游娱乐业经营者，要加强和建立针对旅游安全的规范制度化操作，及时提醒游客做好自我保护措施，做好各项风险提示工作，避免游客盲目追求刺激欢乐而忽略安全。

3. 合理利用和供给旅游资源，增加旅游信息的发布渠道

在客流高峰时段，往往会因旅游资源配置不足或利用不合理而引起旅游安全事故。热门娱乐项目可以采取预约的方法分流游客，旅游娱乐企业应根据自己的实际接待能力，对高峰时段的游客予以控制。通过预约的方式，尽早掌握游客数量信息，做出相应的管理控制措施，这样既能避免景点过于拥挤，也可以便于游客调整行程，节约时间，提升旅游体验。此外，游乐设施在设计之初就应该考虑到各种自然风险因素，经营者应该正确评估游乐设施承载游客数量的阈值，合理引导和采取限制客流量等相关措施，政府也应该

在旅游高峰期关注各种可能存在的风险，加强对旅游娱乐业经营者的监督。有关监管部门和旅游娱乐场所经营者也应及时关注天气、水文等自然条件的变化，在遭遇特殊气候影响的时段，应在第一时间发布紧急警示，警惕自然灾害引发旅游安全事故。

4. 建立特殊景点和风险项目的评估制度，创建旅游安全事件信息发布平台

权威部门应建立对旅游景区和游览项目风险等级的评定制度，明确列出各景点及游乐项目的风险指数与不适宜人群，使游客对行程的风险有一定的认识和了解，便于广大游客合理选择适宜自身身体条件的景点和项目，从而避免盲目参与带来的伤害。

相关部门还要建立统一的旅游娱乐业安全事件信息发布平台，及时上传有关的安全事件案例，由于许多旅游安全事件在成因和处理方法上具有一定的相似性，因而可以给相似旅游娱乐场所安全事件的处理提供一定的参考，为同类安全事件的预防提供宝贵的经验，并发挥对旅游娱乐场所经营者和游客的警示作用。

5. 重视高速项目、高空项目、水上项目和特殊群体的游乐设施管理

过山车、摩天轮等高速、高空项目具有高风险性、高危害性的特点。对于这类游乐设施，要重点防范游乐设施突发断电、保护设备断裂和坠落风险，严格督促经营者按照标准建造和维护游乐设施。同时，建立高空、高速游乐设施事故的应对机制，针对不同的情况制定相应的应急预案。涉水区域的游乐设施应重点解决粗放经营和设备质量参差不齐的问题，对于一些管理水平低、设施质量不达标的经营场所予以整顿或关停。对于儿童和青少年等特殊群体的安全保障措施要根据其生理和心理特点进行设计与配备，例如设计儿童和青少年易于理解的安全标识以及专用的安全带和安全座椅等。

6. 建立、完善并落实对于新兴网红娱乐设施的建设、管理运营和维护检修的标准

新兴的网红旅游娱乐场所的安全运营离不开权威标准的指导。近几年新兴的网红娱乐场所旅游安全事故时有发生。对于新兴的旅游娱乐场所，有关政府部门要主动挑起重担，在认真调查评估的基础上尽快地制定各项法律法

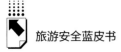

规，为这些娱乐场所的运营设定合理的框架，严格监管经营者，使其在符合安全标准的前提下规范经营。此外，经营者也要在企业内部建立并严格执行各项安全规章制度，对员工进行严格的安全培训，对游客要设立易懂易知的安全须知，从而让顾客感知到各种可能存在的风险，提前做好安全防范。

2020 年我国的旅游业发展受到了新冠肺炎疫情的影响，但随着旅游娱乐市场逐步恢复经营，游客的旅游需求也逐渐提升，旅游安全事件以及游客的伤亡也时有发生。2021 年，增强游客的安全意识，加强对旅游娱乐企业的监管以及保证游乐设施的安全运行仍旧是旅游娱乐业安全工作的重中之重，新冠肺炎疫情的考验也预示着旅游娱乐场所公共卫生事件的防控工作任重而道远。

B.8

2020~2021年中国旅行社业的
安全形势分析与展望

侯志强　韩紫薇*

摘　要： 2020年，中国旅游业遭受了新冠肺炎疫情的冲击而整体进入"休眠期"，旅行社业受疫情影响也发生了巨大的变化。春节期间，旅行社业务全面停摆，随之而来的是退订、退款等问题，其总体安全状态较为紧张，主要特征表现为：安全事件类型集中，旅游淡旺季与节假日效应不再突出；在线旅游安全形势严峻，以退款为主的旅游纠纷凸显；旅游企业生存艰难，旅行社注销量超过一成。展望2021年，出入境旅行社业务基本停滞，在线旅游企业将继续引发关注；政府应当加强宏观调控，增强对旅行社业的引导和监管；旅游行业应该建立旅游危机管理机制，构建旅游危机治理体系；旅行社应优化企业组织管理架构，积极开展旅游产品创新设计和从业人员服务培训；旅游者也应当结合疫情发展情况树立正确的旅游消费理念，强化安全出行意识。

关键词： 旅行社业　旅游安全　在线旅游企业

---

* 侯志强，博士，华侨大学研究生院副院长、旅游学院教授，研究方向为区域旅游发展与旅游目的地管理；韩紫薇，华侨大学旅游学院硕士研究生。

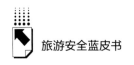
一 2020年中国旅行社业安全总体形势

2020 年,中国旅游业遭受了新冠肺炎疫情的冲击而整体进入"休眠期",我国政府为了有效控制疫情做出了重大突发公共卫生事件应急响应,春节期间,文化和旅游部将旅游景点全部关闭,群聚活动和旅游产品全面叫停,疫情突发导致旅游业的收入大幅度下降。根据文化和旅游部公布的 2020 年国内旅游数据,受新冠肺炎疫情影响,2020 年国内旅游人数 28.79 亿人次,比上年同期减少 30.22 亿人次,下降 52.1%;国内旅游收入 2.23 万亿元,比上年同期减少 3.50 万亿元,下降 61.1%。[①] 旅行社是旅游产业中最具市场经济精神的业态,疫情后旅行社振兴与发展是旅游业重现生机的重要途径。根据文化和旅游部发布的旅行社调查报告,截至 2020 年 12 月 31 日,全国旅行社总数为 40683 家。[②] 旅行社作为旅游活动的重要部分、旅游活动的组织者及目的地旅游业的先导行业,在旅游过程中承担着较大的安全压力,在整个旅游安全系统中尤为重要,因此探索旅行社安全还存在的问题具有重要现实意义。

本文通过人民网旅游 3·15 投诉平台、消费保、百度、谷歌等主流搜索引擎,以"旅游纠纷""旅行社安全""旅行社人身安全""旅游事故"等为关键词,对 2020 年 1～12 月的旅行社安全事件进行查询。在删除重复事件后,共检索出相关安全事件 2129 起。本研究以此为样本,对我国 2020 年旅行社业的安全形势进行分析。

(一)安全事件类型集中,淡旺季与节假日效应不再突出

通过对案例的分析可知,2020 年旅行社安全事件数量较 2019 年有大幅

---

① 《2020 年国内旅游数据情况》,文化和旅游部官网,http://zwgk.mct.gov.cn/zfxxgkml/tjxx/202102/t20210218_921658.html,2021 年 2 月 18 日。
② 《文化和旅游部 2020 年第四季度全国旅行社统计调查报告》,文化和旅游部官网,http://zwgk.mct.gov.cn/zfxxgkml/tjxx/202102/t20210210_921530.html,2021 年 2 月 9 日。

度增加且安全事件类型集中，发生集中期不再局限于旅游淡旺季和节假日。新冠肺炎疫情突袭而至，给整个旅游市场带来了沉重的打击，旅行社业安全事件数量在1~4月呈爆发式增长，并在4月达到全年最高峰；与往年不同的是，"五一""十一"等重要节假日的集中效应不再突出，尤其是暑假期间，旅行社安全事件数量是全年的小低峰，这也与疫情之后居民的出游意愿低和政府的有力居家号召息息相关；随着疫情得到有效控制，旅游市场得以有序复苏，居民出游意愿稳步提升，下半年旅行社发展逐渐恢复正常，旅行社业安全形势趋于平稳。

（二）在线旅游安全形势严峻，以退款为主的旅游纠纷凸显

随着电子商务的不断发展，网络平台已经成为旅游企业向旅游者传递服务信息的重要渠道。旅游者可以通过网络咨询或网络自助服务等方式向旅游服务提供商预订酒店、机票、门票等产品或服务。但由于疫情的出现，2020年1月24日文化和旅游部办公厅下发《关于全力做好新型冠状病毒感染的肺炎疫情防控工作暂停旅游企业经营活动的紧急通知》，该通知要求全国旅行社暂停经营团队旅游及"机票+酒店"旅游产品，[1] 进而直接导致春节期间预定的旅游团队无法出行从而引发大量的退订问题，2020年旅行社安全事件案例中，以退款为主的旅游纠纷占据较大比例。

（三）旅游企业生存艰难，旅行社注销量超过一成

此次疫情传播速度快、持续时间长、连锁反应大，旅游企业作为旅游业的主体，同样受到突发公共卫生事件的沉重打击，大量的线下旅行社破产，线上旅游服务供应商也遇到了前所未有的难题。根据企查查数据，截至2020年12月21日，我国共有19541家旅行社企业注销，其中6月单月注销企业数量最多，达到2668家（包含旅游门店）。虽然注销的旅行社中，有

---

① 《关于全力做好新型冠状病毒感染的肺炎疫情防控工作暂停旅游企业经营活动的紧急通知》，文化和旅游部官网，https://www.mct.gov.cn/whzx/ggtz/202001/t20200126_850571.htm，2020年1月26日。

一部分是文化和旅游部根据《旅行社条例》和《中国公民出国旅游管理办法》行政强制注销了其业务，但还是有较大一部分旅行社是受疫情影响生存艰难无法正常运营而选择注销。

二 2020年旅行社安全事件的概况与特点

（一）旅行社安全事件的分布概况

1. 时间分布概况

根据样本统计分析，旅行社安全事件在时间上的表现与往年大有不同。在变化趋势上，旅游淡旺季及节假日效应不再突出，且上半年出现高峰，下半年较为平缓（见图1）。2020年上半年，受疫情影响，群聚活动取消、游览场所关闭，旅游活动全面受阻，随之而来的是已购旅游产品的退改问题，从而导致2020年第一季度旅游安全事件数量激增。清明假期作为新冠肺炎疫情突袭后的第一个小长假，民众出现"报复性"旅游消费行为，黄山等一些著名景点在清明假期出现"满员"的现象，4月成为2020年全年安全事件数量的最高峰。2020年下半年，伴随着旅游业的复工复产，旅行社的发展步入正常轨道，下半年旅行社安全事件数量总体趋于平稳，无明显波动。

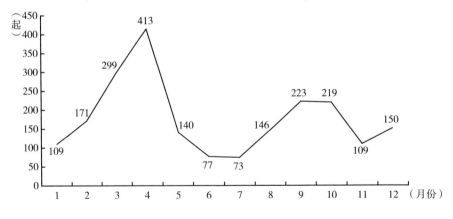

图1 2020年旅行社安全事件月份分布

2. 空间分布概况

2020年旅行社安全事件的空间分布概况主要从境内和境外双维视角分析。从旅行社安全事件境内分布（见图2）来看，受我国经济发展及旅游资源分布的影响，2020年旅行社安全事件的境内发生地主要集中在上海、北京、广东、山东、云南、四川等省（市），其中上海、北京、广东更为集中，这与该地区的经济发展水平密切相关，旅游人数较多，且旅游需求量较大，因此旅游安全事件发生的基数大。而云南、四川等地区由于旅游资源较为丰富，凭借广泛的宣传及推介，这些地区成为国内热门的旅游目的地，又因其火热的旅游市场与相对滞后的设施条件及服务水平的差异，这些地区成为安全事件的频发地。从旅行社安全事件的境外分布来看，泰国、日本由于与中国地理位置较近且旅游市场较为成熟，一直是中国游客春节出境游选择的热门目的地，今年受疫情影响无法出游，随之而来的是订单退改问题，因此安全事件问题较为突出；北美与欧洲地区安全事件同样较多的原因除去常规旅行社退改问题之外，还有部分留学生因为疫情滞留海外而引起的机票退订问题。

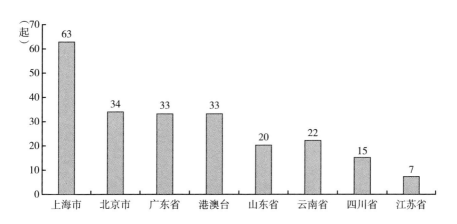

图2 2020年国内旅行社安全事件空间分布

3. 类型分布概况

从2020年旅行社安全事件类型（见图3）来看，旅游纠纷为旅行社安

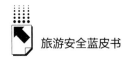

全事件的主要类型，占比 87%，主要表现为退款进度纠纷、虚假宣传、低价陷阱及旅行社和旅游者之间的合同纠纷，如未按照约定条件及约定时间退款、旅行社实际提供的服务与合同不符、违背合同规定、默认搭售等问题。旅游服务质量也是旅行社安全事件中的主要类型，占比 8%，主要表现为旅行社工作人员及 OTA 平台客服在服务过程中态度极差或业务失误从而造成旅游者财产损失及满意度下降。旅游人身安全主要表现为旅游者在旅游过程中的生命安全及财产安全受到威胁，如旅游交通安全、旅游食品安全、个人隐私安全等，占比 1%。其他安全事件是指旅行社的霸王条款等问题。

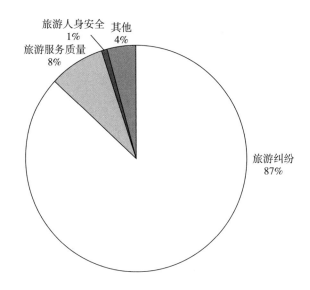

图 3　2020 年旅行社业安全事件类型分布

4. OTA 分布概况

随着互联网的普及和在线旅游产品的不断涌现，大多数游客出游会依赖在线服务满足其预订机票、酒店、景区门票等旅游需求，但由于在线旅游的市场监督不严等问题，在线旅游市场中出现了较多安全问题。由图 4 可知，2020 年 OTA 安全事件主要集中在去哪儿网、飞猪、携程、同程、美团旅行等在线旅游企业，其中去哪儿网安全事件数量最多，占比 31%，其次为飞猪和携程，分别占比 25% 和 21%。驴妈妈、途牛也有少量安全事件发生。

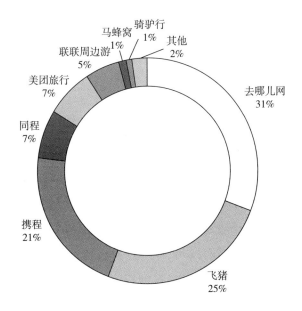

图 4　2020 年 OTA 安全事件数量分布

（二）旅行社安全事件的特点

1. 旅行社安全事件类型单一集中

2020 年年初，旅游市场继续保持飞速发展趋势。但受疫情影响，旅游活动全部暂定，旅游市场热度降至冰点，在线旅游用户纷纷取消出游计划，这带来的是激增的已购旅游产品的退改问题，因此旅行社安全事件数量大幅度增多。与往年旅行社安全事件类型相比，今年安全事件以退改问题为主要表现形式，旅行社安全事件类型单一集中。

2. 以退款问题为主的旅游纠纷较为严重

根据样本统计分析，2020 年旅行社安全事件中旅游纠纷所占的比例已超过 80%，主要表现形式为退款进度纠纷、虚假宣传、低价陷阱及旅行社和旅游者之间的合同纠纷。受疫情影响，春节期间业务基本停止，尽管在线旅游平台、航空公司及酒店供应商积极响应国家政策，升级各项保障服务、启动重大灾害保障基金、出台全线产品、推出"无损退订"等政策及

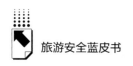

快速通道、延长退订保障日期等，但由于疫情的突发性及巨大的波动性，传统旅行社及 OTA 平台均承受着巨大的退订压力，如携程在春节期间接到的退订电话数量是平常业务量的 10 倍。旅行社退订压力既来自要追回节前为了掌控资源向各类供应商支付的定金，又来自游客全额返还团款的诉求。

3. 在线旅游企业安全问题凸显

随着在线旅游市场的不断火热，其安全问题也在凸显。如在线旅游经营者常常并不具备特定资质，因此对其涉及的经营行为和提供的旅游服务（如合同的签订、安全保障、旅游体验）等做不到安全保障，游客服务很有可能由三无的旅行社或个人来承接，侵害游客的风险非常大；线上线下衔接不到位，没有条款明确规定各自的权利和义务，游客一旦需要维权，很容易被在线旅游经营者和地接社互相"踢皮球"推诿责任；在线旅游经营者单纯为了吸引流量，在对旅游产品介绍或描述时虚假夸大宣传，误导消费者。

三　影响旅行社业安全的主要因素

（一）外部宏观环境因素

1. 重大突发公共卫生事件等不可抗因素

2020 年年初，新冠肺炎疫情席卷全球，多个国家进入紧急状态，此次新冠肺炎疫情给中国的旅游业按下了"暂停键"，疫情发生后，整个旅游业遭受了"断崖式"损失，旅游业中的景区、酒店、饭店、航空公司是主要的受损群体，旅游演出、旅游交通等也随之进入"冰冻期"，目前，此次疫情对旅游业的影响会持续多长时间仍难预测。

2. 境内政治、经济文化环境因素

新冠肺炎疫情期间，国内旅游业受到断崖式打击。1 月 20 日起，全国旅游景区景点陆续暂停开放；1 月 23 日，中国国家铁路有限公司决定自次

日起免收铁路退票手续费；1月24日，文化和旅游部要求全国旅行社及在线旅游企业暂停经营团队旅游及"机票＋酒店"旅游产品，并发文通知，不得组织跨区域旅游，不得组织到疫情严重地区旅游，不搞大型聚集性活动，尤其是人群大规模聚集的室内活动。旅游业在2020年第一季度呈现持续停滞局面。

3. 境外政治、经济文化环境因素

新冠肺炎疫情期间，由于疫情前期各国纷纷启动针对本国国民和外籍游客的出行限制，大量国际航班停飞，各国国际旅游进入停滞阶段。1月30日，世界卫生组织宣布，将新型冠状病毒感染的肺炎疫情列为国际关注的突发公共卫生事件。世界卫生组织对新冠肺炎疫情的定性使得多个国家意识到新冠肺炎疫情的严重性，随着疫情严重性升级，近百个国家和地区相继宣布进入国家紧急状态，截至2020年5月7日，全球共有217个旅游目的地国家和地区实施旅游限制，97个国家和地区采取了全部或部分边界关闭的措施，65个国家和地区暂停全部或部分航班，39个国家和地区对特定目的地实施强制边界关闭，16个国家和地区实施了其他措施，比如要求游客进行隔离。①

（二）旅行社业及相关行业内部因素

1. 旅行社经营模式欠缺平衡

在旅游业发展中，组团社与地接社之间构成的联系为旅游服务提供了连接链条，尽管之间的联系为跨空间旅游服务的实现提供了助力与合作模式，但在过程中难免会出现因欠缺平衡，旅游者在此过程中财产受损、满意度下降的情况。

2. 旅行社业管理环境混乱

旅游市场的盈利多市场大，许多人趋之若鹜，但目前国家和旅游业相关

---

① 《全球旅游业现状：海外转机未现　国内迎"春"复苏正当时》，和讯网，http：//news. hexun.com/2020－05－07/201268212.html，2020年5月7日。

的法律制度还不完善，许多旅行社的管理也会出现问题及管理乱象。如春节出游高峰对于旅行社而言是重要的盈利节点，随着近年来火车票购票途径由火车站窗口逐渐向网络转移，随着民航局票务代理新政策的推出，机票代理费用进入"零佣金"时代，OTA平台的利润空间进一步缩小，不少OTA开始选择捆绑销售，默认搭配多种其他产品来增加盈利；以通过研究消费者喜好来升级服务体验的大数据作为宰杀熟客的工具，区别对待顾客，黏性越强的顾客反而拿到的价格越高；退改签高额收费，从差价中牟取暴利；利用信息不对称虚假订房；等等。

（三）旅游者及旅行社从业人员因素

1. 旅游者缺乏安全意识

随着人们生活水平的提高，人们不再满足于简单的生理需求，而是希望满足更高层次的精神需求，旅游成为大众享受生活的重要方式之一，但由于我国旅游基础设施和安全体系的建设尚未跟上旅游的发展，再加上旅游者的安全意识及自我保护意识不强，旅游者不能快速在旅游过程中分辨潜在的危险因素，在安全事件发生之后，也不能迅速采取有效措施以及通过正确的渠道维护自己的合法权益。2020年突袭而至的新冠肺炎疫情作为公共卫生因素提升了旅游者的安全感知意识，影响了其出游意愿。

2. 旅行社从业人员服务能力薄弱

旅行社从业人员应该具备较高的政治觉悟和良好的旅游职业道德，在保障自身职业技能的同时要全心全意为游客服务。然而目前旅行社从业人员尤其是OTA平台客服普遍面临服务意识薄弱的问题，一方面是因为旅行社缺乏对从业人员的技能培训及业务考核，另一方面是因为OTA线上咨询的问题缺乏线下渠道，在问题沟通过程中，没有面对面优势，存在信息不透明问题，仅仅依赖网上交流和电话对话无法全面了解产品信息，消费者得不到优质的服务。

四 2021年旅行社业的安全趋势与管理建议

（一）趋势展望

1. 出入境旅行社业务基本停滞

根据世界旅游组织数据，2020年全球旅游业遭受新冠肺炎疫情重创，在2020年的前5个月中，国际旅行在4月和5月停止了增长，国际游客数量同比减少近60%。[①] 海外疫情仍在持续蔓延，目前暂时不具备全面恢复出境旅行社业务的市场环境，入境旅行社业务将继续冰封。出境旅游需求受到抑制，而且因为疫情，民众对于出境长途旅行的意愿也会趋于谨慎，原有出境意愿的用户逐渐将视线瞄向了国内旅游市场。

2. 在线旅游企业引发关注

随着疫情突袭而至并得到有效控制，旅游市场经历了从冰封到复苏的整个过程，在线旅游企业以其方便、快捷的互动方式，专业、自助化的服务平台以及价格优势在疫情期间稳定旅游市场，在经济复苏之中通过多种举措，刺激市场活力。如美团旅行和飞猪在2020年三四月分别推出"春风行动"10亿元商家经营补贴、亿元补贴启动旅游"春雷计划"稳定旅游市场。飞猪还在下半年推出机票的"任性飞"和"随心飞"，加速旅游市场的复苏和发展。伴随旅游的深度体验化和社交化，OTA利用自身优势通过"大数据"了解旅游者的偏好，成为旅游发展的新趋势，在线旅游企业市场竞争将更加激烈。

（二）管理建议

1. 监管部门

政府一直作为市场监管的主体存在，旅游市场的规范及整顿需要各相关

---

① 《2020年全国旅游行业市场现状与发展趋势分析》，中国文化创意产业网，http://www. ccitimes.com/shuzi/baogao/2020-09-21/20431.html，2020年9月21日。

部门的配合与协调。政府加强宏观调控，如及时出台有针对性的监管政策，着重治理旅游恢复期间出现的旅游产品价格混乱、产业纷争等现象；建立健全公共安全事件应急处理的法规和预案，有序引导旅游企业复工复产、复商复市；出台相关政策全力保障旅游企业员工充分就业，稳定旅游就业总量。

2. 旅游行业

旅游行业应该做好准备，保持自身强劲的实力，将自身的旅游产品做优做好，提供优质的旅游服务。建立危机应急管理规制，从本次疫情可以看出，各方面对于旅游危机处理的预设机制和手段准备不够充分，旅游行业应该建立旅游危机管理机制，完善危机应急管理规章制度，制定旅游应急预案，构建旅游危机治理体系。

3. 旅行社

疫情对于旅游企业来说，既是机遇也是挑战。旅行社应该对企业自身进行再审视，积极开展企业自救工作，优化企业组织管理架构，提高管理效率；积极开展旅游产品创新设计，加大对健康旅游类产品的创新研发力度，提升科技手段在应对疫情工作中的价值；以旅行社门店、在线旅游平台、地接社为运营核心，通过线上线下双重渠道挖掘消费者需求；同时提高运营管理团队的整体素质和专业能力，加强业务研讨和员工业务培训，做好企业文化的培训、产品培训、服务培训。

4. 旅游者

旅游者应结合疫情发展情况树立正确的旅游消费理念，积极响应疫情期间政府理性消费和健康消费号召，不可因疫情发生，心理恐慌抑制出游意愿而滋生"报复性消费"和"非理性消费"等错误旅游观念；积极学习疫情防控知识，积极关注目的地旅游政府管理部门的相关旅游提示，不前往疫情中、高传播风险的地区和城市出游，尽量减少到游客流量较大的景区景点观光游览，强化安全出行意识。

B.9

2020～2021年中国涉旅自然灾害的安全形势分析与展望

叶新才　李袭明　徐天雷*

摘　要： 自然灾害是影响我国旅游安全的主要因素之一。对国内涉旅自然灾害安全事件案例整理分析发现，2020年国内涉旅自然灾害安全事件数量比2019年小幅减少，死亡人数大幅降低，达到近八年的最低点。对旅游安全造成影响的自然灾害主要还是洪水灾害和气象灾害。预计2021年涉旅自然灾害安全事件数量将呈现平稳下降趋势。随着疫情防控常态化，要坚持疫情防控优先，加强自然灾害防治，抓好综合治理，提升应急管理水平，迫切需要社会各界协同合作，提高民众的安全意识，全力做好涉旅自然灾害的预防和应对工作。

关键词： 涉旅自然灾害　旅游安全　应急管理

一　2020年涉旅自然灾害安全事件总体情况

根据应急管理部数据，2020年，我国气候年景偏差，主汛期南方地区

---

* 叶新才，博士，华侨大学旅游学院副教授，华侨大学旅游科学研究所所长，主要从事旅游规划与景区管理方面的教学与科研工作；李袭明、徐天雷，华侨大学旅游学院旅游管理专业研究生。

遭遇 1998 年以来最重汛情，自然灾害以洪涝、地质灾害、风雹、台风灾害为主，地震、干旱、低温冷冻、雪灾、森林草原火灾等灾害也有不同程度的发生，经核定，全年各种自然灾害共造成 1.38 亿人次受灾，591 人死亡失踪，10 万间房屋倒塌，176 万间房屋损坏，农作物受灾面积 19957.7 千公顷，直接经济损失 3701.5 亿元。与近 5 年均值相比，2020 年全国因灾死亡失踪人数下降 43%，其中因洪涝灾害死亡失踪 279 人，下降 53%，均为历史新低。①

本文以"景区 + 各类自然灾害"为检索词，借助百度新闻对国内涉旅自然灾害安全事件进行搜索，共汇总了 2020 年全国 22 起涉旅自然灾害安全事件（见表 1）。

表 1 2020 年全国涉旅自然灾害安全事件一览

序号	灾害类型	时间	地点	情况	信息来源
1	气象灾害	5 月 5 日	峨眉山景区	暴雨，5 名游客被困	https://baijiahao.baidu.com/s?id=1675543305958685059&wfr=spider&for=pc
2	气象灾害	5 月 16 日	金秀巴勒山	暴雨，150 多名游客滞留	https://new.qq.com/omn/20200517/20200517A08K9300.html?pc
3	气象灾害	7 月 11 日	昆明市宜良县九乡风景区	暴雨，22 名"驴友"被困	http://ccwb.yunnan.cn/html/2020 – 07/13/content_1357104.htm?div = – 1
4	气象灾害	8 月 1 日	汉中宁强汉水源森林公园景区	暴雨，9 名游客被困	https://baijiahao.baidu.com/s?id=1674083868024380991&wfr=spider&for=pc
5	气象灾害	8 月 9 日	内蒙古希拉穆仁草原天鹅湖度假区	龙卷风，33 名游客受伤	https://new.qq.com/rain/a/20200810A06W0N00

① 《应急管理部发布 2020 年全国自然灾害基本情况》，应急管理部，www.mem.gov.cn，2021 年 1 月 8 日。

续表

序号	灾害类型	时间	地点	情况	信息来源
6	气象灾害	8月19日	辽宁虎谷峡景区	暴雨,1名游客死亡,多人受伤	https://baijiahao.baidu.com/s?id=1675543305958685059&wfr=spider&for=pc
7	气象灾害	8月19日	河南鲁山县尧山景区	暴雨,4名游客被困	https://baijiahao.baidu.com/s?id=1675549461621038247&wfr=spider&for=pc
8	气象灾害	12月1日	云南腾冲火山景区	大风,1名工作人员死亡	https://new.qq.com/rain/a/20201201a0f0fr00
9	洪水灾害	5月16日	广西巴勒山景区	山洪,150人被困	https://baijiahao.baidu.com/s?id=1666894877424895054&wfr=spider&for=pc
10	洪水灾害	6月6日	广西姑婆山景区	山洪,多人被困	https://baijiahao.baidu.com/s?id=1669007741010495686&wfr=spider&for=pc
11	洪水灾害	6月25日	江西武功山景区	山洪,大面积电杆被冲倒	https://baijiahao.baidu.com/s?id=1670551924375637662&wfr=spider&for=pc
12	洪水灾害	6月26日	四川灵山景区	山洪,53名游客被困	http://news.cnwest.com/tianxia/a/2020/06/28/18880126.html
13	洪水灾害	7月6日	安徽黄山风景区	山洪,旅游快速通道被冲断	https://news.dayoo.com/society/202007/06/140000_53420582.html
14	洪水灾害	7月8日	江西婺源县大鄣山乡	山洪,彩虹桥东端引桥至二号桥墩之间的桥面被冲毁	https://new.qq.com/rain/a/20201231A04LLM00
15	洪水灾害	8月1日	陕西汉中汉水源森林公园金刚峡景区	山洪,数名游客被困,1名游客摔伤骨折	http://ent.ifeng.com/c/7yfAjCUXL2P
16	洪水灾害	8月6日	四川瓦屋山景区	山洪,4名游客被困水中	https://baijiahao.baidu.com/s?id=1674469612286697296&wfr=spider&for=pc
17	洪水灾害	8月20日	重庆洪崖洞景区	汛期洪水,地下车库等沿江配套设施被洪水完全淹没	http://news.xmnn.cn/xmnn/2020/08/20/100770210.shtml

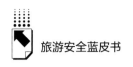

续表

序号	灾害类型	时间	地点	情况	信息来源
18	洪水灾害	11月10日	四川绵阳北川禹穴沟风景区	汛期洪水,道路损毁严重	https://3g.163.com/dy/article_cambrian/FV1FOGPH0514HGTL.html
19	地质灾害	6月22日	五雷山景区	山体滑坡,44名老年游客被困	https://www.thepaper.cn/newsDetail_forward_7967308
20	地质灾害	8月11日	四川九寨沟景区	山体滑坡,1人死亡,6人受伤	https://baijiahao.baidu.com/s?id=1675349403786939247&wfr=spider&for=pc
21	地质灾害	8月19日	四川四姑娘山景区	山洪泥石流,300多名游客滞留	https://new.qq.com/omn/20200820/20200820A09UTN00.html
22	地质灾害	8月25日	万象洞景区	泥石流、滑坡,洞内积水严重,多处线路及路灯被水淹没	https://baijiahao.baidu.com/s?id=1675971901939252168&wfr=spider&for=pc

二　2020年中国涉旅自然灾害安全事件的概况与特点

（一）2020年涉旅自然灾害安全事件的概况

2020年全国涉旅自然灾害安全事件共发生22起，总量较2019年有所回落。其中，地质灾害涉旅安全事件4起、气象灾害涉旅安全事件8起、洪水灾害涉旅安全事件10起。2020年全国涉旅自然灾害造成的影响较2019年呈稳中有降的趋势，共造成3人死亡、40多名游客受伤、近千名游客与居民被困。

（二）2020年涉旅自然灾害安全事件的特点

1. 2020年涉旅自然灾害安全事件数量呈回落趋势

2013～2020年累计发生涉旅自然灾害安全事件305起，自2015年以来，涉旅自然灾害安全事件数量呈逐年下降趋势。2020年涉旅自然灾害安全事件共发生22起，达到8年来的最低水平（见图1），政府部门加强了对涉旅自然灾害的监测、预警和预报及防控，尽可能减少涉旅自然灾害安全事件的发生。

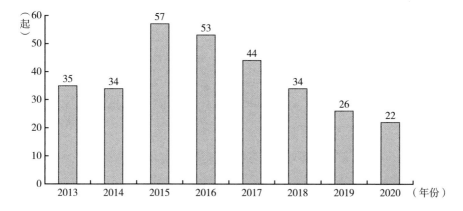

图1 2013~2020年全国涉旅自然灾害安全事件数量

资料来源：根据2014~2020年旅游安全蓝皮书整理。

2. 2020年涉旅自然灾害安全事件类型分布集中

中国的涉旅自然灾害安全事件主要集中在气象灾害、洪水灾害和地质灾害这三大类（见图2）。据统计，2013~2020年，这三类自然灾害累计至少导致277起旅游安全事件，占所有类型的涉旅自然灾害安全事件的90.82%。2020年洪水灾害涉旅安全事件多达10起，其次是气象灾害涉旅安全事件8起，另外还有4起为地质灾害涉旅安全事件。海洋灾害在最近几年对旅游的影响越来越不明显。近8年来，地震灾害造成的旅游安全事件数量较少，仅在2017年出现了1起地震灾害涉旅安全事件。洪水灾害和气象灾害涉旅安全事件数量一直居高不下。

3. 2020年涉旅自然灾害安全事件死亡人数有所下降

与2019年相比，2020年涉旅自然灾害安全事件造成的死亡人数大幅减少，处于近8年来的最低水平。全年涉旅自然灾害安全事件造成伤亡或失踪人数超过40人，其中死亡人数3人，受伤人数40人以上，大量游客与当地居民被困（见表2）。

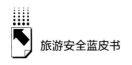
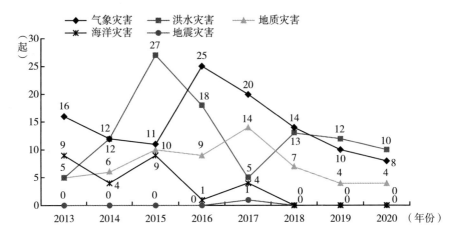

图2　2013~2020年全国涉旅自然灾害安全事件类型分布

资料来源：根据2014~2020年旅游安全蓝皮书整理。

表2　2013~2020年全国涉旅自然灾害安全事件伤亡人数

单位：人

年份	死亡人数	受伤人数	失踪人数	合计
2013	25	69	4	98
2014	11	7	0	18
2015	40	51	2	93
2016	19	40	5	64
2017	41	545	13	599
2018	8	22	1	31
2019	25	32	3	60
2020	3	40	0	43
合计	172	806	28	1006

资料来源：根据2014~2020年旅游安全蓝皮书整理。2020年受伤人数仅为可确定的人数。

4. 2020年涉旅自然灾害安全事件的时空分布

从空间分布看，2020年全国涉旅自然灾害安全事件主要集中在西南地区（见表3）。西南地区共发生9起，主要集中在四川省，共发生6起；其次是华东地区、西北地区和华南地区，分别发生3起；再次是华中地区，共发生2起；最后是华北地区和东北地区，分别发生1起。

表3 2020年全国涉旅自然灾害安全事件地区分布

单位：起

地区	省份	数量	地区	省份	数量
华东	安徽	1	西北	陕西	2
	江西	2		甘肃	1
西南	重庆	1	华中	湖南	1
	四川	6		河南	1
			华北	内蒙古	1
	云南	2	华南	广西	3
			东北	辽宁	1

从时间分布看，2020年全国涉旅自然灾害安全事件大多发生在6～8月，累计数量17起（见图3）。6～8月受季风气候的影响，各地降水增多，短时间的暴雨导致多地山洪暴发，如6月6日广西姑婆山景区暴发山洪导致多名游客被困；6月26日四川灵山景区暴发山洪导致53名游客被困；8月1日陕西汉中汉水源森林公园金刚峡景区暴发山洪，数名游客被困，一名游客摔伤。每年5～6月、11～12月也会发生少量涉旅自然灾害安全事件，泥石流、山体滑坡等导致游客被困或受伤。其他月份较少发生涉旅自然灾害安全事件。总体来说，中国涉旅自然灾害安全事件在地域和空间上呈现大集中、小分散特征，即涉旅自然灾害安全事件时间上主要发生在6～8月，空间上主要集中在西南地区，其他月份和地区有零星的分布。

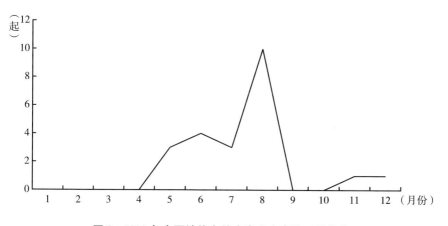

图3 2020年全国涉旅自然灾害安全事件时间分布

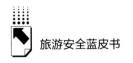

三　2020年中国涉旅自然灾害安全管理现状

2020年文化和旅游部办公厅印发《关于做好当前旅游安全工作的通知》，各省发布旅游安全风险警示，在落实好疫情防控措施的同时，做好旅游安全风险防范各项工作，切实保障游客安全。

（一）自然灾害涉旅安全管理体制日趋完善

随着灾害管理法律体系建设的不断推进，防灾减灾救灾体制建设已成为我国公共安全体系建设的重要内容，自然灾害涉旅安全管理工作的法制化和规范化水平显著提升，灾害管理体制进一步完善。2020年文化和旅游部办公厅印发《关于做好当前旅游安全工作的通知》，要求各地文化和旅游行政部门对已恢复的旅游经营活动和场所加强监督指导，在落实好疫情防控措施的同时，做好旅游安全风险防范各项工作，切实保障游客安全。同年10月中国共产党第十九届中央委员会第五次全体会议通过的《中共中央关于制定国民经济和社会发展第十四个五年规划和二〇三五年远景目标的建议》中提到要提升洪涝干旱、森林草原火灾、地质灾害、地震等自然灾害防御工程标准，加快江河控制性工程建设，加快病险水库除险加固，全面推进堤防和蓄滞洪区建设。

（二）涉旅自然灾害防治体系建设成效显著

中共中央政治局常务委员会召开会议，研究部署防汛救灾工作，习近平在会上强调，防汛救灾关系人民生命财产安全，关系粮食安全、经济安全、社会安全、国家安全，2020年是决胜全面建成小康社会、决战脱贫攻坚之年，也是"十三五"规划收官之年，做好防汛救灾工作十分重要。各有关地区、部门和单位要始终把保障人民生命财产安全放在第一位，采取更加有力的措施，切实做好防汛救灾各项工作。

（三）地方旅游安全管理工作规范有序推进

各省积极配合中央政策，出台了对自然灾害预报及防治工作的各种政策，极大地提高了自然灾害防控的成效。安徽省文化和旅游厅发出《汛期暑期旅游安全风险警示和预防》，在自然灾害频发时提醒游客注意旅游安全；甘肃省文化和旅游厅组织全行业开展安全生产培训，为复工复产做好充分准备；广东省文物局及时下发《广东省文物局关于加强汛期文物安全工作的通知》，要求各地高度重视，全面开展险情排查，编制应急处置预案，严格执行巡查、报告制度，及时做好抢险加固等有效措施，力求将文物损失降到最低；甘肃省下发《关于切实做好全省文旅行业防汛安全工作的通知》，要求各级文旅部门高度重视汛期安全管理工作，进一步靠实防汛安全责任；辽宁省文化和旅游厅多措并举力保全省旅游市场汛期安全；黑龙江省文化和旅游厅下发通知，要求各地切实做好防汛救灾安全工作和暑期文旅安全工作；重庆认真贯彻2020年全市防汛抗旱工作电视电话会议和市安委办、市减灾办、市防汛抗旱指挥部和相关部门系列通知精神，畅通地质灾害监测预警信息渠道，做好预报预防工作。①

四　影响自然灾害涉旅安全的主要因素

我国自然灾害涉旅安全的影响因素包括自然因素和人为因素。

（一）自然因素

我国频发的自然灾害具有不确定性、突发性、破坏性及不可抗拒性等特性，是影响旅游安全的重要因素。2020年发生的涉旅自然灾害安全事件，主要集中在气象灾害、洪水灾害和地质灾害三方面。每年的6～8月由于长

---

① 阳勇：《重庆文旅行业安全应急风险管控》，《湖南安全与防灾》2020年第7期，第47～49页。

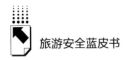
时间降雨，西南地区易发生山洪、山体滑坡等灾害，时刻威胁着游客及居民的安全。除此之外，2020年台湾地区发生多次地震，福建震感强烈，虽未对游客的生命安全造成威胁，但仍然存在潜在的安全问题。我国西部地处喜马拉雅—地中海火山地震带，东南部地处环太平洋火山地震带，时有地震发生。因此加强自然灾害的监测、预警、预报及防控是今后工作的重中之重。

（二）人为因素

1. 旅游安全管理体制不畅

旅游业是一个新兴产业，又是一个对自然环境和基础设施高度依赖的行业，旅游安全管理体制创新起步较晚，部门协调联动机制还不顺畅，灾害监测、预报、预警、信息传输及传播能力有待进一步加强；信息畅通、协调有力、联动联防、运转高效的常态化自然灾害应急管理决策和协调机制尚未完善，遭遇突发险情的应急宣传、指挥调度能力依旧有限。

2. 安全保障体系建设滞后

在大众化和散客化时代背景下，旅游安全保障工作面临复杂形势与严峻挑战。不少景区基础设施老化现象较为严重，加上景区前期规划对于旅游承载力的预测不准确，景区旅游安全的硬件保障不足。同时，旅游安全监管的基础性建设状况与景区安全管理要求不相吻合，造成景区安全保障能力建设不足，这成为我国自然灾害涉旅安全事件的又一重要致因。

3. 游客防灾自救能力不足

游客的自身安全意识还有待提高。2020年7月11日，昆明市宜良县九乡风景区暴雨导致22名"驴友"被困。游客喜欢追求冒险精神，出于满足好奇心、追求刺激等原因，不顾自身安全，在十分恶劣的自然环境下，坚持出行，导致自己及他人的安全受到威胁。大多数游客对于安全事故的预判能力较弱，出现危险后的解决能力也较弱，从而存在极大的风险与隐患。

五 2021年自然灾害涉旅安全形势预判与管理建议

（一）形势预判

结合中国近 8 年来的涉旅自然灾害安全形势，以及国外自然灾害发生的状况，预计 2021 年涉旅自然灾害安全事件数量将呈现平缓下降的态势，但是部分地区可能出现突发涉旅自然灾害安全事件，伤亡人数存在不确定性。主要形势如下。

1. 局部自然灾害频发，旅游安全风险较为突出

我国地域辽阔，地理环境复杂，部分地区自然灾害发生的概率依然较大，存在较高的旅游安全风险。此外，全球极端气候频发，将给自然灾害涉旅安全管理工作带来严峻的挑战。

2. 全域旅游纵深推进，自然灾害涉旅应对困难

从景点旅游向全域旅游发展，旅游业开发的广度和深度都不断推进，旅游开发的地域空间、资源类型、产品类型及旅游环境等呈现多样化、复杂化态势。自然灾害涉旅安全问题成因也将呈现复杂化态势，各类风险隐患进一步增多，对旅游安全提出了新的、更高的要求。

3. 旅游环境日益丰富，涉旅安全形势趋于多元

游客已经不满足于传统的旅游形式，转而追求个性化、刺激、冒险的旅游方式，对于未知领域的探索和探险成为新兴的旅游方式，这些旅游方式本身就具备高风险的特征，再加上自然条件的不确定性，游客的人身安全受到了极大的威胁，这也对旅游安全管理提出了更高的要求。

（二）管理建议

为有效应对 2021 年自然灾害涉旅安全形势，全社会应积极采取措施，合力应对涉旅自然灾害，做好旅游安全生产管理。

1. 全面完善政策体系

旅游目的地各类行动者共同协作，加大旅游安全检查工作的力度，提高

检查频率，扩大旅游安全管理体系的覆盖面，结合旅游行业实际，定期组织开展景区防洪、防滑坡、防泥石流等专项安全检查活动，调动一切力量，完善各个环节和各个节点的旅游安全监督管理及旅游公共服务；积极探索适应大众旅游和体验经济背景下的旅游安全工作机制，进一步建立健全旅游安全管理机制，提高自然灾害涉旅安全管理绩效，有效防范自然灾害对旅游业的不利影响。

2. 创新防治举措

为应对非传统类灾害因素威胁，迫切需要完善旅游地应急设施配置，大力推进自然灾害涉旅安全应急处置平台、自然灾害涉旅安全监督员和自然灾害涉旅安全保障机制等工作，并通过一定的奖励、培训机制，发挥旅游地各行动者的功能，共同做好自然灾害旅游安全监督、防治和应急工作。

3. 完善预警系统

整合政府各部门、企业、中介组织、社会团体、个人与非人要素，通过行动者网络互动作用，形成一张旅游安全保障社会网络，夯实旅游安全日常管理，加强气象气候和自然灾害监测、预警和预报，采用现代信息技术及时把相关信息传递到行动者网络各环节，积极开展景区灾害风险排查与专项整治以及做好自然灾害与旅游安全宣传教育工作，有序开展防灾减灾宣传活动以及灾前监测预报，灾害发生时的避灾、救灾以及灾后恢复各环节的工作，减缓自然灾害对旅游业的影响，减少自然灾害涉旅安全事件及其造成的人员伤亡数量。

4. 景区加强针对性管理

要以涉水旅游景区、低洼地区、山洪易发区为重点，抓好汛前检查、汛中巡查、汛后复查。加强对索道、缆车、大型游乐设施等设备的安全检查，加大水上旅游项目检查力度，及时关注雨情预报和水情变化，密切关注汛情预报，避免组织旅游团到汛情严重的区域旅游；正在行程中的旅游团一旦遭遇突发汛情，要采取有效措施应对，必要时暂停旅游经营活动。要开展防汛抗旱风险隐患专项督查，对重大隐患挂牌督办。要坚持人防、物防、技防协同，进一步加强应急救援物资和装备建设。定期开展安全生产、防灾减灾、避险自救等培训宣讲，有针对性地开展抢险救援和避险演练，不断提高全行业全系统防范灾害的能力和水平。

5. 提高游客自身安全意识

由于国内发生的自然灾害主要集中在气象灾害、洪水灾害和地质灾害，多数情况下与降雨、降雪等天气状况密不可分，因此游客要在出游前时刻关注目的地的天气状况，分析可能存在的安全隐患，如果安全隐患较大，要主动调整出游计划，对自己和他人的生命安全负责。

B.10
2020～2021年中国涉旅事故灾难的
安全形势分析与展望

王新建　池丽平*

摘　要： 本文分析了2020年我国境内涉旅事故灾难的总体形势、分类
特征与管理进展，探讨了2021年涉旅事故灾难的趋势。研究
表明，2020年我国涉旅事故灾难小幅增多，事故数量与伤亡
人数保持较低水平，旅游设施安全事故造成的伤亡剧增，涉
旅事故灾难时空分布呈现聚集性特征。针对2021年涉旅事故
灾难趋势，本文提出了构建高风险旅游项目专项治理的联合
监管机制、提升旅游安全科技应用水平、构建与完善旅游安
全意识培育及应急能力培训体系等管理建议。

关键词： 旅游安全　事故灾难　高风险旅游项目

涉旅事故灾难指在旅游过程中发生，涉及旅游者人身伤亡或重大财产损
失的紧急事件，如旅游交通事故、登山探险及山地运动事故、涉水溺亡事
故、酒店安全事故、娱乐项目事故等。影响旅游目的地涉旅事故灾难的因素
很多，除了旅游生产不安全行为与自然灾害，旅游活动模式、项目风险程
度、社会环境等都会对事故的发生频率和造成的损害产生巨大影响。2020
年是我国旅游业不平凡的一年，年初突如其来的新冠肺炎疫情使旅游业几乎

---

* 王新建，华侨大学旅游学院副教授，主要研究方向为旅游安全与应急管理；池丽平，华侨大
学旅游学院硕士研究生。

全部停滞，第二季度疫情逐步得到控制后，我国旅游业在疫情防控和复工复产中逐步复苏，并呈现新的特征，国际旅游基本停止，国内游组团业务萎缩，自助游与周边游比例大幅增加，旅游安全事故特征也发生了许多变化。

本研究采用案例分析法、比较分析法，对2020年发生在我国境内（不包括港澳台地区），造成至少1名游客或旅游从业人员死亡或2人及以上重伤，或重大财产损失的涉旅事故灾难进行研究，分析涉旅事故灾难总体形势、各类事故的主要特征，并对我国旅游安全管理进展和2021年管理展望进行了探讨。

一 2020年涉旅事故灾难的总体形势

（一）涉旅事故灾难小幅增多，事故数量与伤亡人数持续保持较低水平

据不完全统计，2020年发生了87起涉旅事故灾难，共造成156人死亡，事故数量比2019年增长4.8%，致死人数下降6.0%。

2020年，山地户外运动事故灾难数量最多，全年共发生28起，占总数的32.2%，其次是酒店安全事故灾难、漂流与游船游艇事故灾难，分别为15起与10起。伤亡最大的是酒店安全事故灾难，共造成48人死亡，其次为山地户外运动事故灾难，共造成33人死亡。

表1 2016～2020年涉旅事故灾难统计

单位：起；人

事故类型	2016年		2017年		2018年		2019年		2020年	
	事故数量	死亡或失踪	事故数量	死亡或失踪	事故数量	死亡或失踪	事故数量	死亡或失踪	事故数量	死亡或失踪
旅游交通事故	10	70	11	60	9	39	7	57	7	11
山地户外运动事故	40	47	33	44	23	25	30	35	28	33
事故类型	事故数量	死亡或失踪	事故数量	死亡或失踪	事故数量	死亡或失踪	事故数量	死亡或失踪	事故数量	死亡或失踪
漂流与游船游艇事故	11	39	4	11	5	21	8	30	10	17

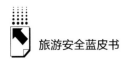

续表

	2016 年		2017 年		2018 年		2019 年		2020 年	
娱乐项目事故	6	7	7	6	7	7	12	13	3	5
低空旅游事故	9	18	6	7	4	8	6	8	9	11
酒店安全事故	5	7	26	39	20	40	20	23	15	48
其他	6	12	18	25	14	17	0	0	15	31
合计	87	200	105	192	82	157	83	166	87	156

注：每年发生的一般交通事故（死亡人数小于 3 人）数以万计，难以鉴别与统计，本研究仅统计了可鉴别，且死亡人数 3 人及以上或者伤亡人数 10 人以上的旅游交通事故。因难以鉴别，本统计数据不含感染新冠肺炎病故的游客。

（二）重大或特大旅游交通事故灾难减少，旅游设施安全事故造成重大伤亡

从近 5 年统计数据看，旅游交通事故一直是发生频率较高、致死人数较多的事故类型，也是重大或特大事故较频繁的涉旅事故灾难，2020 年旅游交通事故灾难致死人数明显减少，从可搜集与辨别事故类型的交通事故案例资料分析，全年未发生重大或特大旅游交通事故灾难。

旅游设施因素导致的事故灾难造成重大伤亡。3 月 7 日，福建省泉州市欣佳酒店坍塌，造成 29 人死亡、42 人受伤；[1] 3 月 30 日，湖南郴州境内发生客运火车侧翻起火，造成 1 人死亡、4 人重伤、123 人轻伤；[2] 10 月 1 日，山西省太原市台骀山景区冰灯雪雕馆发生火灾，造成 13 人死亡，15 人送医救治。[3]

---

① 《福建省泉州市欣佳酒店"3·7"坍塌事故调查报告公布》，新华社，https：//baijiahao. baidu. com/s？id=1672182286199895538&wfr=spider&for=pc，2020 年 7 月 14 日。

② 《湖南火车侧翻事故致 1 死 4 重伤，123 人轻伤》，安徽网，https：//www. ahwang. cn/video/ 20200330/2019707. html，2021 年 2 月 15 日。

③ 《太原台骀山景区火灾事故原因披露》，人民资讯，https：//baijiahao. baidu. com/s？id= 1688293353542049595&wfr=spider&for=pc，2021 年 2 月 14 日。

（三）涉旅事故灾难时空分布呈现聚集性特征

从涉旅事故灾难的时间分布上看，事故发生月份呈现聚集性特征，8～11月为高发期，共63起，占总数的72.4%，其中8月发生数量最多，共发生22起，占总数的25.3%；其次是9月与10月，分别为12起和11起。主要由于8月适逢暑假，加上疫情缓解，旅游人次剧增。

从空间分布来看，发生涉旅事故灾难最多的三个省份是四川省、安徽省和河南省，分别发生了11起、9起与7起事故，共占事故总数的31.0%。就事故类型的空间分布而言，山地户外运动事故灾难发生数量比较多的是四川省、河南省、北京市、辽宁省和青海省；漂流与游船游艇事故灾难发生数量比较多的是四川省与河南省；酒店安全事故灾难发生数量较多的是江苏省。

二　2020年涉旅事故灾难特征分析

（一）涉旅交通事故灾难分析

1. 事故灾难概况

2020年共发生较大及以上涉旅交通事故灾难7起，共造成11人死亡、152人受伤，其中9人重伤。涉旅交通事故灾难数量与2019年持平，死亡人数较上一年下降80.7%。统计数据的降低可能与受新冠肺炎疫情影响，旅行社组团旅游，特别是组团中远程的公路交通旅游量急剧下降有关，也与大量的自助游交通事故难以鉴别有关。

2. 事故灾难特征

从事故类型细分看，上述事故包括2起自驾交通事故、3起旅游大巴事故、1起火车脱轨事故、1起景区观光车失控撞山事故。从事故发生原因看，主要为景区落石砸中旅游大巴、汽车超速或未保持安全距离导致追尾或两车相撞。

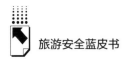
（二）山地户外运动事故灾难分析

1. 事故灾难概况

山地户外运动主要包括登山、徒步、攀岩、溯溪等。据不完全统计，2020 年共发生涉旅山地户外运动事故灾难 28 起，造成 33 人死亡。其中，四川省与河南省分别发生 4 起，北京市、辽宁省与青海省分别发生 3 起；从时间上看，主要发生在 7 月、8 月与 11 月，其中 8 与 11 月各发生 5 起，7月发生 4 起。

2. 事故灾难特征

2020 年山地户外运动事故灾难具有如下特征。事故产生的直接原因主要为滑坠或高坠，共有 11 起事故是由滑坠导致，约占事故总数的 39.3%；其次为高寒环境下的意外死亡，共有 3 起事故发生在高寒地区；另外，瀑降被困或坠落、突发急诊、被落石击中导致死亡事件各 2 起。从引起事故的相关因素看，违规到禁止区域或未开发野山攀登、独自进行山地户外运动为间接原因，共有 8 起事故发生于户外运动爱好者独自登山途中。突发山洪常导致多人死亡事故，类似事故灾难近年频繁发生。2018 年共发生 3 起突发洪水或泥石流导致的涉旅事故灾难，造成 12 人死亡；2019 年发生 1 起突遇溪水暴涨 2 人遇难事故；2020 年发生 1 起 7 人被山洪冲走，导致 3 人死亡的事故。

（三）漂流与游船游艇事故灾难分析

1. 事故灾难概况

2020 年共发生漂流、游船游艇事故灾难 10 起，共导致 17 人死亡，较 2019 年增加 2 起，死亡人数减少 13 人。其中漂流事故 7 起，游船事故 1 起，皮艇侧翻、快艇相撞事故 2 起。

2. 事故灾难特征

从事故原因看，与 2019 年漂流事故类似，以管理不当与游客不遵守规定、安全意识淡薄为主。7 起漂流安全事故中，3 起发生于游客私自用皮划艇在禁止或非漂流区域漂流过程中，共导致 8 人死亡，另外 4 起漂流事故与漂流景区管理不当，游客不遵守安全管理规定、安全意识淡薄等因素有关。2020 年 8 月 2 日，在河南信阳仙石谷景区，1 名游客漂流达到终点后，下水找鞋坠水溺亡；① 8 月 8 日，在湖南岳阳连云山峡谷漂流景区，2 名游客漂流到达终点后，脱去救生衣放在漂流皮筏上，擅自下水游泳，意外溺亡；② 8 月 25 日，在河南辉县水竹园漂流景区，1 名游客在开漂前，在水边嬉戏落水死亡。③

（四）旅游娱乐项目事故灾难分析

1. 事故灾难概况

旅游娱乐项目事故灾难指游客借助旋转类、滑行类或蹦跳类等游乐设施游玩时发生的事故。据不完全统计，2020 年共发生旅游娱乐项目事故灾难 3 起，共造成 5 人死亡、多人受伤，与 2019 年 12 起事故灾难和 13 人死亡相比，事故数量与伤亡人数大幅下降。

2. 事故灾难特征

3 起涉旅事故灾难中，1 起事故是游客在下雨天游玩高山玻璃滑道超速，发生多人挤压，导致 1 人死亡与多人受伤。类似事故近 3 年共发生 3 起，事故原因类似，显示出玻璃滑道是高风险旅游项目。1 起事故为重庆一景区发生工作人员高空索道坠落身亡，事故原因为工作人员操作不当，背后保险绳保险扣脱落。另外 1 起事故为四川一景区在水上拓展运动中多人落水溺亡。除了上述 3 起事故，2020 年还发生了 3 起游客玩蹦床导致的事故，其中 1 起事故导致 1 名游客胸椎骨折，1 起事故导致 1 名游客完全性瘫痪，显示出蹦床娱乐风险也很高。

① 《河南好景区漂流不幸溺亡》，网易河南，https：//baijiahao. baidu. com/s？id = 16740150047 67362986&wfr = spider&for = p，2021 年 5 月 23 日。
② 《湖南 5 人结伴漂流 2 人死亡系擅自下水游泳意外溺亡》，鄂东网，http：//www. xianzhaiwang. cn/shehui/640169. html，2021 年 2 月 18 日。
③ 《河南新乡：男子七夕节景区游玩时溺亡，家属质疑景区管理混乱》，搜狐河南资讯，https：//www. sohu. com/a/415187369_ 384517，2021 年 5 月 23 日。

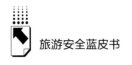

（五）低空旅游事故灾难分析

1. 事故灾难概况

低空旅游指在低空，利用私用航空器、飞行背包类航空器或动力伞、三角翼、热气球等航空器进行的旅游活动。作为一种新兴的高风险旅游项目，低空旅游事故率比较高。据不完全统计，2020 年共发生低空旅游事故灾难 9 起，共造成 11 人死亡，数量较 2019 年增加 3 起，死亡人数增加 3 人。

2. 事故灾难特征

上述 9 起低空旅游事故灾难中，翼装飞行事故 1 起、通用飞机坠落事故 3 起、热气球坠落事故 2 起、直升机机翼打游客头事故 1 起、滑翔机坠落事故 1 起、动力三角翼坠落事故 1 起。上述事故一个突出的特征是多数事故与工作人员有关，体现了项目管理不规范、操作人员不熟练、安全应急能力不足。如 10 月 2 日湖南株洲热气球事故和 11 月 30 日云南腾冲热气球事故都是操作不规范、不熟练，工作人员被起飞的热气球带离升空后坠地身亡。

（六）酒店安全事故灾难分析

1. 事故灾难概况

2020 年发生 15 起酒店安全事故灾难，48 人死亡。事故数量较 2019 年减少 5 起，但死亡人数增长 108.7%。从近 5 年酒店安全事故看，几乎每年都会发生 1 起死亡人数超过 10 人的酒店重大事故灾难。

2. 事故灾难特征

自杀和刑事案件成为酒店事故灾难的重要类型。上述事故中，6 起事故属于游客利用酒店场所自杀，4 起事故涉嫌刑事案件，其他事故包括游客跌倒、游客昏迷、温泉窒息等。典型案例如 2020 年 8 月 29 日，扬州两男一女相约酒店烧炭自杀身亡；10 月 6 日，20 岁女大学生和男同学在南京一宾馆烧炭自杀身亡；5月29日，重庆市一家宾馆内发生1男子将女友杀害后自杀案件。自杀的形式包括烧炭、跳楼、自缢等。

（七）其他事故灾难分析

1. 事故灾难概况

其他发生在旅游途中或旅游场所的事故灾难共15起，共造成31人死亡。其中突发疾病事故3起，3人死亡；景区火灾事故2起，13人死亡；其他包括雷击事故、游客在飞机上自杀事故、动物袭击事故、景区溺水事故、坠河事故、滑雪事故、演艺事故等。

2. 事故灾难特征

上述事故灾难的主要特征有：潜水事故数量增长快，2020年共发生潜水事故3起，4人死亡；景区火灾较为突出，其中一起火灾事故导致13人死亡。典型案例有：3月19日山西五台山景区发生火灾，10月23日汕头南澳岛深澳镇牛头岭村后花园旅游村发生火灾。

三　2020年涉旅事故灾难管理的主要进展

（一）构建疫情防控体系，卫生安全防控水平全面提升

旅游消费场所是人员集中、流动性大、易产生新冠肺炎疫情群体性传播的场所，旅游行业复工复产，防控疫情是重中之重。2020年，全国各地旅游部门、旅游景区与活动场所针对新冠肺炎疫情开展了全行业、全员性疫情防控活动，从明确责任人、开展广泛学习培训、实施预约实名购票与限流措施、错峰控制、开展应急演练等方面，构建了系统性的疫情防控体系，有效提升了旅游景区景点卫生安全意识与防控水平。上海发布《A级旅游景区新冠肺炎疫情防控工作指南》，福建省印发了《关于做好文化旅游场所新冠肺炎疫情常态化防控和安全有序开放工作的实施意见》，北京、安徽等地组织景区开展新冠肺炎疫情防控演练。

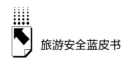
（二）开展旅游行业安全生产专项整治活动，实施安全生产清单式治理

为了进一步深化旅游行业安全管理，全国各地纷纷推行旅游安全生产专项治理。2020 年江苏省文旅厅颁布了《江苏省文化和旅游行业安全生产专项整治实施方案》，制定了文化和旅游领域安全隐患风险点清单、省文化和旅游厅各相关处室安全生产职责清单，列出 112 个具体问题隐患，实施为期两年的逐项销号和闭环管理。山西、四川等省文旅厅印发《文化和旅游厅落实安全生产专项整治三年行动计划实施方案》。青海省文化和旅游厅联合省应急管理厅、省市场监督管理局共同启动以加强旅游包车安全管理、景区高风险旅游项目安全管理、文化旅游场所消防安全管理、疫情防控安全等为重点的文化和旅游行业安全生产专项整治三年行动。北京市通州等地文旅部门相继开展旅游安全隐患排查与专项治理，进一步深化旅游安全管理。

（三）开展系统安全培训，提高全员安全素养

提高员工安全生产意识与防控能力是保障旅游目的地安全的根本，以防控新冠肺炎疫情为契机，2020 年全国各地文旅部门开展了系统性安全培训，员工安全素养不断提高。北京组织了各区文化和旅游局安全工作主管领导、工作人员、专职安全员，文旅行业各单位主要负责人、安全部门负责人及相关工作人员，共计 8 万多名行业人员参加在线培训，从生产经营单位安全生产主体责任、应急预案编制与演练、事故隐患排查治理三个方面，结合真实案例及实践经验进行了全方位的讲解。江苏省分别组织了旅游景区消防安全培训、旅游安全应急管理培训、安全生产法治教育培训等专题培训。厦门分别针对酒店、景区、旅行社开展专业培训。

四 2021年涉旅事故灾难趋势展望与管理建议

（一）2021年涉旅事故灾难的趋势展望

1. 疫情防控仍是旅游安全管理的重要内容

由于新冠肺炎疫情在全世界未得到根本控制，预防新冠肺炎疫情仍是2021年各旅游景区和旅游消费场所的重点任务。旅游行业疫情防控仍以推进旅游活动提前预约、规模控制、实名化，管理措施常态化、防控手段精准化为主要特征。

2. 高风险旅游项目事故灾难仍是安全防控重点

在个性化旅游背景下，越来越多的游客参与滑雪、登山探险、攀岩、瀑降、溯溪、漂流、潜水、无动力低空旅游等高风险旅游项目，一些新的、刺激性的旅游项目也不断涌现，然而许多活动爱好者的安全防范意识和突发事件应对能力还较差，我国对高风险旅游项目的安全引导服务水平不高，安全监管还不够深入，导致事故灾难频发，事故类型更加多样化，2021年高风险旅游项目仍是涉旅事故灾难的重点。

3. 自助游背景下旅游安全监管边缘地带是涉旅事故灾难高发区

自助游背景下，游客行为的不可预测性成为影响旅游安全的重要因素，也是旅游安全管理的边缘地带。如游客在非开发景区进行户外运动；漂流游客在漂流场所之外嬉戏游玩；游客利用旅游场所自杀或发生非理性行为；等等。近年这些旅游安全监管的边缘地带发生的涉旅事故灾难越来越多，成为旅游安全管理的难题。

（二）2021年涉旅事故灾难的管理建议

1. 构建高风险旅游项目专项治理的联合监管机制，不断提高旅游安全隐患治理水平

高风险旅游项目一直是旅游安全事故灾难的主要类型，相关管理法规建

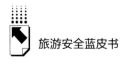

设滞后、监管责任不明晰、监管难度大，亟须联合治理。随着参加高风险旅游项目的游客不断增多，新兴的高风险旅游项目不断涌现，旅游安全管理需要进一步深化。2021年，应进一步加强以文旅部门、应急管理部门、市场监管部门联合应对高风险项目专项治理，构建高风险旅游项目的联合治理机制，推进高风险项目管理精准化、科学化。

2. 提高旅游安全科技应用水平，深化旅游安全管理体系

我国旅游业已初步建立了较为健全的旅游安全管理体系，构建了较为规范的旅游安全管理体制机制，形成了较为稳定的旅游安全管理模式与手段，但仍须进一步提升旅游安全保障能力，需要充分利用现代科技手段，推动旅游安全管理的深化。如进一步发展旅游安全大数据技术，建立涉旅事故灾难案例库，精准搜寻、分析和评估安全隐患；利用现代信息技术，提升旅游安全隐患的监控与预警能力、旅游事故的定位能力；革新旅游安全教育技术手段，构建全方位的安全教育体系。

3. 以旅游安全文化建设为抓手，构建旅游安全意识培育与应急能力培训体系

随着自助游、户外运动游客量不断增长，游客安全防范意识不强、风险辨别能力弱、应对突发事件能力不高导致的安全事故越来越多，亟须从全社会层面营造安全文化，提升全民安全文化水平。2021年，应以建设旅游安全文化为抓手，从社会舆论宣传、学校教育、社区文化建设、行业安全管理等层面，充分利用现代信息技术，全方位推进旅游安全文化建设，进一步提升游客的安全意识，提升游客自主防范和主动规避安全隐患的意识和能力。

B.11
2020～2021年涉旅公共卫生事件的形势分析与展望

王　芳　佟晓宇　汪秀芳[*]

摘　要：　2020年，我国涉旅公共卫生安全总体形势受新冠肺炎疫情影响异常严峻，涉旅公共卫生事件层出不穷。同比2019年，2020年涉旅食物中毒事件数量和等级降低，传染病疫情发生异常频繁，等级上升，涉旅其他公共卫生事件频率与数量大幅度增加，涉旅公共卫生安全面临严峻挑战，尤其是新冠肺炎疫情改变了社会生活方式。2020年涉旅公共卫生安全形势主要包括：新冠肺炎疫情突袭而至，旅游公共卫生安全管控力度不足；旅游行业复产自救，旅游公共卫生安全防范难度增加；周边旅游盛行，旅游公共卫生配套设施仍存隐患；身心健康多重威胁，旅游公共卫生多类事件防不胜防；全球疫情形势复杂，旅游公共卫生国际协作面临挑战。2021年涉旅公共卫生发展趋势包括：疫情防控常态化，规范旅游公共卫生安全日常防范；预约旅游推广，注重旅游公共卫生安全精准管理；周边旅游盛行，建设旅游公共卫生安全人性化设施；智慧旅游普遍，追踪旅游公共卫生安全精准响应；国际形势复杂，推动旅游公共卫生安全深度协作。

关键词：　涉旅公共卫生事件　旅游安全　旅游安全设施

---

* 王芳，华侨大学旅游学院副教授，主要研究方向为遗产旅游与景观管理；佟晓宇，华侨大学旅游学院本科生；汪秀芳，华侨大学旅游学院讲师。

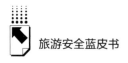
突发公共卫生事件是指"突然发生、造成或可能造成社会公众健康严重损害的重大传染病疫情、群体性不明原因疾病、重大食物和职业中毒以及其他严重影响公众健康的事件"①。涉旅公共卫生事件包括突发性重大传染性疾病疫情、群体性不明原因疾病、重大食物中毒以及其他严重影响公众健康的事件等，按旅游者伤亡程度分为重大（Ⅰ级）、较大（Ⅱ级）、一般（Ⅲ级）。② 2020年，新冠肺炎疫情突袭而至并持续传播，时空跨度大，传播速度快，影响范围广，旅游业遭受重创，潜在风险始终伴随游客，旅游公共卫生安全面临巨大挑战。

一　2020年涉旅公共卫生事件的总体形势

本研究通过筛选组合与旅游公共卫生安全相关的词汇，在各类网络平台进行搜索，据不完全统计：截至2020年12月31日，我国涉旅公共卫生事件共发生226起，发病人数293人，死亡人数10人。其中，游客食物中毒事件发生4起，发病12人，无人死亡；游客重大传染性疾病疫情发生65起，确诊115人，死亡1人；游客其他公共卫生事件发生157起，发病166人，死亡9人；无游客群体性不明原因疾病发生。在事件等级上，涉旅公共卫生发生重大（Ⅰ级）事件1起，发病14人，无人死亡；较大（Ⅱ级）事件12起，发病17人，死亡10人；一般（Ⅲ级）事件213起，发病262人，无人死亡（见表1）。

与2019年相比，2020年涉旅公共卫生事件发生数量增加99起，同比增长78.0%；发病人数减少了88人，同比降低23.1%；死亡人数减少9人，同比降低47.4%。与2019年相比，2020年涉旅公共卫生事件等级中重大事件数持平，均为1起，游客发病人数减少96人；较大事件数减少9起，游客发病人数减少37人，死亡人数减少9人；一般事件数增加108起，游

---

① 中华人民共和国国务院令第376号：《突发公共卫生事件应急条例》，2003年5月9日。
② 国家旅游局：《旅游突发公共事件应急预案》，2008年3月8日。

表1　2020年涉旅公共卫生事件统计概况

单位：起；人

类型 等级	食物中毒事件			重大传染性疾病 疫情事件			其他公共卫生事件			合计		
	数量	发病 人数	死亡 人数	数量	发病 人数	死亡 人数	数量	发病 人数	死亡 人数	数量	发病 人数	死亡 人数
重大	0	0	0	1	14	0	0	0	0	1	14	0
较大	0	0	0	3	17	1	9	0	9	12	17	10
一般	4	12	0	61	84	0	148	166	0	213	262	0
合计	4	12	0	65	115	1	157	166	9	226	293	10

注：港澳台地区除外。

客发病人数增加45人。在新冠肺炎疫情影响下，全国乃至国际旅游业遭遇严重冲击，2020年涉旅公共卫生安全总体态势很不稳定。

二　2020年涉旅公共卫生事件的概况与特点

（一）涉旅食物中毒事件

1.涉旅食物中毒事件概况

2020年涉旅食物中毒事件4起，游客发病人数12人，分别占全年涉旅公共卫生事件总数与发病总人数的1.8%与4.1%。同比2019年，涉旅食物中毒事件减少了13起，游客发病人数减少144人。2020年涉旅食物中毒事件中重大事件和较大事件均为0起；一般事件为4起，发病人数为12人。同比2019年，较大事件减少2起，发病人数减少54人；一般事件减少11起，发病人数减少88人。总体来说，涉旅食物中毒事件数量明显减少，发病人数下降，事件等级下降，2020年涉旅食物中毒事件总体形势稳定趋好。

2.涉旅食物中毒事件特点

2020年，我国涉旅食物中毒事件时间分布和空间分布都较为集中。

时间分布上，8月、9月、10月、11月各发生1起游客食物中毒事件，均为游客食用野生蘑菇或菌类食物。其中 8 月、9 月和 10 月发病人数共 9 人，占涉旅食物中毒事件发病总人数的 75%。11 月发病人数 3 人，占涉旅食物中毒事件发病总人数的 25%（见图 1）。2020 年 4 起涉旅食物中毒事件集中在暑期或季节交替时期，均发生在 2020 年下半年，这与旅游业在下半年逐渐恢复密切相关。

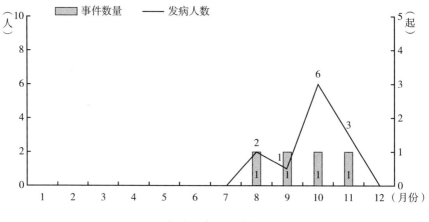

图 1　2020 年涉旅食物中毒事件时间分布

空间分布上，2020 年我国 4 起涉旅食物中毒事件都发生在境内，其中 2 起发生在云南省，其余 2 起分别发生在浙江省和河南省，场所主要集中在街边作坊。2020 年境外涉旅食物中毒事件降为 0 起，这与国际疫情影响，出境游受限相关。

（二）涉旅传染病疫情事件

1. 涉旅传染病疫情事件概况

2020 年我国涉旅传染病疫情事件共发生 65 起，占涉旅公共卫生事件总数的 28.8%；确诊发病人数 115 人，占涉旅公共卫生事件发病总人数的 39.2%；1 人死亡。同比 2019 年，游客传染病疫情事件增加 56 起，但游客发病人数减少 5.0%。2020 年涉旅传染病疫情事件等级中重大事件 1 起，发病人数 14 人；较大事件 3 起，发病人数 17 人；一般事件 61 起，发病人数

84人。同比2019年，重大事件数量持平；较大事件由0起增加为3起；一般事件增加53起。新冠肺炎疫情传染病事件数占涉旅传染病事件总数的95.4%，发病人数112人，1人死亡。因疫情传染性强，无法预估确诊游客路线轨迹是否导致其他密切接触人群感染新冠肺炎，此类隐性数据实际上增加了涉旅传染病疫情事件的严重程度。

2.涉旅传染病疫情事件时间分布集中于上半年

2020年涉旅传染病疫情事件主要分布在上半年，基本上前6个月每月都有确诊病例，其中1月涉旅传染病疫情事件发生36起，发病人数70人；2月、3月和4月涉旅传染病疫情事件数量分别为10起、8起和3起。这与2019年9起涉旅传染病疫情事件发生在7~11月完全不同。疫情初期，公众对新冠肺炎疫情认识很不充分，旅游活动仍然频繁，导致1月涉旅传染病疫情事件数量多，占涉旅传染病疫情事件总数的55.4%，其中涉及1起载有3711人的"钻石公主号"邮轮上14名中国游客感染新冠肺炎事件。[1]

3.涉旅传染病疫情事件空间分布较为分散

空间分布上，2020年涉旅传染病疫情事件地域分布广泛，涉及境内和境外。境外涉旅传染病疫情事件共29起，占涉旅传染病疫情事件总数的44.6%；涉及游客发病人数76人，占涉旅传染病疫情事件总人数的66.1%，其中泰国最多（5起），日本其次（4起），共涉及16个国家。境内涉旅传染病疫情事件地域分布较广，涉及13个城市，基本上为旅游城市。多起事件中游客曾在多国或多地旅游，例如一游客68天辗转20国旅游后在非洲布基纳法索确诊。[2]

4.涉旅传染病疫情事件以新冠肺炎感染为主

2020年我国涉旅传染病疫情事件主要为新冠肺炎感染事件。据统计，2020年，游客新冠肺炎感染事件共发生62起，发病人数112人，分别占涉

---

① 《累计确诊135人 钻石公主号全额退款》，华声论坛，http://dsj.voc.com.cn/mobile/article/202002/202002111041565471.html，2020年2月11日。

② 《非洲游半年，江苏小伙确诊阳性！》，无锡头条，https://mp.weixin.qq.com/s/ry1n7PzpaYRoi5f1K3bT0A，2020年9月18日。

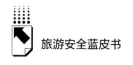
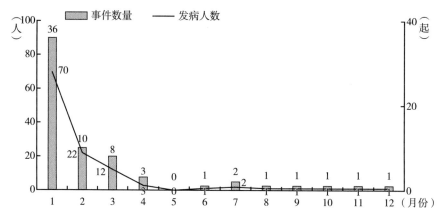

图2　2020年涉旅传染病疫情事件时间分布

旅传染病疫情事件总数的95.4%与发病总人数的97.4%，涉及1起14人的重大等级事件和1起1人死亡的较大等级事件。此外，游客登革热疫情事件发生2起，发病2人；游客嗜肺军团菌肺炎事件发生1起，发病1人。新冠肺炎疫情之外的旅游传染病疫情发生数量和发病人数均较少，这与新冠肺炎疫情期间监测管控力度大为增强有关。

（三）涉旅其他公共卫生事件

涉旅其他公共卫生事件包括游客猝死、突发疾病、高原反应等严重影响游客身体健康的事件。此类公共卫生事件往往为游客个体事件，发生较为频繁，致死率较高，预防管控难度大。统计数据显示，2020年涉旅其他公共卫生事件共发生157起，在全年涉旅公共卫生事件总数中占比高达69.5%；发病人数166人，占涉旅公共卫生事件总发病人数的56.7%；死亡9人。同比2019年，涉旅其他公共卫生事件数量增加56起，游客发病人数增加62人，死亡人数减少10人。具体而言，2020年游客猝死事件共发生4起，同比2019年减少8起，死亡人数减少8人。游客突发疾病事件共发生131起，同比2019年增加55起，发病人数增加68人，死亡人数增加1人。游客高原反应共发生22起，同比2019年增加9起，发病人数增加16人，无人死亡。

数据显示，4起游客猝死事件中以老年男性游客居多，占比75%，多因

劳累和不适应诱发身体疾病。游客突发疾病事件以 10 月、9 月和 8 月最为
频繁，分别高达 29 起、11 起和 10 起，分别占游客突发疾病事件总数的
33.3%、12.6% 和 11.5%；游客突发疾病事件场所类型多样，包括车上、
船上、飞机上、高速公路上、街头、酒店等；女性游客突发疾病略多，在明
确游客性别的 77 人中，女性发病人数为 41 人，占比 53.2%。游客高原反
应事件在 10 月、8 月发生最为频繁，分别发生 10 起和 4 起，分别占游客高
原反应事件总数的 45.5% 和 18.2%；女性游客发生高原反应数量偏多，游
客年龄段跨越了老中青。

总体来看，涉旅其他公共卫生事件数量多，空间分布跨度大，时间相对
集中，不确定因素较多。2020 年由于新冠肺炎疫情影响，上半年旅游业多处
于停滞或恢复期，涉旅其他公共卫生事件主要集中在下半年，多发生在暑假
和国庆节等假日高峰期，假日旅游公共卫生安全及防控力度有待进一步加强。

表 2　2020 年涉旅其他公共卫生事件统计概况

单位：起；人

类型 等级	猝死			突发疾病			高原反应			合计		
	数量	发病 人数	死亡 人数	数量	发病 人数	死亡 人数	数量	发病 人数	死亡 人数	数量	发病 人数	死亡 人数
重大	0	0	0	0	0	0	0	0	0	0	0	0
较大	4	0	4	5	0	5	0	0	0	9	0	9
一般	0	0	0	126	140	0	22	26	0	148	166	0
合计	4	0	4	131	140	5	22	26	0	157	166	9

注：发病人数不包含死亡人数。

三　2020年涉旅公共卫生安全形势分析

（一）新冠肺炎疫情突袭而至，旅游公共卫生安全管控力度不足

2019 年年底暴发的新冠肺炎疫情，对我国乃至世界经济造成了巨大冲
击，尤其是极度依赖流动性的旅游业。我国 2020 年上半年国内旅游人数

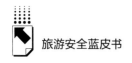
11.68 亿人次，同比下降62%，国内旅游收入0.64万亿元，同比下降77%。疫情造成的旅游公共卫生问题突出，特别是疫情初期，大众尚未意识到新冠肺炎疫情的危害性，国内外旅游活动频繁，致使2020年1月游客新冠肺炎确诊事件发生36起，占涉旅传染病事件总数的55.4%。2020年全年，旅游业受疫情影响，游客移动性大大降低，旅游人次大为减少，而旅游公共卫生事件数量同比上年仍然增加99起，可见，旅游公共卫生安全形势极其严峻，旅游公共卫生安全管控力度亟待升级。

（二）旅游行业复产自救，旅游公共卫生安全防范难度增加

2020年2月25日文化和旅游部发布了《旅游景区恢复开放疫情防控措施指南》的通知，旅游行业开展复产自救。由于旅游景区人员聚集性强、流动性大，公共卫生安全措施执行要求更为严苛，未来在新冠肺炎疫情防控常态化影响下，旅游公共卫生安全防范与管控越来越难，例如辽宁夫妻二人自驾游前往五省后确诊。[①] 游客出行日趋便利，活动空间不断扩大，游客一旦感染新冠肺炎，大跨度旅游行动轨迹也加大了他人感染疫情的概率，旅游公共卫生安全防范与管控难度不断增加。

（三）周边旅游盛行，旅游公共卫生配套设施仍存隐患

2020年3月12日省内游恢复后，游客量波动回升，中短途周边旅游成为游客主要选择。例如江西省2020年接待省内游客占比83.1%，相对2019年增长了30.8%。城市周边旅游盛行，然而周边旅游景区公共卫生软硬件都跟不上，配套设施建设仍有较大隐患。例如怀孕游客排队过程中晕倒。[②] 旅游景区公共卫生配套设施供应不到位，往往为旅游安全埋下诸多隐患。

---

① 《这对辽宁夫妻确诊，上周自驾游经过本市的这些地方!》，看宁河，https：//m. sohu. com/a/369511976_ 355375，2020年1月30日。
② 《井冈山：怀孕游客晕倒，党员服务暖心》，井冈山微视，https：//m. sohu. com/a/422639023_ 800139？scm = 1019. e000a. v1. 0&spm = smwp. srpage. SERP - list. 1. 1608641329370gEhXzyU，2020年10月4日。

（四）身心健康多重威胁，旅游公共卫生多类事件防不胜防

当前人们生活及工作压力大，疫情后外出活动减少，身体素质和心理承受能力大为降低，又加上自身旅游公共卫生安全意识淡薄，导致旅游公共卫生多类事件发生。2020年旅游业受疫情影响，旅游总人次骤减，但猝死、突发疾病、高原反应等涉旅其他公共卫生事件仍发生157起，同比2019年增加56起。并且旅游活动过程中，公共卫生多类事件屡有发生，旅游公共卫生事件防不胜防。

（五）全球疫情形势复杂，旅游公共卫生国际协作面临挑战

2020年1月31日世界卫生组织宣布新型冠状病毒感染的肺炎疫情构成"国际关注的突发公共卫生事件"（PHEIC），Worldometer网站实时统计数据显示，截至北京时间2020年12月31日，全球累计确诊新冠肺炎病例82981032例，累计死亡病例1809633例。全球疫情不断恶化，防控难度不断升级，出入境旅游遭受重创。2020年国际涉旅公共卫生事件发生31起，发病人数76人，死亡3人。由于各国应对新冠肺炎疫情防控态度及处理机制不尽相同，随着无症状感染者出现和新冠肺炎疫情潜伏期增长，潜在风险始终伴随游客，国际旅游公共卫生安全协作面临巨大挑战。

四　2021年涉旅公共卫生安全形势展望

（一）疫情防控常态化，规范旅游公共卫生安全日常防范

首先，增强游客疫情风险防范意识，普及防护知识。例如通过网络媒介宣传疫情防范知识，人与人保持安全距离，做好个人安全防护。其次，规范旅游景区疫情防控措施，做好员工健康监测与管理、公共卫生和场馆防控、游览过程服务管理、异常情况处置等。例如景区应对员工开展传染病预防知识、突发事件应急处置等培训，同时引导游客群体有序释放出行需求。2021

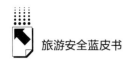
年，加快建立和完善旅游公共卫生风险的领导决策、联防联控、动态监管等相关制度，通过卫生的、先进的、科学的旅行游览方式引导，最终形成积极、健康、文明的生活方式。

（二）预约旅游推广，注重旅游公共卫生安全精准管理

疫情助推实名预约旅游，景区预约制度成为管理常态，"无预约不旅游"已成旅游消费新选择，这也给景区和线上平台预约能力带来更大考验。截至2020年4月16日，全国恢复开园并可在携程上预约的景区达到3864家。"五一"假期通过预约游览景区的游客比例达77.4%。预约旅游不仅是疫情防控下的应急之举，更是旅游精细化管理和高质量发展的长期要求。2021年，景区采取限流和预约，更加注重游客体验，也可根据游客数量和信息有针对性地进行活动管控，让景区景点更加有序、安全，促进旅游公共卫生安全管理更加精准细化。

（三）周边旅游盛行，建设旅游公共卫生安全人性化设施

2020年新冠肺炎疫情限制了人们的出行活动，对旅游业造成极大冲击。疫情期间，近郊游成为游客首选，端午节期间游客平均出游半径111.5公里，目的地游憩平均半径13.5公里；携程发布的《2020"五一"旅游消费新趋势大数据预测报告》显示，"五一"期间本地游、周边游成主流。高德地图发布的《2020国庆出行报告》显示，"十一"假期国内游及周边游强势爆发。2021年，周边旅游将仍为主导，周边旅游公共卫生安全配套设施也要求更加完善，环境卫生消毒清洁、餐饮"分餐制"或"自助餐制"、住宿提供游客"再消毒"机会、出行提供必要的防护用品使得旅游公共卫生安全服务更加人性化。

（四）智慧旅游普遍，追踪旅游公共卫生安全精准响应

疫情助推智慧旅游发展，"无人服务""虚拟现实""智能导览""数据监测"成为各大旅游企业和景区智慧旅游建设的基本要求。扫码导览、

"码"上预约、社交电商、实名认证等无接触旅游服务使安全响应更及时；客流分析、文旅舆情、虚拟景点、复苏指数、入口 AI 体温自动识别等数字化工具使安全管理更精准。2021 年，借助智慧旅游平台，更多旅游公共卫生智能化设备投入使用，再加上直升机等先进设备投入紧急救援、现代科学技术精准定位与追踪行踪等，旅游公共卫生安全的风险预防与应急救援机制将更加完善，未来旅游公共卫生风险预防与应急救援的及时性、精准性、智能性将获得质的飞跃。

（五）国际形势复杂，推动旅游公共卫生安全深度协作

2020 年新冠肺炎疫情使得世界经济更添变数，全球经济萎缩约 4.4%，国际经贸政策尚处于不确定状态。全球经济受疫情重创，疫情防控难度不断升级，各国相继推行停航、隔离等措施，出入境旅游市场复苏尚待定，国际形势复杂多变。2021 年，国际旅游公共卫生协商与合作宜采用多元混合方式。举办官方合约组织，增加旅游同盟协会和民间组织的沟通合作，营造和谐无国界的旅游公共卫生安全氛围；加强知识信息、科学技术和物资设备等资源共享，共同防范旅游公共卫生事件，尤其是新冠肺炎疫情威胁，促使旅游公共卫生跨国、跨境、多部门深度协作，共建疫情影响下需要的旅游公共卫生安全体系，促进国际旅游公共卫生安全的常态化发展。

B.12
2020~2021年中国涉旅社会安全事件的形势分析与展望

张 慧 唐铭 王婷伟*

摘 要： 本文基于2020年发生的95起涉旅社会安全事件，对2020年
涉旅社会安全事件的形势进行分析，并对2021年涉旅社
安全事件的形势进行展望。本文分析了涉旅社会安全事件
发生的时间特征和空间特征，并从人员、设施设备、环
境、管理以及不可控因素五个方面分析了涉旅社会安全事
件的诱因。研究发现，2020年涉旅社会安全事件数量有所
减少，但安全管控形势依旧严峻复杂；安全事件传播迅
速，影响范围进一步扩大；管理权责仍须完善，协调工作
难度增大。展望2021年的涉旅社会安全形势，应加强网络
舆情监测，提高危机意识；借助"云旅游"发展趋势，积
极引导公众参与；以安全管理体制为保障，营造良好的旅
游市场环境。

关键词： 涉旅社会安全事件 旅游安全 舆情监控

旅游业具有产业链长、涉及相关行业部门多等特点，其本身具有的综合
性也使得旅游业在面对市场风险时容易呈现脆弱的一面，新冠肺炎疫情给旅

---

* 张慧，华侨大学旅游学院副教授，研究方向为旅游管理、会展管理；唐铭、王婷伟，华侨大
学旅游学院硕士研究生。

游界带来的风险和挑战很直观地证实了这一点。旅游发展与风险交织，安全事件时有发生，旅游突发事件威胁着旅游业的健康发展。① 涉旅社会安全事件作为旅游突发事件中的一种常见类型，会给旅游业健康发展带来巨大的负面影响。

社会安全事件是指恐怖袭击事件、群体性事件、经济安全事件等由人为因素引发的，会对社会秩序和人身财产安全产生严重威胁的突发事件。② 而涉旅社会安全事件是指在一定区域和空间范围内，人为引起且对社会秩序和旅游业发展造成严重负面影响的突发事件，譬如针对游客的刑事犯罪事件和恐怖袭击事件。③ 涉旅社会安全事件的发生容易受到社会各界的关注和讨论，极易对旅游业发展产生严重的负面影响。因此，全面系统地剖析涉旅社会安全事件的总体形势，探究其发生的时空特征与规律，识别涉旅社会安全事件的诱发因素并对其发展趋势做出判断，将有助于相关部门和管理人员明晰涉旅社会安全事件发展态势，推动旅游业的健康可持续发展。

一　涉旅社会安全事件的总体趋势

本文以百度作为主要的搜索引擎对涉旅社会安全事件进行案例收集。具体而言，通过百度高级搜索功能，以"盗窃""抢劫""打架斗殴""赌博""暴恐""偷拍""非法言论"等为关键词，将时间限定为2020年1月1日～2020年12月31日，对涉旅社会安全事件的案例信息进行搜索。据不完全统计，2020年我国涉旅社会安全事件共发生95起，包括信息安全、人身安全、财产安全、黄赌毒、打架斗殴、群体性、暴恐7种事件类型，涉及我国26个

---

① 谢朝武、张俊：《我国旅游突发事件伤亡规模空间特征及其影响因素》，《旅游学刊》2015年第1期。

② 周定平：《关于社会安全事件认定的几点思考》，《中国人民公安大学学报》（社会科学版）2008年第5期。

③ 文化和旅游部：《旅游安全知识总论》，中国旅游出版社，2011。

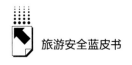
省级行政单位，涵盖食、住、行、游、购、娱各个旅游要素环节。进一步对近10年我国涉旅社会安全事件进行对比分析，结果如图1所示。

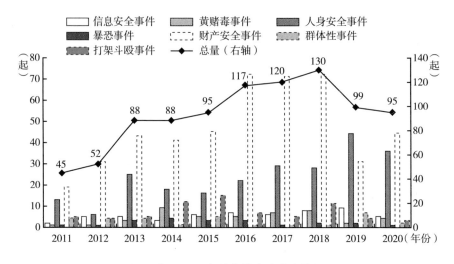

图1　我国近10年涉旅社会安全事件概况

（一）安全事件总量有所减少，安全管控形势依旧严峻复杂

根据我国近10年涉旅社会安全事件情况，2011~2018年事件数量呈现上升趋势，2018年到达最大值并出现拐点，2019年和2020年事件数量较上一年均有所减少。总体来看，涉旅社会安全事件呈现先增多后减少的态势。虽然近两年事件数量有所减少，但无论是从事件类型上看，还是从事件所涉及的范围来讲，其依旧表现出种类多、范围广的格局，7种事件类型与至少涉及25个省级行政单位的基本情况未发生变化。2020年受疫情影响，多地旅游都曾按下了长时间的暂停键，但从统计的数据结果来看，涉旅社会安全事件数量较2019年只有小幅度的减少，其危害性与负面影响仍需要相关管理部门给予足够重视。此外，在疫情防控常态化背景下涉旅社会安全事件所表现出的新趋势、新特征对旅游目的地安全管理提出了新挑战。因此，各级旅游行政管理部门不可麻痹大意，要认清涉旅社会安全事件管理形势的严峻性与复杂性。

（二）安全事件传播迅速，影响范围进一步扩大

互联网普及率的进一步提高以及疫情居家隔离举措的推广使得2020年涉旅社会安全事件的传播更加迅速。相关研究表明，疫情期间用户日均使用互联网的时间有明显上涨，通过网站首页、热搜获取信息资讯成为大多数互联网用户的选择。[①] 这一年里，福建省泉州市欣佳酒店"3·7"房屋坍塌事故引起了社会各界的广泛关注和讨论，事发后迅速登上微博热搜，相关话题阅读量达2000多万，引发评论区网友热议，纷纷对泉州酒店住宿质量表示担忧，对当地旅游业造成了极大的负面影响。2020年4月4日，黄山景区出现游客扎堆现象，滞留游客达2万人之多，该现象经游客拍摄成视频发布到网上之后再度引起社会各界广泛关注，媒体争先报道，网民持续热议，对游客于疫情期间聚集出游表示十分不理解并谴责景区管控举措不妥当。社会媒体善于制造热点话题使事件得以迅速传播、发酵，涉旅社会安全事件又常涉及某些敏感话题，更容易被媒体关注和报道，致使事件影响范围进一步扩大。如何有效利用网络信息工具对舆论进行正确引导是当下涉旅社会安全事件管理亟待解决的现实问题。

（三）管理权责仍须完善，协调工作难度增大

随着《中华人民共和国旅游法》《中华人民共和国突发事件应对法》《旅游安全管理办法》等相关政策法规的颁布与落实，各级地方政府在旅游突发事件处理能力上已取得一定进步。但是，涉旅社会安全事件具有复杂性，其发生常牵涉多要素环节且需要多部门协调解决。具体而言，涉旅社会安全事件既属于旅游安全事件也属于社会安全事件，在处理涉旅社会安全事件的过程中往往需要旅游部门和其他相关部门通力合作，但是明确管理权力与事件责任归属仍是各部门需要进一步完善的地方。此外，在应对突发事件

---

① 上海艾瑞市场咨询有限公司：《疫情观察——中国资讯信息流行业发展变化盘点2020年》，艾瑞咨询系列研究报告，2020年第6期。

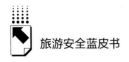

时如何协调好工作安排也将是各级政府面临的棘手问题，当诸如新冠肺炎疫情等其他突发事件与涉旅社会安全事件同时发生时，要做到"两手抓，两不误"，这无论是从协调能力上还是从工作内容上都对各级政府提出了更高的要求。

二　涉旅社会安全事件的特征分析

本文依托百度搜索引擎，对2020年涉旅社会安全事件案例进行搜索，剔除重复以及不完整报告后，共收集到95起有效案例。本文进一步对案例信息进行归纳和整理并从时间和空间两个维度来探究涉旅社会安全事件的基本特征。

（一）我国涉旅社会安全事件的时间分布特征

本文从月份、季度以及发生时段三方面对2020年涉旅社会安全事件的时间分布特征进行分析。根据分析内容对研究案例逐一进行编码和统计，并得到最终结果如图2所示，分析发现如下。

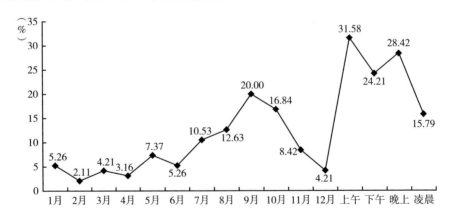

图2　2020年涉旅社会安全事件时间分布

从涉旅社会安全事件的月份特征来看，7～10月为2020年涉旅社会安全事件的高发期，占比均超过总体的10%，其中9月涉旅社会安全事件最多，占比达 20.00%，2 月涉旅社会安全事件发生最少，占比为 2.11%。

从涉旅社会安全事件的季度分布来看，第一季度到第四季度占比分别为 11.58%、15.79%、43.16%、29.47%。可见，第三季度与第四季度的事件发生率明显高于第一季度、第二季度，第三季度事件发生率尤其高，接近总量的一半。可见，无论是从月份特征来看还是从季度分布来看，2020 年涉旅社会安全事件的分布特征与我国疫情发展形势密不可分，人口流动对涉旅社会安全事件发生具有很大的影响。因此，各部门在做好疫情防控的同时，也要加强对涉旅社会安全事件的管控和预防，尤其在疫情得到有效控制时，人口流动增大，相关部门更不可掉以轻心。

从涉旅社会安全事件发生时段上看，上午（6~12 时）和晚上（18~24 时）发生安全事件的比例要高于另外两个时间段，占比分别为 31.58%、28.42%。一方面，可能是由于旅游活动主要集中在白天进行，所涉及的风险要素较多；另一方面，到了晚上游客或员工在经过一天的旅程或工作之后，警惕性有所下降，增加了风险隐患。因此，需要进一步强化员工、游客的安全意识，增强其风险辨别和风险感知能力。

（二）我国涉旅社会安全事件的空间分布特征

本文从发生区域、发生省域以及发生的要素环节三方面对 2020 年涉旅社会安全事件的空间分布特征进行了分析。

结果显示，华东地区和西南地区涉旅社会安全事件数量显著高于其他地区，华中地区涉旅社会安全事件数量较往年有了明显的增加，仅次于华东地区与西南地区。这三个区域的涉旅社会安全事件发生数占总数的 64%，成为涉旅社会安全事件的高发地区。此外，华南地区与华北地区涉旅社会安全事件数量占比也均超过总体的 10%，只有西北地区和东北地区事件数量相对较少。与 2019 年相比，2020 年涉旅社会安全事件的高发区域有扩张的趋势。

从省域的分布情况来看，2020 年涉旅社会安全事件的发生省域呈现

"大分散"的特征，共涉及我国26个省级行政单位（见表1）。其中，有10起涉旅社会安全事件发生在云南，上海和山西各有7起涉旅社会安全事件，6起发生在广东，湖南、四川、福建均有5起涉旅社会安全事件。与2019年相比，2020年涉旅社会安全事件的省份分布有向内扩散的趋势，高发省份不再只集中在华东、华南与华北，而向华中、西南扩散。

表1 2020年中国涉旅社会安全事件省域分布

单位：起；%

省区市	数量	占比	省区市	数量	占比	省区市	数量	占比
内蒙古	2	2.11	江西	1	1.05	重庆	3	3.16
湖南	5	5.26	云南	10	10.50	北京	2	2.11
广西	3	3.16	广东	6	6.32	安徽	3	3.16
山东	3	3.16	江苏	3	3.16	青海	2	2.11
河南	4	4.21	福建	5	5.26	河北	1	1.05
上海	7	7.37	山西	7	7.37	辽宁	2	2.11
贵州	4	4.21	浙江	4	4.21	甘肃	3	3.16
湖北	4	4.21	海南	3	3.16	黑龙江	1	1.05
陕西	2	2.11	四川	5	5.26			

从涉旅社会安全事件发生的要素环节来看，其分布涵盖了旅游"食住行游购娱"六大要素，其中又以"游""住""娱"为涉旅社会安全事件涉及的主要要素环节，具体分布情况如图3所示。

从图3可以看出，涉旅社会安全事件在游览环节、住宿环节和娱乐环节的事件数量分别为31起、29起和15起，这三个环节成为涉旅社会安全事件发生的主要要素环节。其中，集中在游览环节主要是因为游客在游览过程中常处在相对陌生的环境，更易受到外在风险的侵袭，而住宿环节相对较多则主要是由酒店盗窃、信息泄露等安全事故引起。此外，相较于2019年，2020年涉旅社会安全事件涉及的娱乐环节占比有了很大的提高，主要是因为相关高风险娱乐项目发生故障引起的人身安全事故增多。

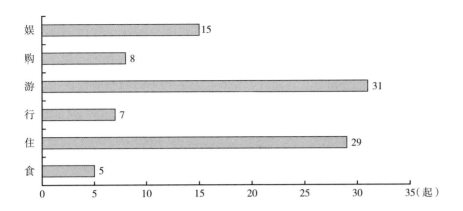

图3　2020年涉旅社会安全事件涉及旅游要素环节分布

三　涉旅社会安全事件的诱发因素分析

涉旅社会安全事件的类型复杂多样，归纳、总结和提炼诱发其安全隐患的因素，主要包含人员、设施设备、环境、管理以及不可控因素五类。

（一）人员因素

诱发涉旅社会安全事件的主要因素为人员因素，包括旅游者以及旅游从业人员两个方面。

1. 旅游者因素

旅游活动具有异地性的特点，旅游者在非惯常环境中往往属于相对弱势的群体，旅游安全意识比较薄弱。许多旅游者在旅游过程中处于过度兴奋的状态，从而高估了自身对于安全风险的应对能力，忽视了探险旅游活动的潜在风险，并且不遵守当地景区规定以及相关部门管理人员的劝阻和指挥，开展具有高风险的探险旅游活动而出现旅游安全事件。2020年9月19日，一名19岁四川籍男子从陕西宝鸡太白县上山准备穿越鳌太时，被当地相关部门发现并劝返后，该男子又从塘口其他躲过安全点的地方独自进山穿越鳌

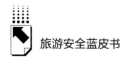

太，于 25 日不幸遇难。① 此外，旅游者在外出旅游前的准备工作以及在旅游过程中的风险防范意识远远不足。例如 2020 年 10 月 14 日早上，游客王女士对于即将开始的旅游行程满怀激动，然而在等待旅游大巴车的过程中，自己的手机被盗。② 由此可见，旅游者在游玩的过程中要注意保管自己的贵重物品，加强自身安全意识和风险防范意识，尽量规避涉旅社会安全事件的发生。

2. 旅游从业人员因素

旅游从业人员因素也是诱发涉旅社会安全事件的主要因素之一，主要体现在两个方面。一是旅游从业人员疏忽，素质不高，服务意识较差。旅游从业者容易忽视日常设施设备的检查和维修工作，对于日常的安全操作不熟练，缺乏应对突发事件的救援体系和风险预案。另外，许多旅行社、旅游景区等旅游企业员工素质参差不齐，对游客的服务态度较差，言行恶劣，旅游服务意识不到位，安全管理不规范，存在漏洞。如 2020 年 12 月 23 日，云南昆明一名导游在旅游大巴车上讲解行程时，威胁游客人身安全。③ 二是旅游从业人员的故意行为。旅游企业员工包含在职人员和离职人员，这些服务人员借助其对工作企业环境较为熟悉而实施盗窃，侵害了旅游者的财产安全。2020 年 8 月 22 日凌晨，广东省某酒店员工因上班时间散漫且不服从管理被酒店开除后，将酒店健身房收银台的钱盗走。④

（二）设施设备因素

在大众化旅游时代，旅游活动呈现平民化的特点，各类设施设备经常超

① 《又是鳌太穿越！19 岁男子偷溜进山不幸遇难！这是国内死亡率最高的线路！》，新浪网，http：//k. sina. com. cn/article_ 1765896480_ v6941712001900pw7t. html？subch = onews，2020 年 9 月 28 日。
② 满延坤、蒋新慈、李三平、唐莉献：《上旅游车之前，小心被盗窃犯盯上》，《潇湘晨报》2020 年 10 月 27 日。
③ 《云南导游威胁游客人身安全？自称"我脾气不好，不要让我针对你，会让你终身难忘"，车上没人敢反抗》，每日经济新闻，https：//finance. ifeng. com/c/82R0VzDYA4z，2020 年 12 月 23 日。
④ 《海丰一男子被酒店开除后，潜入酒店盗窃》，搜狐网，https：//www. sohu. com/a/416071638_ 658158，2020 年 9 月 1 日。

负荷工作却不能得到定期的检查和维护，从而积累了各种风险隐患。同时，我国很多旅游景区的设施设备比较落后，更新和维护也不及时，具体体现在以下几个方面：旅游景区游览设施设备老化、产品生产质量不达标、配套设施不完善；设施设备设计不合理，很少考虑实用性和功能性；景区的旅游步道、护栏等设施设备不安全和不牢固等。例如，2020年9月5日下午，江苏无锡融创乐园过山车突然发生故障，导致20名游客倒挂空中，严重侵害到游客的人身安全。[①]

（三）环境因素

环境因素也是诱发涉旅社会安全事件的重要因素，主要包括交通、建筑、社会状态以及社会治安等。尤其是旅游经济活动的迅速发展滋生了当地景区的社会治安问题，在旅游景区安全中比较典型的就是违法犯罪，其给游客带来了严重的创伤。旅游景区的违法犯罪具体表现为三类：一是威胁旅游者财产和人身安全的违法犯罪；二是和赌博、淫秽、毒品有关的违法犯罪；三是欺骗、敲诈勒索、盗窃、抢劫等侵犯游客财产安全的违法犯罪，这类犯罪作案范围广并且数量较多。2020年9月24日，广东某酒店工作人员利用职务之便盗刷顾客的会员卡余额，严重危害了游客的财产安全。[②]

（四）管理因素

当前，涉旅社会安全事件的管理机制存在较多缺陷，主要体现在政府管理部门和旅游经营单位两方面。对于政府管理部门而言，监管力度不足，管控措施效果欠佳，权责不够清晰。而涉旅社会安全事件往往表现为突发事件，仅仅凭借过去的经验进行管理决策是行不通的，无法在短时间内形成资源和信息的最优化整合。因此，政府部门需要优化涉旅社会安全事件的预防

---

① 《无锡融创乐园过山车突发故障空中停运，20名倒挂游客刚刚被解救，事故原因还待查明》，扬子晚报网，https://www.yangtse.com/content/1001772.html，2020年9月5日。

② 《酒店会员余额不翼而飞，桂城民警抓获内鬼盗窃团伙》，网易新闻，http://gd.news.163.com/foshan/20/1201/09/FSOJG88N04179HUN.html，2020年12月1日。

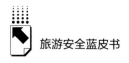

预警机制、监测机制、救援体系和恢复机制，缩减事件带来的损失和影响。

对于旅游经营单位而言，旅游安全管理的认识不够充分、管理水平比较低下、专业人才较少，缺乏健全的应对方案和预警体系。例如，2020 年 5 月 25 日，陕西西安两男子发现某博物馆看管不严，戴着口罩撬锁进入博物馆后将一块古砖和十尊石狮子盗走，影响较为恶劣。①

（五）不可控因素

地震、泥石流、滑坡、洪水、海啸、台风等各类自然灾害也易诱发涉旅社会安全事件，尤其是突如其来的新冠肺炎疫情，为旅游业按下了暂停键。相较于以上各种人为因素引起的安全事件，自然灾害以及流行病毒等因素显然不可控，如果无法及时得到控制，其波及的范围、造成的破坏将非常广阔。这些不可控因素给旅游业管理带来严重的威胁，而许多旅游经营单位和相关管理单位对这些不可控因素的应对能力不足，比如近年来发生的九寨沟地震、南方洪涝灾害以及新冠肺炎疫情等无不给旅游业经营单位带来了毁灭性的灾难。

四 2021年涉旅社会安全事件的趋势展望与管理建议

（一）2021年涉旅社会安全事件的趋势展望

1. 网络舆情传播迅速

涉旅社会安全事件通过微信、微博、抖音、新闻评论、各大论坛等网络媒体快速进行传播，极易引起社会网络舆论。2020 年突如其来的新冠肺炎疫情、广西某导游威胁游客事件、泉州某酒店坍塌事件等迅速在网络媒体上"刷屏"，引发社会高度关注。网络媒体具有随意性、多元化的特点，打破

---

① 《旅游时发现博物馆看管不严，西咸新区两男子夜盗文物——"比开拉土车还挣钱"》，搜狐网，https://www.sohu.com/a/413574789_162758，2020 年 8 月 17 日。

了时间和空间的界限，而且受众面广、传播迅速，对于涉旅社会安全事件的传播起着重要的作用。如果网络舆情处理不当，极易引起社会民众的不满，引发民众的过激行为，威胁社会稳定，所以相关管理部门需要严格监控涉旅社会安全事件的网络舆情，保证发布信息的准确性和真实性。

2. 创新涉旅社会安全事件风险防控

2020年是极为不平凡的一年，突如其来的新冠肺炎疫情，使得旅游业按下了暂停键，但正是因为疫情，倒逼出了"云旅游"，这是旅游业在疫情冲击下做出的主动应对策略。"云旅游"创新模式为涉旅社会安全事件防控提供了许多管理新模式，通过线上线下的优势互补以及融合发展，有效预防景区由大规模人员聚集带来的新型冠状病毒传染风险，避免新冠肺炎疫情扩散。

3. 安全管理体制逐步完善

涉旅社会安全事件预防体系的完善需要管理体制加以保障。2020年7月20日，《在线旅游经营服务管理暂行规定》发布，在线旅游经营者必须依法建立旅游者安全保护制度，并制定应急预案。《在线旅游经营服务管理暂行规定》的相关条文能够更好地保障旅游者的利益和安全，比如第十五条规定，在线旅游经营者不可根据旅游偏好以及消费记录等建立不公正的交易条件，不可滥用技术手段侵害旅游消费者合法权益。近年来，伴随《在线旅游经营服务管理暂行规定》的推行以及《中华人民共和国旅游法》《中华人民共和国网络安全法》《旅行社条例》等相关法律法规的贯彻实施，旅游安全管理体制也逐步完善。

（二）管理建议

1. 加强网络舆情监测，提高危机意识

涉旅社会安全管理应以信息化为手段，创新数字媒体建设。一方面，借助大数据和互联网平台，加强新媒体和传统媒体合作，优化资源配置和整合，从而提高传播效果。另一方面，相关管理部门应提高危机意识，建立相应的舆情监测系统和预警机制，实时监测网络舆情，从而正面引导和控制舆论，引导涉旅社会安全事态发展方向。

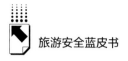
2. 借助"云旅游"发展趋势，积极引导公众参与

涉旅社会安全事件风险防控离不开公众的参与。从 2020 年的涉旅社会安全事件来看，相关问题的出现倒逼出了"云旅游"发展模式，面对疫情冲击，全国倡导就地过年，为适应新的旅游消费需求，抖音、微博等互联网平台开展"云游"活动，观众足不出户便可云游四方，这些活动吸引了大量观众参与互动。建立"云旅游"发展模式，不仅可以应对疫情冲击，而且能够有效规避线下涉旅社会安全事件的发生。

3. 以安全管理体制为保障，营造良好的旅游市场环境

《在线旅游经营服务管理暂行规定》就在线旅游经营者做出了相关管理规定，涉旅社会安全管理体制应以政府为核心，贯彻安全发展理念，严格落实涉旅社会安全主体责任。加强各旅游安全管理部门之间的联系，制定相应的安全事故救援体系。政府应从政策法规上制定相应的涉旅社会安全管理体制，同时，在此基础之上，各旅游经营单位应和相关管理部门合作，加强旅游运营企业的规范化统一管理，营造良好的旅游消费与经营环境，减少各类旅游矛盾的产生源。

B.13

2020～2021年中国旅游行政部门的
疫情应对与展望[*]

谢朝武 方雪^{**}

摘　要： 本文对2020年全国各级旅游行政部门及相关部委出台的疫情防控系列政策进行了梳理，分析了疫情防控常态化阶段旅游行政治理的主要挑战，并对疫情防控常态化下旅游行政部门的政策优化提出了建议。政策梳理发现，2020年我国各级旅游行政部门的疫情治理工作有序开展，相继出台了疫情防控、企业扶持、市场复苏等系列政策。进入疫情防控常态化阶段，旅游行政部门面临旅游场所管控难度升级、治理措施精度提升、协同治理需求强化等挑战。研究提出，旅游行政部门应突破困境，建立多层级多部门联动治理机制，形成疫情防控、企业扶持、产业转型升级、消费刺激等综合性政策体系，要在保证疫情有效防控的基础上，从供需两端同时发力，加快旅游产业的恢复与发展。

关键词： 疫情应对　防控常态化　旅游管理

　　新冠肺炎疫情对我国旅游业形成了系统而全面的冲击，有效地应对疫情

＊　本研究受国家社科基金后期项目（19FGLB004）资助。

＊＊　谢朝武，华侨大学旅游学院教授、博士生导师，主要研究方向为旅游安全管理；方雪，华侨大学旅游学院硕士研究生，主要研究方向为旅游安全管理。

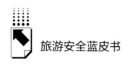
冲击、做好旅游场所的疫情防控和恢复发展工作，成为旅游行政部门的重要任务。对我国各级旅游行政部门及相关部委出台的疫情相关政策进行梳理，提出疫情防控常态化下的政策优化方向，对于推动我国旅游业的可持续发展具有重要意义。

一 2020年中国旅游行政部门的疫情应对政策

（一）国家政策体系

为保障民生安全、帮助旅游企事业单位渡过难关、加快复工复产，文化和旅游部等相关部委统筹安排，从疫情防控、金融扶持、税费优惠、稳岗就业、市场复苏等层面进行了政策引导与支持，推动了旅游企事业单位的疫情防控与恢复发展。

1. 疫情防控政策

疫情防控政策是稳定疫情的重要举措，也是旅游产业恢复和发展的基石。国内疫情防控主要从两方面重点进行政策部署。一方面，旅游景区是人流密集的高风险区域，也是疫情防控重点监控场所。在国内疫情高峰期，国内景区均处于停运状态，当疫情到达拐点并逐步下降时，国内景区迎来旅游流报复性增长。针对集群防控风险，文化和旅游部、国家卫生健康委员会4月13日联合印发《关于做好旅游景区疫情防控和安全有序开放工作的通知》，针对旅游景区恢复开放期间出现的游客聚集现象，进一步提出景区疫情防控措施指南，规范解禁后旅游景区的管理工作。另一方面，旅行社是组织和协调旅游活动开展的关键要素部门，是行政部门紧抓疫情防控的重要一环。文化和旅游部9月25日印发《旅行社有序恢复经营疫情防控措施指南（第二版）》，对旅行社恢复经营提出了具体的疫情防控要求。10月20日又印发了《关于进一步加强秋冬疫情防控工作的通知》，动员各地旅游行政部门坚持常态化防控和应急处置结合，全面做好旅游行业秋冬季外防输入、内防反弹的疫情防控工作。

2. 金融扶持政策

疫情期间，旅游业是国内所有产业部门中首当其冲受损的部门，各旅游企业面临营收下降、资金链断裂的困境，亟待国家给予金融扶持。国家从宏观层面和行业内部层面构建了完善的旅游企业资金补偿机制和金融运作机制。在宏观政策层面，国务院多部委联合颁布《关于进一步强化金融支持防控新型冠状病毒感染肺炎疫情的通知》，强调做好受疫情影响较大企业的差异化优惠金融服务。在旅游行业内部政策层面，文化和旅游部印发《关于用好货币政策工具做好中小微文化和旅游企业帮扶工作的通知》，帮助文旅企业用好用足国家支持中小微企业的货币政策。

3. 税费优惠政策

疫情给旅游行业带来了不景气的发展环境，较多文旅企业选择退出市场或经营转型。国家税收是财政收入的重要支柱，国家的税收政策扶持在经济恢复和应对疫情冲击、稳定旅游企业生产等方面发挥着不可或缺的作用。早在2月6日，财政部等部门就联合印发了《关于支持新型冠状病毒感染肺炎疫情防控有关税收政策的公告》，其中针对受疫情影响较大且2020年发生亏损的旅游企业，将其结转年限延长至8年。此外，国家税务总局等部门还联合印发《关于发挥"银税互动"作用助力小微企业复工复产的通知》，号召各地相关部门充分利用"银税互动"等平台，帮助金融机构主动对接困难文旅企业需求。目前，国家已制定出台了一系列政策扶持"组合拳"，对于缓解企业困难和提振市场信心具有重要意义。

4. 稳岗就业政策

旅游人才是确保旅游行业持续发展的基础，疫情导致旅游行业就业形势严峻，旅游企业员工流失率攀升。为配合疫情后企业复工复产的人力资源供应，2月18日国家人力资源和社会保障部印发《关于切实做好新冠肺炎疫情防控期间人力资源服务有关工作的通知》，该通知从总体层面鼓励相关机构有力有序做好人力资源服务工作，为疫情防控及复工复业提供坚实的人力资源服务支撑。2月27日，文化和旅游部印发《关于积极应对疫情影响保持导游队伍稳定相关工作事项的通知》，要求强化疫情防控期间导游劳动权益保护，

保持导游队伍稳定，为旅游业恢复发展蓄力储能。通过国家人社部和文旅部等多部委的联合施策，旅游行业返岗复工、稳岗、扩就业等工作持续推进。

5. 市场复苏政策

近年来，旅游业已发展成为国民经济战略性支柱产业，地方旅游发展带动了区域经济的发展。此次疫情对旅游业的冲击超过了 2003 年的"非典"疫情，亟须繁荣旅游市场，使旅游业走出低谷。在国内疫情稳定后，7 月 14 日，文化和旅游部印发《关于推进旅游企业扩大复工复业有关事项的通知》，倡导低风险地区根据实际情况逐步恢复跨省团队旅游，促进国内旅游市场恢复。7 月 17 日，文化和旅游部印发《关于统筹做好乡村旅游常态化疫情防控和加快市场复苏有关工作的通知》，指出在乡村旅游领域全面贯彻"外防输入、内防反弹"总体防控策略的基础之上，鼓励乡村旅游产品体系升级，加快推进市场复苏。国家多项政策表明政府在疫情防控和市场复苏间的兼顾与平衡。

6. 其他支持政策

旅游业是综合性产业，面对新冠肺炎疫情冲击，政府部门除了传统的经济刺激政策，还针对旅游产业制定了专项疫情恢复发展政策。如：文化和旅游部印发《关于暂退部分旅游服务质量保证金支持旅行社应对经营困难的通知》，向旅行社暂退部分质量保证金，支持旅行社积极应对当前经营难关。文旅部与交通运输部印发《关于稳妥有序恢复省际旅游客运切实做好旅游客运常态化疫情防控有关工作的通知》，为疫情防控常态化下省际旅游业务的有序恢复注入动力。此外，工信部等相关部门还出台了《关于运用新一代信息技术支撑服务疫情防控和复工复产工作的通知》，指导因疫情停工停产的旅游企业利用信息技术手段复工复产，这也带动了一批旅游企业网上直播带货的风潮，为旅游经济发展注入了新活力。

（二）地方相关政策

在国家各项政策的指导之下，各地方文化和旅游厅（局）及其他相关行政部门一方面积极转发国家层面的规范文件，另一方面进一步结合本地区实际情况，制定并出台了更具针对性、操作性更强，适合本地区疫情防控、行业企业扶持及旅游业复苏等方面的政策文件及治理措施。表 1 列举了部分省（自治区、直辖市）在疫情期间印发的相关政策文件。

表 1　部分地区相关政策文件列举

地区	发布时间	政策文件
北京	3 月 10 日	《关于应对新冠肺炎疫情影响促进旅游业健康发展的若干措施》
河北	2 月 15 日	《关于有效应对疫情支持文旅企业发展的十条政策措施》
山西	3 月 2 日	《关于推动文旅企业应对疫情及准备复苏的若干措施》
辽宁	2 月 28 日	《科学应对疫情　开展"春台行动"进一步促进全省旅游业高质量发展的意见》
吉林	2 月 21 日	《吉林文旅"春风计划"》
上海	2 月 19 日	《关于上海市全力防控疫情支持服务旅游企业平稳健康发展的若干政策措施》
江苏	3 月 23 日	《关于应对新冠肺炎疫情影响促进文旅产业平稳健康发展的若干措施》
浙江	2 月 12 日	《关于全力支持文化和旅游企业战胜疫情稳定发展的通知》
安徽	2 月 26 日	《关于恢复文化和旅游产业活力激发市场消费潜力的若干措施》
山东	3 月 23 日	《关于做好全省文化旅游企业金融支持服务工作的通知》
湖南	2 月 27 日	《支持文化和旅游业战疫情促发展的若干措施》
广东	3 月 20 日	《关于积极应对新冠肺炎疫情影响促进文化旅游体育业平稳发展扩大市场消费的若干政策措施》
广西	2 月 21 日	《支持打赢疫情防控阻击战　全面振兴文旅经济的若干措施》
海南	7 月 25 日	《关于进一步加强旅游和文化经营企业做好疫情防控工作的提示函》
四川	2 月 17 日	《关于支持文旅企业做好疫情防控有序复工复产的十条措施》
贵州	2 月 16 日	《帮助企业复工复产十条措施》
云南	4 月 28 日	《云南省支持文旅产业应对新冠肺炎疫情加快转型发展若干措施》
陕西	3 月 3 日	《陕西省旅游业恢复发展预案》
宁夏	3 月 13 日	《关于有效应对疫情支持文化旅游企业加快复工复产的措施》

二　疫情防控常态化与2021年旅游行政治理的挑战

随着国内疫情防控形势持续向好，防控工作逐步从应急状态向常态化转

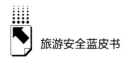

变，我国各级旅游行政部门的核心治理任务及目标进一步升级，其主要挑战表现为如何兼顾疫情防控和旅游业的恢复发展。

（一）疫情管控的复杂性不断升级

进入疫情防控常态化阶段，前期国家及地方支持旅游企业复工复产的政策效应逐渐显现。伴随着旅游业逐渐回暖，各地旅游活动陆续开展。但是旅游景区、娱乐场所等在恢复开放期间出现了大量游客聚集拥挤现象，旅行社恢复经营跨省团队旅游业务后，也出现大规模的跨区域人员流动，这些均进一步增加了疫情传播的风险。在疫情防控常态化阶段，满足广大人民群众旅游需求、保障旅游消费活动安全有序进行是各级旅游行政部门的重要任务，面对旅游人次的报复性增长和小范围疫情事件的接连涌现，地方旅游安全防控工作的复杂性和难度不断升级。此阶段须正确把握疫情防控与旅游开展的平衡，这给旅游行政管理部门提出了全新的挑战。

（二）政策治理的长效性需要提高

为助力受疫情影响经营困难的旅游企业渡过难关，保证旅游市场要素结构的完整，做好旅游业复苏的准备，前期国家及地方各部门相继出台了系列扶持政策，涉及金融扶持、税费优惠、稳岗就业等各个方面。但是，进入疫情防控常态化阶段，国内旅游业尚未完全复苏，大量中小旅游企业将会长期面临经营难题。其中，旅行社作为旅游行业的龙头，对旅游现金流依赖度较高，长期抵抗危机的能力较弱，对于扶持政策的依赖性较强。另外，旅游从业人员短期内实现全面复工也较为困难。在疫情防控常态化阶段，旅游企业和旅游从业人员仍处于不稳定状态，各项扶持政策仅解决燃眉之急是远远不够的，急需更加长效的扶持政策，长期支持困难旅游企业健康持续发展，保持旅游从业人员队伍稳定，以保证旅游要素市场结构的完整。此阶段，对于各级旅游行政部门而言，如何优化政策工具使相关政策具有连续性和长效性将是较大考验。

（三）治理措施的精准性需要强化

进入疫情防控常态化阶段，各地区对旅游行政治理工作的精准性要求进一步提高。一方面，各地区的旅游发展水平和疫情防控水平具有差异性，各地区旅游行政部门在贯彻落实国家政策的过程中须根据本地区实际情况对政策内容进行完善、细化和延伸，制定适合本地区疫情防控及旅游业复苏的具体措施，对于旅游行政治理工作的地区针对性、精准性要求有所提高。另一方面，政策措施的适时性难以精准把握。相比前一阶段的全面防控，"常态"并不意味着一成不变。疫情防控常态化阶段，全国各地的疫情风险等级以及旅游业产业环境都处于动态变化的不稳定状态，这要求各级旅游行政部门根据本地区实时形势状况，不断调整治理计划及措施，灵活应变，制定高度匹配的旅游发展策略。

（四）多部门治理的协同机制需要优化

疫情防控常态化阶段是实现旅游业复苏的蓄能阶段，复工复产须做好人、财、物等资源的充分准备。一方面需要各关联产业的支持为旅游业复苏注入活力，对旅游相关部委的协同治理需求增强。此阶段亟须国家发展和改革委员会、科学技术部、人力资源和社会保障部、交通运输部、工业和信息化部、财政部、卫生健康委员会、应急管理部等多部门协同治理，打好政策组合拳。另一方面，需要各级旅游行政部门发挥联动作用，国家文化和旅游部统筹全局，制定总体要求，进行宏观上的方向指导，地区文化和旅游厅（局）则须制定清晰的治理措施，精准治理，各级旅游行政部门上下联通、协同治理。

（五）多主体参与的观念意识需要增强

进入疫情防控常态化阶段，各项目标的实现依赖于各相关主体的积极配合。一方面，在疫情防控上，进入常态化防控状态后，各主体易出现麻痹思想、厌战情绪、侥幸心理，而疫情防控工作需要政府、市场、社会公众各相

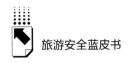

关主体协同完成，时刻绷紧疫情防控这根弦。因此，做好常态化阶段市场和社会公众的思想建设及行为引导是行政治理的重要工作。另一方面，在旅游业复苏上，由于遭受疫情的长期影响，部分企业员工对旅游行业丧失信心、大众对于线下旅游意愿减弱等成为现实背景。此阶段，如何通过行政治理方式重塑相关人员信心，刺激大众消费热情，动员各主体积极参与到旅游业复苏的工作当中也是旅游行政部门面临的重大难题。

三　2021年中国旅游行政部门疫情应对工作的展望与建议

步入疫情防控常态化阶段后，须针对旅游行业、企业出台覆盖面广且具有长效性和精准性的各项政策。我国各级旅游行政部门应基于常态化疫情防控这一现实背景，将助力旅游业恢复作为政策的总体目标，在开展行政治理工作时注重多层级联动、多部委协同，将疫情防控常态化阶段旅游相关政策制定及完善的重点落后疫情防控、企业扶持、产业竞争力提升和消费刺激四个方面，以保证在疫情有效防控、产业要素市场完整的基础上，从供需两端同时发力，促进旅游业快速恢复至疫情前期水平。

（一）确保政策制定兼顾疫情防控与恢复发展的动态平衡

常态化阶段的疫情防控政策应基于旅游活动的特征，适用于各类旅游场景的旅游活动。旅游具有异地性和产品的共享性，人员流动和集中是不可避免的现象，而限制人员自由流动及大规模人员聚集仍然是此阶段防控工作的基本举措，要实现二者的动态平衡更加需要旅游行政部门出台适合本地疫情防控规范的政策，在国家总体防控政策的基础之上，紧密联系旅游活动自身的特殊性，制定旅游业专用防控政策，针对旅游场所、旅游从业人员、旅游者等制定指向性较强的疫情防控政策。如规范出游线路和行程范围，规避高风险区，进行疫情下各企业旅游产品和服务的特许经营认证。

常态化阶段的疫情防控政策应持续强调防控工作的重要性，避免麻痹心理、侥幸情绪等，但也不能搞"一刀切"。此阶段应鼓励各地区旅游行政部门按照分区分级原则，结合本地区疫情发展情况制定旅游业疫情防控政策。另外，"常态"并不意味着不变，当各地区疫情发展趋势出现变化时，当地旅游行政部门应及时对防控政策细则进行更新，同时对旅游开展的相关要求做出灵活调整，保持疫情防控与旅游开展时刻处于动态平衡状态。

（二）提高疫情应对政策的长效性、梯度性和全面性

疫情防控常态化阶段的扶持政策应具有长效性。进入疫情防控常态化阶段，大规模旅游活动开展、出入境业务恢复经营等仍然受限，前期应急阶段出台的扶持政策可能仅能解燃眉之急，困难旅游企业要恢复到常态化水平还需要较长时间，此阶段相关扶持政策仍须持续发挥作用，制定时应充分保证长效性，长期支持困难旅游企业健康持续发展，真正帮助其渡过难关，保证旅游要素市场结构的完整，做好产业复苏的准备。

疫情防控常态化阶段的扶持政策应具有梯度性。在疫情防控常态化阶段，各类旅游企业恢复能力强弱不一，一些企业已逐渐恢复活力，部分企业仍然处于严重受损、难以重振的危急关头。在此阶段，普惠性的扶持政策已不再适用，需要更具针对性和梯度性的支持政策。旅游行政部门应根据旅游企业的真实诉求及其困难程度给予不同层面、不同程度的支持，实现精准扶持。

疫情防控常态化阶段的扶持政策应具有全面性。疫情防控常态化阶段是为旅游业全盘复苏蓄力储能的关键阶段，此阶段需要各关联产业的积极支持与配合，保证行业复工复产、产业复苏系列工作有序有力推进。旅游行政部门须动员交通运输部、人力资源和社会保障部、科学技术部、工业和信息化部、卫生健康委员会等相关部委积极支持，联合制定和落实相关行业企业扶持政策。

（三）针对疫情下消费新趋势制定旅游产业转型升级政策

在疫情的长期影响下，公众的旅游消费习惯、消费倾向、消费心理等均

发生了较大转变。进入疫情防控常态化阶段，旅游行政部门应加速出台助力旅游产业转型升级、业态创新的相关政策，引导各地基于常态化疫情防控的现实背景，将疫情影响这一重要因素融入地区发展规划，做好产业复苏和竞争力提升的准备工作。

产业转型升级政策须抓住大众旅游消费习惯的转变，优化线上旅游产品体系。前期应急防控阶段由于出行受限，线上旅游产品和服务逐渐成为消费者的首选。进入防控常态化阶段后线上体验仍然会是一种重要的消费方式。相关政策应鼓励行业拓宽新一代网络信息技术在旅游中的应用场景，并全力为其提供相关技术支撑，协助旅游企业对线上旅游产品和服务进行提前布局，以满足大众对线上旅游产品的多样性、个性化、便利化需求。

产业转型升级政策须抓住旅游消费倾向的转变，鼓励休闲康养等高品质旅游发展。疫情之下，长时间的居家隔离造成较大的心理压力，旅游消费内容倾向于自然环境，各级旅游行政部门应鼓励和支持休闲康养旅游产品的开发，适应公众消费内容的转变，精准对接需求，同时引导医疗、健康产业与旅游业融合发展，培育旅游新业态。

产业转型升级政策须抓住大众消费心理新需求，助力旅游行业、企业的安全吸引力建构。进入疫情防控常态化阶段，大众在前期形成的安全防范意识导致其对线下旅游的信心未能快速恢复，游客对旅游品质、安全的要求和期待有所提高，此阶段能够让游客感到"很安全"的目的地和产品将会是最具竞争力的，相关政策应助力旅游业重塑产业安全形象，恢复游客出游信心。

（四）加快推动疫情消费刺激政策的制定和落实

尽管在疫情期间大众积累了外出旅游的需求，但由于疫情已经对旅游产业造成了巨大冲击，国内旅游者旅游信心和动机不强，以2020年"十一"黄金周为例，国内旅游人次及旅游花费仅恢复七成。在此阶段，旅游行政部门应正视疫情导致的旅游消费市场缩小、大众旅游意愿下降这一现实背景，快速制定能够刺激旅游消费的系列政策，促进潜在旅游需求转化为实际的消费行为，加快旅游市场复苏。

消费刺激政策须着力推出各类消费惠民措施。受疫情影响，部分企业员工复工较晚，其间无其他经济来源，短期内对于旅游这类需求弹性较大的消费品的支付意愿较低。旅游行政部门应及时制定消费惠民的相关政策举措，例如结合各地情况，实施疫情期间景区门票减免、淡季免费开放等措施，抑或向社会发送旅游消费券、为中低收入群体发放定向旅游消费补贴等。

旅游行政部门须联合其他相关部门加快促进带薪休假制度操作细则的落实。足够的闲暇时间是旅游动机产生的另一大基础，在疫情防控常态化阶段，大众出于对节假日及高峰期出游人员密度大、疫情风险高的顾虑，会理性地克制自己的旅游消费行为，在此阶段，亟须带薪休假制度的落实。旅游行政部门应联动相关部门，鼓励单位及员工个人灵活安排带薪年假、错峰休假，为错峰出游提供时间保障。

B.14
2020～2021年疫情冲击下中国节假日旅游市场发展与安全策略

周灵飞　李梦媛*

摘　要：　疫情冲击下2020年节假日旅游遭受重创却又顽强恢复起来，本文阐述了2020年中国节假日旅游的阶段性特征和发展特征，并对2021年节假日旅游的恢复和安全形势抱有乐观预期。预期预约旅游将成为2021年节假日旅游消费的新方式之一、本地旅游将成为2021年节假日旅游的主角、云旅游将点亮2021年节假日旅游。在此基础上，本文从有序推动节假日旅游市场的恢复发展、严格做好节假日旅游场所的疫情防控、强化节假日旅游的安全管理工作三个方面提出了推动2021年节假日旅游市场安全发展的策略。

关键词：　疫情　节假日旅游　市场安全

　　2020年春节前夕，新冠肺炎疫情突袭而至，随后在全国范围内迅速蔓延，旅游业被迫按下暂停键，节假日旅游经济严重受创。随着新冠肺炎疫情进入防控常态化阶段，政府部门出台了一系列推动旅游发展的政策，节假日旅游逐步复苏，预约旅游、本地旅游和云旅游成为节假日旅游的主角。本文通过分析2020年我国节假日旅游市场的总体态势，总结节假日旅游市场的

---

* 周灵飞，华侨大学旅游学院讲师，主要研究方向为旅游经济；李梦媛，华侨大学旅游学院研究生。

阶段性特征、发展特征及其影响因素，并在疫情防控常态化背景下对我国节假日旅游市场提出发展展望与相应的发展策略。

一 2020年中国节假日旅游市场的总体形势

1. 节假日旅游市场态势

2020年的新冠肺炎疫情对全球旅游业产生了颠覆性的影响，不仅旅游接待规模显著下降，旅游方式和活动内容也有了新的特征。国外疫情的持续蔓延导致国际旅游基本停摆。国内疫情缓解和稳定之后，旅游业仍然面临巨大的压力。景区限流，聚集性强的团队旅游和大型会议受限，航空和高铁等公共交通最大可能地被自驾车所取代。往年节假日长途旅游需求高度集中。2020年因为疫情的阴霾，微旅游、近郊游、周边游、城市游、宅旅游盛行，家庭、亲子自驾成为主要的出游方式，呈现明显的"小聚集、短距离"的特点。因此与往年节假日旅游热潮相比，2020年节假日旅游堪称冷淡，不仅因为疫情压抑了人们节假日的出行意愿，更因为短距离的微旅游被分摊到各个周末来实现。

2. 节假日旅游安全态势

2020年节假日旅游安全态势良好。短途旅游和长途旅游相比，安全隐患显著减少。往年节假日各种"驴友"探险导致的旅游安全事故，游客长途旅游中由天气聚变、水土不服等引发身体疾病的旅游安全事故，游客不熟悉地形地貌水文特征等导致的各种旅途意外事故在2020年节假日旅游中都鲜有发生。另外，2020年节假日完美地回避了往年因为拥堵而发生的各种旅游安全事故。因为本地游客占主流，所以节假日旅游中常见的一次性交易导致的欺生现象也失去了生存的土壤。而新冠肺炎疫情的阴影提高了人们的防疫意识和健康卫生意识，戴口罩、勤洗手、注意饮食和住宿卫生等良好的卫生习惯都有效地保障了2020年的节假日旅游安全。因为周边自驾游成为节假日旅游的主要形式，停车场等自驾游客服务体系的完善程度成为2020年节假日旅游的主要问题。另外，因为家庭和亲子游需求火爆，各种公园和娱乐场所的游乐设施设备成为主要的安全隐患之一。

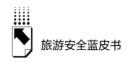

二 疫情冲击下2020年节假日旅游市场的
特征与影响因素

旅游业是一个对突发的公共卫生安全事件和政府的政策非常敏感的行业。由于新冠肺炎疫情突袭而至，2020年的开局变得异常艰难，全国各地迅速处于封锁状态，中国旅游业在春节这个传统的旅游旺季来临前就遭受断崖式的下滑直至暂停。清明节开始，旅游冲动随着疫情的缓解日益增强，节假日旅游逐步恢复。

（一）2020年节假日旅游市场的阶段性特征

1. 疫情突袭而至：春节旅游被迫按下暂停键

2020年春节前夕突袭而至的新冠肺炎疫情令旅游业猝不及防，全国旅行社团队游暂停，城市各小区、农村各村镇自设关卡进行网格化的人口流动管理，春节旅游被迫中止。全球疫情的肆虐和快速蔓延把人们都"关"在了家里，停工、停产、停学，景区、酒店、餐厅、游乐场通通关闭。春节过去了，元宵节过去了，抗疫形势远比人们想象的严峻，确诊病例还在持续地增多。传统旅游旺季的春节，旅游收入大大减少，节假日旅游经济严重受挫。

2. 疫情缓解：城市休闲旅游复苏，周边自驾旅游活跃

3月中旬开始，国内疫情防控工作初见成效，疫情蔓延势头得到遏止，国内旅游业进入防控型复工阶段，清明节期间，都市休闲活动和周边自驾旅游首先活跃起来。不过跟清明节浓重的疫情阴霾相比，人们对五一劳动节的旅游更充满了期待。旅游成本低，外出意愿强烈，节假日旅游热情日益高涨。举家出游、亲子游、自驾游是出游的主要形式，年轻人是出游主力军。人们更多选择环境静谧、景色怡人的乡村，也更倾向于自然生态旅游、农业生态旅游、体育健身旅游、郊区休闲度假旅游等项目，以期达到放松身心或者康养的目的。周边旅游、乡村旅游、各种农家乐和乡村采摘都非常火爆。

3. 疫情稳定：疫情防控常态化，释放国内旅游发展潜力

国内疫情防控形势持续向好，大部分省份确诊病例已清零或已降至个位数，中国进入疫情防控常态情境下全面复工复产复业新阶段。2020年国庆假期和中秋假期重叠连休八天长假，疫情稳定和八天长假共同激发了人们旅游出行的欲望，重现节假日热门景点门票、旅游机票、高铁票一票难求，酒店一房难求的景象。据文化和旅游部数据，国庆长假期间全国共接待国内游客6.37亿人次，按可比口径同比恢复79%，实现国内旅游收入4665.6亿元，按可比口径同比恢复69.9%。

（二）2020年节假日旅游市场的发展特征

1. 游客的旅游行程以中短途旅游为主

除了居家隔离的春节，随着国内疫情逐步得到控制，节假日旅游逐步恢复。但节假日旅游恢复的进度相对比较缓慢，原因之一是疫情的强传染性和致命的伤害给人们造成了巨大的心理阴影，尤其是疫情的反复，有效阻止了消费者远行和集聚的脚步。所以2020年节假日旅游从省内旅游到国内旅游逐步恢复，但出境旅游几乎没有恢复，节假日旅游以中短途旅游为主，各种形式的节假日本地旅游非常活跃。都市休闲、近郊度假、乡村体验、家庭自驾等旅游活动非常红火，各种微旅游、微度假成为旅游新时尚。

2. 旅游时间上更均衡，空间差距扩大

跟往年节假日扎堆旅游不同，2020年节假日旅游时间上更分散。因为对病毒的恐惧和政策的引导，2020年旅游需求以中短途旅游为主，对闲暇时间的长度要求较低，各种微旅游、微度假利用周末两天即可获得很好的旅游体验。而且人们为了安全，刻意回避大量人口聚集，分时预约、错峰旅游成为一种提升旅游体验质量的选择，所以2020年节假日旅游时间分布上更加均衡。因为疫情的区域性，高中风险地区和低风险地区旅游需求差距大，2020年节假日旅游的空间分布比往年更加分散，拉开了空间差距。

3. 团体游减少，自驾旅游与家庭旅游兴起

基于疫情条件下大众对于自身的健康、安全的重视和政策约束两个方面

的因素，2020 年大规模的团体游大大减少，人们更倾向于选择家庭旅游或多个家庭结伴旅游。自驾车就近游、周边游或一日游最先恢复，定制化高端旅游也初露端倪，小聚集成为 2020 年节假日旅游的一个重要特征。

4. 安全健康成为游客的重点诉求

受到疫情压制的节假日旅游会出现报复性反弹的猜想在 2020 年的节假日期间始终没有实现，虽然人们的出游冲动很强，但行为很理性。无预约不旅游越来越成为人们节假日旅游的共识，预约、错峰、限量、有序成为节假日旅游的常态。人们更倾向于自然风光，更愿意选择有利于游客分散和身心健康的农业生态旅游、自然生态旅游、康体旅游、郊区休闲度假旅游等产品。除了知名景区景点，人们更倾向于寻找家门口的新景观新体验和节日主题活动，更多发现一些小众型的旅游产品。安全、健康、放松是 2020 年节假日旅游的重要特征。

（三）2020年节假日旅游市场的影响因素

1. 地区疫情防控情况

在新冠肺炎疫情的影响下，旅游者在选择出游目的地时首先考虑的是该目的地是否为低风险地区，因为这将直接关系到旅游者自身的健康和安全。同时，高风险地区的管控是十分严格的，出入相关手续也十分严格，将会花费旅游者大量的时间、精力去进行前期准备，在游玩过程中也会有诸多的不确定因素。但是旅游的本质是追求愉悦的过程，没有人想要劳心费神地去应对各种烦琐的手续，因此旅游者会选择相对安全的低风险地区。

2. 地区旅游资源状况

旅游目的地旅游资源的开发水平也是影响 2020 年节假日旅游市场的重要因素。旅游者选择一个地方作为旅游目的地必然是因为该地区的旅游资源对其具有吸引力，因此该地区的旅游资源状况以及旅游产品的类型对旅游市场的影响是至关重要的。而且，疫情背景下旅游者对于旅游产品的选择更加倾向于亲近自然和康体休闲，因此自然生态旅游资源丰富与否也会直接影响旅游者的选择。

3. 旅游市场开发水平

旅游目的地要想在激烈的旅游市场竞争中拥有自己的一席之地，就要打造出具有自身特色的旅游产品，从而增强自身的市场竞争力，吸引更多的旅游者，壮大自己的旅游市场。这就要求旅游目的地能够精准地抓住游客的需求，及时开发并更新自己所提供的旅游产品，要与时俱进，提高自身的旅游市场开发水平。

4. 政府的支持政策

政府对于节假日旅游市场的影响是不言而喻的。政府要时刻关注大环境形势，及时出台精准的扶持政策，积极的政策能够促进旅游业的复苏发展，刺激旅游者的消费欲望，并带动其他相关产业的发展；反之则会抑制旅游业的发展。而且2020年疫情的国内以及国际影响是十分深远的，旅游业就更需要中央及地方政府的大力支持才能够渡过难关。同时，旅游者的出行行为也是受政府各项政策影响的，因此政府更应该审时度势，制定精准、合理的政策，促进我国节假日旅游市场的健康发展。

三 疫情防控常态化条件下节假日旅游市场展望与发展策略

（一）常态化疫情防控下2021年节假日旅游市场的发展趋势

1. 对2021年节假日旅游市场的恢复和安全形势保持乐观预期

2020年11月25日，国务院办公厅公布了2021年部分节假日的安排，延续了五一劳动节五天假期的安排。此消息的公布，极大地刺激了人们的旅游出行欲望，携程、去哪儿网等各大旅游平台的数据显示节假日搜索预订量成倍增长。国内疫情的稳定和疫苗的研发使用使疫情防控常态化，人们会越来越习惯将抗疫防疫融入日常生活和工作中，疫情对节假日旅游出行与否的影响会越来越小，更多的是影响出行的方式和旅游活动的内容。结合疫情防控形势和2020年国庆节旅游市场表现，可以预期2021年节假日旅游市场恢

复乐观。

2. 预约旅游将成为2021年节假日旅游消费的新方式之一

疫情迫使景区采取减少人员聚集、保证游客安全的门票预约管理制度。手机点一点，门票提前订，分时预约旅游，景区门口扫码验票，互联网预约旅游给游客带来了很大的便利。预约旅游降低了传统的景区门票销售方式给旅游过程带来的不确定性，减少了景区排队时间，保障了游客安全，提升了游客体验质量。预约旅游也给景区带来更多的机会。实名预约可以依托互联网预约平台产生客户标签化数据，更精准把握顾客信息和需求，有针对性地开发包括特色餐饮、文创产品在内的多元化旅游消费服务。供需两端发力，预约出游有望成为2021年节假日旅游新风尚，错峰出游人气足，节假日旅游市场均衡性会更强。

3. 本地旅游将成为2021年节假日旅游的主角

疫情防控常态化，2021年防疫意识和措施必不可少，但生活要继续，国家要发展，人们的各种需求要满足。疫情防控常态化条件下人们自然会选择更加安全健康的方式满足自己的需求，政府也会对人们的生活生产方式进行正确的引导和要求。2020年表现出来的都市休闲旅游、近郊度假旅游、乡村旅游等多元主题的本地旅游消费习惯会延续到2021年。尤其是2021年上半年的春节、清明节，大概率由传统的大流动模式改变成"城市化、本土化、近郊化"的本地旅游主导市场、本地居民唱主角模式。

4. 云旅游点亮2021年节假日旅游

数字化技术的发展为受到疫情压制的旅游需求的在线释放提供了良好的支持，云旅游形式多样、内容丰富、互动性强，是目的地在线"种草"的重要形式。云旅游通过多种平台，借助图片、短视频、直播等多种方式，将美食美景美宿的美好生活体验送入云端，为消费者提供丰富的精神食粮，更为消费者提供丰富的旅游场景选择。尤其是各类旅游直播，娱乐性和互动性强，还能精准地发放各种旅游优惠包，捧红大批网红打卡地和旅游达人，非常有利于疫情防控常态化条件下的节假日旅游市场恢复。

（二）常态化疫情防控下节假日旅游市场的发展策略

1. 有序推动节假日旅游市场的恢复发展

为最快实现旅游业的复苏，政府部门应审时度势，紧紧抓住节假日旅游复苏的关键节点，出台针对节假日旅游的消费激励措施。首先，激励省内旅游、国内旅游，并在恰当的时候扩大到地区和国际旅行；其次，政府、旅游局和目的地营销组织应为国内旅行提供更多形式的营销手段和促销激励措施，以达到刺激旅游市场尽快恢复的目的；再次，政府部门应注重夜间休闲市场的培育，刺激夜间旅游消费，活化商圈；复次，政府可以出台节假日旅游的相关优惠政策，例如通过减免景区门票吸引消费者来达到拉动相关旅游收入的目的，旅游目的地也可以通过有针对性地发放优惠券的形式来吸引游客，刺激旅游者的消费欲望；最后，政府部门需要重视大众旅游信心的重建，通过官方及时公布疫情有关数据和政策来安抚大众对于出行的恐惧，并严格要求景区提前做好相关风险和应急准备，提高旅游者出行的安全保险系数。

2. 严格做好节假日旅游场所的疫情防控

节假日旅游的高人口聚集和高流动性是病毒快速传播的温床，做好节假日旅游场所的疫情防控是维护游客人身安全和旅游经济复苏的重要保障。各级部门和相关企业都要严格抓实抓细节假日期间的疫情防控工作，及时更新发布人员密集区域以及旅行社酒店等企业疫情防控指南，保证疫情防控策略和措施科学及时动态调整。景区景点要完善分时预约制度，科学做好流量管理，避免人员过度集聚。重点检查相关场所出入口管理、体温监测、口罩佩戴、绿码核验、应急隔离区设置、环境和设施清洗消毒、从业人员健康管理。防疫教育也不可放松，科学引导消费者养成勤洗手、保持社交距离等卫生习惯。

3. 强化节假日旅游的安全管理工作

要推动节假日旅游逐步恢复除了有效防疫抗疫作为保障之外，还须强化节假日旅游的安全管理工作。加大联合执法力度，加强市场综合监管；抓好

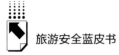
节假日旅游重点领域、重点环节和重点区域的安全监管，加强预警防范和应急预案管理；加强对营业人员和旅游者两方面的安全意识教育和安全技能培训。除了落实这些安全管理工作之外，2021年节假日旅游安全管理要重点注意两点。一是重点防范大型公众活动和文博演艺场馆的拥堵踩踏事件。2021年节假日旅游是本地旅游恢复开始带动的，其间各地必然提供各种主题分明内容丰富的节日活动来带动节日气氛和吸引人们出游，和长途旅游的计划性相比，本地旅游即时性更强，计划性较弱，流量监管更加困难。而且本地旅游更多的是大家庭全家出动，老人小孩多，一旦出现大量人流集中，分散难度大。所以一定要大力推进智慧监管，对大型公众活动和封闭性场馆活动要有科学的动线设计和应急预案，严格防范拥堵踩踏事件的发生。二是加强游乐场所和游乐设施的安全检查。节假日本地旅游中家庭游亲子游唱主角，各类游乐场所和游乐项目最受欢迎。所以，各种游乐设施的安全运行和监管是重中之重，尤其是各种涉水的、高空的和高速的高风险游乐设施设备的安全监管不容忽视。

B.15
2020～2021年疫情冲击下我国自助旅游的发展与应对策略

曾武英　刘泽华 *

摘　要：　2020年，新冠肺炎疫情突袭，旅游经济一度停摆。经过党的正确领导及广大人民群众的积极抗疫，疫情防控工作从应急阶段转为常态化，自助旅游成为热潮。疫情防控常态化下，自助旅游呈现近程化、亲自然化、家庭化三个特征。通过对自助旅游热潮进行分析，发现相关自驾游、自由行的政策与企业的支持，自助旅游满足疫情阶段的安全需求及云旅游的异军突起，使得自助旅游者获取目的地信息的方式更加便捷与多样。未来自驾旅游形式、周边自助与近郊游产品、自然生态与康体养生产品可能是自助旅游市场的一大趋势；疫情防控常态化下应加强智慧旅游建设、强化旅游者自我安全防护能力、严管严控"野景点"、制定安全救援应急预案，促进自助旅游安全健康发展。

关键词：　疫情防控常态化　自助旅游　智慧旅游

2020年年初，新冠肺炎疫情突袭而至，旅游业面临前所未有的考验与挑战。疫情防控常态化下，旅游业按下重启键，预测中的爆发式增长没有到来，

---

* 曾武英，华侨大学旅游学院副教授，主要研究方向为旅游企业服务与管理；刘泽华，华侨大学旅游学院研究生。

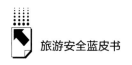

但旅游业也逐渐进入缓慢复苏阶段。疫情使得人们对于传统的聚集式的跟团游需求减少，而更倾向于选择聚集性低的自助旅游。疫情防控常态化下，自助旅游已成为一大趋势，自助旅游市场如何持续健康发展已成为大众关注的焦点。因此，本文通过对2020年疫情防控常态化下自助旅游市场的总体形势的分析，总结自助旅游市场的特征及自助旅游热潮的成因，并对疫情防控常态化下自助旅游未来的发展趋势进行展望，提出自助旅游安全管理策略。

一 2020年中国自助旅游发展的总体形势

2021年2月22日中国旅游研究院发布的《中国旅游经济蓝皮书（No.13）》显示，2020年国内旅游人次为28.79亿人次，同比减少52.07%；国内旅游收入2.22万亿元，同比减少61.07%。[①] 疫情突袭而至，一方面导致旅游经济整体下滑，另一方面也改变了人们的生活方式与价值取向，人们越来越关注"安全"与"健康"，聚集性低、安全性高的自助旅游快速复兴。《中国旅游经济蓝皮书（No.13）》发布会上提及：清明假期自驾旅游者比例超过七成。《国内旅游复兴大数据报告》显示，携程平台上11月的订单中越野自驾位列十大热门主题前三，自驾游成为家庭出游首选；[②] 另外，携程租车平台上的数据显示，2020年国庆假期期间无论是租车人数还是消费额都创下历史新高。[③] 当日用车超过七万车日，七日车日量同比增长50%，这也从侧面说明了2020年以自驾游为代表的自助旅游发展迅速。总的来说，以生态为偏好、健身为目的、自驾为手段的自助旅游成为2020年旅游发展的总体形势。

---

① 《〈中国旅游经济蓝皮书（No.13）〉发布活动在线召开》，中国旅游研究院（文化和旅游部数据中心），http://www.ctaweb.org.cn/html/2021-2/2021-2-23-18-46-55364.html，2021年2月23日。

② 《数据发布‖中国旅游研究院、携程联合发布〈国内旅游复兴大数据报告〉》，中国旅游大数据，https://mp.weixin.qq.com/s/onsGkWk063-NndrA-XlXxQ，2020年11月19日。

③ 《携程报告：中秋国庆旅游人次突破6亿 租车自驾游增长50%创纪录》，证券日报，https://www.163.com/dy/article/FOEJIQOO0550CoON.html，2020年10月8日。

二 2020年中国自助旅游的发展特征

（一）自助旅游近程化

面对疫情的焦虑与不安情绪、工作与生活的巨大压力，人们亟须找一个突破口释放。然而由于疫情的影响，跨省跨境出行都受到了不同程度的限制，且远距离的行程比以往带给游客更多的不安全感。城市周边游、近郊游、环城游憩带游等由于出行便捷、疫情防控常态化下安全性高，成为更多人的出游选择。2020年，中国旅游研究院与携程旅游大数据联合实验室联合发布的《15项发现和待启动的旅行：国人疫情后旅游意愿调查报告》中显示，24%的被调查者选择了城市周边游，43%的被调查者选择了国内中短程游。① 自助旅游近程化成为一大趋势。

另外，疫情更加引发人们对于健康与安全的关注，紧张的工作之余，人们越来越愿意迈出脚步，调养身心。而在中国的休假制度中，春节假期、国庆黄金周及一些传统节日三天假期等是相对比较长的假期，但一年中这些假期也就各有一次，而双休假期虽然比较短暂但比较频繁，时间的限制下可以选择到距离近的地区游览，因此越来越多人选择双休自驾或乘坐公共交通工具到城市周边游览，自助旅游呈现近程化特征。

（二）自助旅游亲自然化

疫情突袭而至，生命的脆弱与坚韧展现在所有人面前，引发人们对于身体健康与人身安全的关注，生活质量、健康生活成为主流追求，自助旅游也更倾向于自然生态目的地。中国旅游研究院规划与休闲研究所发布的《中国休闲发展年度报告（2020）》显示，有37.67%的被调查者关注绿色休闲、

① 《〈国人疫情后旅游意愿调查报告〉出炉 云南排全国第一》，腾讯网，https：//new.qq.com/omn/20200320AOUNF600.html，2020年3月21日。

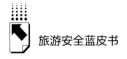

27.21%的被调查者关注健身休闲，休闲、度假、康养、自然、生态越来越受青睐。①

（三）自助旅游家庭化

疫情初期，居家防疫让人们不得已停下忙碌的脚步，开始享受与家人在一起的时光。生命在疫情面前的脆弱，也让许多人更加珍惜身边人，更加意识到家庭陪伴的重要性。疫情防控常态化下，家庭式的自助旅游景气度走高。携程发布的《2020年中国亲子游消费趋势报告》显示，2020年中国家庭亲子出游频次为2.4次，相较于2019年下降0.3次，但相较于其他主题旅行，亲子游品质已明显提升，而亲子游中自驾为主要出行方式(40%)，② 这说明自助旅游中以家庭形式出行的亲子游占到了一定的比例。

三 2020年中国自助旅游热潮的成因分析

（一）政策支持，企业助力

疫情阴霾下，旅游业举步维艰，旅游消费大幅缩减。为促进旅游消费，各地政府纷纷出台相关旅游政策，发放旅游消费券刺激市场。2020年4月28日，云南省人民政府办公厅印发《云南省支持文旅产业应对新冠肺炎疫情加快转型发展若干措施》的通知，通知的第十八条指出，云南省将对自驾游客予以油票补贴，补贴对象具体是通过"一部手机游云南"平台实名租（包）车的自驾游客，补贴金额为每车每天100元，补贴形式为电子加

---

① 《【CTA学术沙龙】2020年第16期｜吴丰林：〈中国休闲发展年度报告（2020）〉发布与研讨》，中国旅游研究院，https：//mp. weixin. qq. com/s/0tu7noUNFQnU1s2SNpIQEQ，2021年1月4日。

② 《年均旅行降至2.4次的亲子游，在2020年有了这些变化》，新京报，https：//www. sohu. com/a/444078082_ 114988，2021年1月12日。

油券。① 此规定于 7 月 10 日零时起开始实施。

无独有偶，新疆喀什地区也向来喀自驾游客赠送 1 万张总价值 100 万元的加油票；② 而乌鲁木齐市则在文化旅游消费奖励政策中提出，对组织自驾车队到乌鲁木齐市旅游的旅行社、自驾联盟、行业社团等给予一定的奖励。③

另外，自驾租车方面，许多企业也纷纷给出极大优惠，助力自驾游出行。携程联合租车公司上线"周三会员日"，1 元起租，最高 50 元立减，赢得无数自驾游客的欢呼。并且，在众多可租车的旅游平台可一站式比价，游客可在自己的预算内挑选最适合自己的车辆；在携程发布的"旅游＋金融"复兴支持计划与补贴政策中，自驾游客可先玩后付，无门槛三期免息；④ 携程"十一"黄金周大促活动中，自由行产品最高立减 600 元，租车最高立减 500 元。⑤ 这一系列关于自驾与自由行的优惠活动，无疑对疫情防控常态化下的自助旅游热潮具有极大的促进作用。

（二）消费理论转变，"低密度"成新追求

疫情初期，日本"钻石公主号"邮轮⑥、美国"至尊公主号"邮轮⑦相继

---

① 《云南省支持文旅产业应对新冠肺炎疫情加快转型发展若干措施》，云南省人民政府，http://www.yn.gov.cn/zwgk/zfxxgkpt/fdzdgknr/zcwj/zfxxgkptzxwj/202005/t20200509_203614.html，2020 年 4 月 28 日。

② 《快来喀什旅游 A 级旅游景区门票全免！还有每人一百元奖励？》，喀什市人民政府，http://www.xjks.gov.cn/2020/09/08/ygtj/5257.html，2020 年 9 月 8 日。

③ 《乌鲁木齐市文化旅游消费奖励政策》，乌鲁木齐市人民政府，http://www.urumqi.gov.cn/fjbm/llj/tzgg/458054.htm，2020 年 11 月 26 日。

④ 《租车自驾游价格低至 1 元，携程租车发布"周三会员日"优惠活动》，新浪看点，https://k.sina.com.cn/article_1655444627_62ac149302001b0m7.html，2020 年 6 月 10 日。

⑤ 《十一携程启动最大旅游促销每人发券 1800 元》，现代快报，http://www.xdkb.net/p1/120723.html，2020 年 9 月 24 日。

⑥ 《直击日本"钻石公主号"邮轮：已确诊 135 例，游客每天分批上甲板放风 90 分钟》，新浪财经，https://baijiahao.baidu.com/s?id=1658168431549739732&wfr=spider&for=pc，2020 年 2 月 10 日。

⑦ 《美国"至尊公主号"21 人新冠病毒检测呈阳性，此前乘客直播画面曝光》，北晚新视觉网，https://baijiahao.baidu.com/s?id=1660459718389232052&wfr=spider&for=pc，2020 年 3 月 7 日。

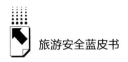
爆出多名游客感染新冠肺炎，团队旅游，尤其是高密度型的邮轮旅游，即使到了疫情防控常态化阶段，也让许多人望而却步。疫情的传播使得人们对聚集人群存在顾虑，而更青睐低密度、安全性高的旅游方式，如"高端定制化"旅游产品、"私享型"旅游产品、自助旅游等。然而，"高端定制化"及"私享型"旅游产品费用较高，相对于"高端定制化""私享型"旅游产品，自助旅游（如自驾旅游、自由行等）私密性高、自由性高且旅行成本可控，具有高消费能力的游客及具有低消费能力的游客均可找到在自己预算内的自助旅游形式。因此，疫情防控常态化下，自助旅游无论是对于高消费人群还是对于低消费人群，都是出游选择的理想方式。

（三）云旅游异军突起，信息获取更加便利

2020 年新冠肺炎疫情来势汹汹，各行各业动荡不安，传统生产方式的局限性暴露。为此，在如今发展迅速的互联网背景下，许多行业进行数字化转型，开启"云模式"。从政府的"云政务""云会议"到企业的"云办公"；从教育界的"云课堂"到医疗界的"云医疗"；从央视联合知名主播发起的"云公益"到马蜂窝、快手、抖音、淘宝等上线的"云旅游"……

数字化转型中的"云模式"是中国各行各业面对疫情期间经济停摆、生活停滞的应对之策与创新之举。结果表明，"云模式"对于各行各业经济复苏有着巨大的影响，旅游业亦如是。旅游业涌现的"云旅游"主要以图文、全景、短视频、直播等形式呈现。2020 年"云旅游"掀起一波热潮，旅游业复苏指日可待。端午佳节，黄山旅游发展股份有限公司和景域驴妈妈集团联合主办黄山旅游端午大直播活动——"赏黄山十二时辰，品徽州十二风味"，直播活动累计观看人次突破 420 万，许多旅游产品在直播中售罄；[①] 5 月 10 日，福建省永泰县县长及其他县领导以旅游直播形式推介永泰

---

① 《黄山旅游端午大直播完美收官，这些重点你 GET 到了没？》，马蜂窝，http://www.mafengwo.cn/gonglve/ziyouxing/344772.html，2020 年 6 月 28 日。

县旅游风光与旅游产品，受到了一致好评①……"云旅游"促进了旅游产品销售的实质其实是"云旅游"的形式，让人们对于旅游目的地的认识更加直观化，旅游直播中主播与观众之间的互动让人们了解旅游目的地信息更加便捷，"云旅游"为潜在旅游者搜寻旅游目的地信息、设计自助旅游线路提供了多一种途径，为其自助旅游前期的行程安排节省了时间与精力，更易促成自助旅游的实现。

四 2021年中国自助旅游发展趋势展望与安全管理策略

（一）疫情防控常态化下自助旅游发展趋势展望

1. 自驾旅游将逐渐成为疫情防控常态化下旅游复苏的主力

随着社会经济的不断发展，越来越多的人有足够的支付能力购买私家车，私家车的保有量逐年增加。截至 2019 年，我国的私家车保有量已增至两亿辆，为自驾旅游提供了客观物质保障。疫情防控常态化下，"健康"与"安全"的旅行方式成为人们持续的追求，自驾旅游降低了聚集感染的风险，不失为疫情防控常态化下相对较安全的旅游形式，或将逐渐成为旅游业复苏的主力。

另外，国庆假期期间，携程租车平台上的车日量同比增长达 50%，单日用车突破了 7 万车日，租车人数和消费额都创下历史新高，远超 2019 年国庆假期的水平。② 而马蜂窝发布的国庆黄金周趋势数据——"国庆自驾游"搜索热度周环比上涨 153%，③ 也表明疫情防控常态化下人们的旅游意

① 《做好文旅深度融合，推动永泰全域旅游再出发》，搜狐新闻，https：//www.sohu.com/a/427892933_120098553，2020 年 10 月 28 日。

② 《2020 年国内旅游复兴大数据报告》，中国旅游研究院、携程旅游大数据联合实验室，https：//www.meadin.com/221638.html，2020 年 11 月 21 日。

③ 《马蜂窝：国庆自驾游搜索热度周环比上涨 153%》，中证网，http：//www.cs.com.cn/sylm/jsbd/202009/t20200911_6093971.html，2020 年 9 月 11 日。

愿逐渐趋向于私密性、安全性、自由性高的自驾旅游。自驾旅游关注度空前高涨，自驾旅游市场不断扩大，这也在一定程度上预示着未来自驾旅游市场的增长趋势。

2.“周边自助”“近郊游”成为主要方向

2020年12月19日，国家卫生健康委员会专家曾光在《人民政协报》举办的座谈会上做出研判：疫情第二阶段或持续1～2年甚至更长。① 疫情防控常态化将继续，防控仍然不可忽视，周边游、近郊游是较安全的选择。

2021年春节假期临近，在“就地过年”的倡议下，许多人取消异地旅游计划，各大旅游平台上关于“本地游”“周边游”的搜索量持续增长。去哪儿网平台数据显示，有关春节期间本地景区的搜索量日益增长，短周期、近距离的“周边自助”“近郊游”逐渐成为主要方向；② 驴妈妈平台数据显示，2021年春节本地游、周边游产品日搜索量环比增长最高达137%；③ 马蜂窝旅游发布的春节旅游趋势报告显示，2021年春节假期，“周边游”“自驾游”的搜索热度持续增长。④ 周边自助游将成为旅游新常态。

3. 自然生态、康体养生将更受自助旅游游客青睐

疫情引发人们对于生活方式及消费理念的反思。以往人们可能忙于工作忙于生活，疫情使得人们停下匆忙的脚步，重新评估生活质量；人们在脆弱的生命面前，重新思考健康与生活，疫情也引发人们对于自然生态、康体养生的追求与向往。

---

① 《北京境外输入+2；广州无症状感染+1；疾控专家曾光：疫情第二阶段或持续1～2年甚至更长》，潇湘晨报，https：//baijiahao. baidu. com/s？id＝1686591866075124981&wfr＝spider&for＝pc，2020年12月20日。

② 《就地过年催生新需求 旅游业该如何应对？》，央广网，https：//www. 163. com/dy/article/G/BHG21R0514R9NP. html，2021年1月27日。

③ 《驴妈妈发布2021“就地过年”出游趋势 当地游周边游受追捧》，青岛新闻，http：//www. qdvya. com/snly/193249. html，2021年1月29日。

④ 《马蜂窝发布春节旅游趋势 本地深度游让“就地”也能过好年》，旅游商业观察，https：//www. sohu. com/a/44574747b_ 130541，2021年1月20日。

（二）疫情防控常态化下自助旅游安全管理策略

1. 加强智慧旅游建设，便捷信息获取

疫情防控常态化下，对于自助旅游者来说，旅游信息的及时性与真实性至关重要。有效利用信息通信技术，继续实时更新各地区疫情情况，做到公开、透明；整合各景区相关经营信息，实时监控并公开各景区人流量及线上预约情况；整合各地旅游资源，进行图文及视频形式的推介；联合交通部门，推送旅游交通路线的拥挤程度等相关信息；联合酒店、民宿等，推送客房预订情况；云旅游持续推进，为游客获取旅游目的地信息提供另一种途径，同时也是对旅游目的地的宣传。总的来说，加强智慧旅游建设，保障旅游信息透明化、易获取，为自助旅游者选择旅游目的地、设计旅游线路提供信息指导，为自助旅游者安全出游提供信息支持。

2. 强化旅游者自我安全管理意识，增强防护能力

一方面，自助旅游与组团旅游相比，没有专门的旅行社为自助旅游者配备导游、设计旅行路线，自助旅游者在出行前除了查询旅游目的地的旅游攻略、景点等信息外，还应详细查询旅游目的地的天气变化、地形地貌等，备好相关的装备及食物、衣物等，强化自我安全管理意识。另一方面，疫情防控常态化意味着持久战，出行在外，自我防护仍然不能掉以轻心。相关部门应积极在线上线下以视频、图片等形式宣传疫情防控常态化下公众个人出行防护指南，自助旅游者应积极主动学习相关防护方法，提高自我防护能力，出行时严格做好防护措施，例如口罩随身带、自驾车常消毒、自驾车配备手部消毒剂等。

3. 加强"野景点"监管，严管严控安全关

许多自助旅游者喜欢到还没开发的野景点探险或不走寻常路，与专业的探险者相比自身又缺乏专业的野外生存训练，故常常因为天气变化、地形不熟悉等发生迷路、失联、伤亡等旅游安全事故。如2020年4月18日，一名"驴友"在北京市怀柔区官地村附近的野长城爬山时，被落石

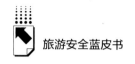

击中头部不幸身亡。[①] 2020 年 12 月 14 日，3 名游客在五台山徒步时，不走常规路线，因天寒风大雪深迷失了方向，造成 2 死 1 伤。[②] 此类安全事故层出不穷，相关部门应加强对"野景点"的管理，例如发布通告、在入口增设标语和警示牌，提示其存在的安全风险，提醒旅游者勿擅自进入；另外，派遣一定的人员在"野景点"出入口巡逻；而旅游者自身也应自觉遵守规定，远离"野景点"，对自己的人身安全负责；若旅游者不顾劝阻一意孤行，可考虑规定由旅游者承担相应的救援成本。

另外，一些"野景点"已经形成灰色产业链，例如禁止攀登的黄花城长城附近，当地村民违规收取长城门票，任由游客游览乱涂鸦。[③] 一方面，此种产业链盛行造成了对"野长城"等"野景点"的破坏；另一方面，未经开发的"野景点"对旅游者来说也存在安全隐患。相关部门应严管严控，采取相关举措，砍断灰色产业链，查处相关组织团体，规范旅游市场，保障旅游者安全。

4. 制定安全救援应急预案，建立民间救援体系

根据以往安全事故案例，总结自助旅游者可能遇到的安全事故类型，制定相应的安全救援应急预案，公安、消防部门等定期进行安全救援的培训与演练，确保在收到旅游者求助电话后，以最快的速度和最专业的方法解救被困或遇险旅游者；另外，各地积极建立民间救援体系，民间救援队更熟悉当地的地形地貌，可协助公安、消防部门，以更低的社会成本及更短的时间及时解救旅游者。2020 年 10 月 6 日，两名外国游客被困雁荡山山巅，当地民警联合民间救援队，仅用两个多小时就成功解救被困旅游者。[④] 民间救援队的加入，无疑节省了救援时间，也让救援行动更加顺利。

———————

① 《爬野长城出事！一驴友被落石击中身亡，伤人山石最宽处有四五十公分》，北晚新视觉网，https：//baijiahao. baidu. com/s？ id = 1664499464310015675&wfr = spider&for = pc，2020 年 4 月 18 日。

② 《游客徒步登五台山被困致 2 死 1 伤，工作人员：走的不是常规路线》，潇湘晨报，https：// baijiahao. baidu. com/s？ id = 1686062707606053063&wfr = spider&for = pc，2020 年 12 月 14 日。

③ 《保护"野长城"，需斩断野蛮旅游产业链》，腾讯网，https：//new. qq. com/omn/ 20200819/20200819A0UDC100. html，2020 年 8 月 19 日。

④ 《紧急救援！事发雁荡山，2 名外国游客被困……》，搜狐，https：//www. sohu. com/a/ 423240343_ 771505，2020 年 10 月 8 日。

B.16

2020～2021年疫情冲击下旅游保险的
发展状况及未来发展研判

李勇泉　张　帆　兰丹妮*

摘　要：　2020年新冠肺炎疫情对我国旅游业造成了巨大冲击，旅游保险企业面临艰巨挑战。然而，疫情的突发使游客和旅游企业对风险有了更深的认识，投保意识有所增强。虽然在这一时期旅游业发展放缓，但疫情之后，中国旅游保险市场将逐步恢复向好态势，迎来长足发展。本文通过总结2020年政府、企业和旅游者三类旅游保险主体的发展情况以及特征，剖析了2020年我国旅游保险发展的主要影响因素，在此基础上预测了2021年我国旅游保险发展的"三个趋向"和"三个不变"。新冠肺炎疫情突发加快了数字化转型，金融科技赋能改变了传统经营与产品配给，线上保险业务发展阻止了行业发展震荡。然而目前新冠肺炎疫情反复，旅游保险如何缓解游客出游安全焦虑且帮助旅游行业复产复工成为亟待解决的问题。综上，本文基于大数据分析提出以下三点发展建议：（1）发挥政府引导作用，多方创新支持行业复苏；（2）强化旅游企业责任意识，普及旅游保险市场教育；（3）完善相关法规等措施手段，保障游客出游信心与合法权益。

---

*　李勇泉，华侨大学旅游学院教授，博士生导师，研究方向为区域旅游发展、旅游产业管理等；张帆，华侨大学旅游管理专业硕士研究生，研究方向为文化创意旅游；兰丹妮，华侨大学旅游管理专业硕士研究生，研究方向为旅游文化创意。

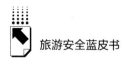

关键词：　旅游保险　金融科技赋能　旅游权益

一　2020年我国旅游保险的总体发展形势

2020年，新冠肺炎疫情突袭而至，境内外旅游业务停歇，保费收入与出险率锐减，旅游保险经营短期下滑。受到疫情影响，保险公司迅速调整业务结构，提高产品服务的保障属性，加快产业转型升级。整体上，新冠肺炎疫情对旅游保险负面冲击力度有限，保险行业稳步恢复并延续良好发展态势。第一，旅游保险供给侧持续优化，对抗突发风险的应急能力显著增强。针对新冠肺炎疫情致使旅程被迫取消和中断的情况，保险公司将新冠肺炎疫情纳入旅游意外险的责任范围，并且结合医疗服务，开放绿色理赔通道，有效消除了大众出游恐慌。第二，旅游保险数字化转型加快，保险业务线上化、业务流程电子化、风险控制智能化，改变了传统保险的作业模式。第三，疫情期间，我国游客保险意识明显增强，出游风险保障需求短期剧增。然而，我国旅游保险业发展仍存在软肋。一是我国旅游保险突发安全事件理赔应急机制有待完善，存在理赔困难、投诉无门等现象。旅游保险种类大多是人身险和意外险，企财险、营业中断险留有保障缺口。二是旅游保险市场宣导工作有待加强，应延续疫情激发出的短期保险意识，转化为长期保险需求。三是线下传统保险运作有待转型，"互联网+保险"已是大势所趋，如何利用科技赋能行业发展成为亟待解决的问题。

二　2020年我国旅游保险的发展概况与特点

（一）保险类型的发展概况与特点

1. 停团退费引发旅行社责任保险投保乱象

2020年1月24日至3月中旬，受到新冠肺炎疫情不可抗力的影响，文化和旅游部要求旅行社暂停所有经营活动。[①] 旅行社尚未恢复正常经营状态，续保旅行社责任险的积极性不高，甚至出现终止投保的行业乱象。新冠肺炎疫情突发之下，有关部门考虑到旅行社经营状况，出台相关优惠政策减免责任险保费，如上海市免费顺延旅行社责任险保期2个月，不再另行收费。[②] 当前旅行社恢复正常经营需要较长一段时间，未来旅行社投保旅行社责任险可以根据经营状况选择投保额度，并灵活改变投保方式，合理配置保险，如针对性特定投保、调整投保期限等，实施精准投保策略。

2. 责任模糊导致旅游意外险合同纠纷不断

相较于2019年，受到疫情突发限制区域流动的影响，企业的商务出差和国民的出游需求大幅减少，旅游意外险保费收入下滑。与法定强制性旅行社责任险不同，旅游意外险是游客购买的用以避免旅途意外风险的保险。然而，我国旅游意外险通常不包括流行性传染病，[③] 由疫情造成的滞留费用、延误费用等额外支出理赔成为亟待解决的难题，尚未出游的责任划分模糊，旅游保险合同纠纷不断。数据显示，旅行变更与行程取消超过延误类，成为旅游者的最大风险。旅游保险发挥了风险保障作用，将疫情导致的行程取消造成的损失由旅游意外险的附加险"旅行取消损失保险"等赔付。

（二）相关主体的发展情况及特点

1. 政府出台各类保险举措，积极救市

2020年，针对新冠肺炎疫情对旅游业的冲击，文化和旅游部出台各类相关扶持政策推动行业复产复工。例如，开展旅游服务质量保证金暂退工作，

---

① 《疫情之下，旅行社该怎样投保责任险?》，环球旅讯，https://www.traveldaily.cn/article/139668，2020年8月6日。

② 《旅行社责任期限免费顺延2个月，上海为旅游企业纾困再推新招》，腾讯网，https://new.qq.com/omn/20200208/20200208A0L0OU00.html，2020年2月8日。

③ 《鼠疫又有人确诊! 话说传染病保险赔吗?》，沃保网，https://news.vobao.com/article/964806580，2019年12月8日。

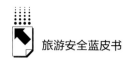
暂退 2.9 万家旅行社保证金 70.14 亿元,并协调减免旅行社的责任保险。① 各级政府通过各项保障措施积极救市。云南省为旅行社出险开通绿色通道,提高赔付时效,同时通过研发疫情隔离保险产品、免费赠送旅游从业人员健康险等帮助企业复工。② 突发的公共安全事件容易引发游客的出游恐慌,为恢复游客的出行信心,相关政府部分联合保险公司推出旅游综合保险。在原有险种的基础上,增加新冠肺炎等流行性传染病保险产品,切实保障游客生命健康安全。海南省率先推出"海南游、疫安心"旅游综合保险产品,凡入岛游客均可免费获得,有效缓解旅游信任危机。③

2. 保险企业联手旅游企业,支持行业复工复产

2020 年新冠肺炎疫情初期,各旅游保险公司成立疫情应急小组,开通绿色索赔通道,协助游客退费。从 2020 年 1 月 24 日旅行社业务暂停至 7 月 16 日开放跨省团队游,接近半年的业务停歇和超额退团费,中国人保财险、中国太平洋财险等六家示范项目共保体保险为参与旅行社责任保险统保示范项目的旅行社减免保费,据估算共节省 3000 万~5000 万元保费。此外,联合旅游企业有针对性地创新旅游保险产品,携程旅行与华泰财产保险公司联合推出覆盖新冠肺炎疫情旅行阻碍责任的旅游意外险,更好实现"安心游"。疫情期间,游客出行最大的安全诉求是尽量减少人群接触和使用公共交通,旅游保险公司新增自驾车、网约车、酒店住宿意外保险,适合多种出游方式。同时,各保险公司按照疫情防控要求灵活调整经营模式,将购买、理赔等服务线上化,最大限度保证业务正常化。

3. 游客保险意识显著增强,线上投保仍须谨慎

2020 年,受到新冠肺炎疫情影响,游客对旅行安全的关注度明显提升,

---

① 《文化和旅游部介绍做好"六稳"工作、落实"六保"任务推动文化和旅游高质量发展情况》,中华人民共和国政府网,http://www.gov.cn/xinwen/2020-12/28/content_5574323.htm,2020年12月28日。

② 《云南推出旅游组合保险,多重保障助力旅游企业复工复产》,澎湃网,https://www.thepaper.cn/newsDetail_forward_6293700,2020年3月3日。

③ 《游客旅琼可获旅游综合保险,承保新冠肺炎等传染病》,中国新闻网,https://www.chinanews.com/sh/2020-02-29/9109102.shtml,2020年2月29日。

意识到风险保障的价值，游客主动购买保险行为显著增加。在预订旅游产品之前，游客会根据疫情风险等级选择旅游目的地，并匹配相应保险产品。疫情期间，民航旅客购买相关保险（健康险、航意险、取消险等）的比例显著高于往年同期，也高于2020年下半年的平均水平。[①] 近几年，随着互联网等技术在保险行业的深入运用，游客保险消费行为悄然改变，开始通过线上平台订购保险产品。据统计，20～40岁中青年为投保主力，大部分习惯通过线上旅游线路产品打包组合预订保险产品。然而，线上旅游保险业存在一些潜在风险隐患，如虚假宣传、网络欺诈、退费周期长等问题。互联网逐步打破游客与保险业的信息壁垒，但是游客缺乏专业的保险保障培训，面对理赔问题时不懂如何用权和维权。

三 2021年我国旅游保险发展的主要影响因素及趋势预测

（一）影响2021年旅游保险发展的主要因素

1. 疫情防控政策影响，出入境旅游市场复苏缓慢

2020年上半年，突如其来的新冠肺炎疫情令旅游流动几乎停滞，旅游上下游产业链遭受"冰封"，上半年国内旅游人数11.68亿人次，同比下降62%，国内旅游收入0.64万亿元，同比下降77%，[②] 出境游客50万人次，同比跌幅达78%。[③] 下半年，国外疫情持续反弹，入境旅游业务暂缓。国内旅游市场得益于疫情防控得当正逐步回暖。但是，大众对旅游安全仍存疑虑，担心疫情风险危及正常旅游出行。2020年12月28日，文化和旅游部

---

① 《同程旅行发布2020年度国内居民旅行消费报告》，腾讯网，https：//new.qq.com，2020年2月16日。
② 《中国国内旅游发展报告2020》，中国网，http：//travel.china.com.cn/txt/2020－09/14/content_76701643.html，2020年9月14日。
③ 《2021年中国旅游业或现三大变化》，中国新闻网，https：//economy.gmw.cn/2020－12/30/content_34505347.htm，2020年12月30日。

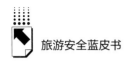
明确表示，继续执行"75%"政策，暂不恢复旅行社及在线旅游企业出入境团队旅游及"机票＋酒店"业务。① 此外，由于新冠肺炎疫情作为突发公共卫生事件先前并未列入旅游意外险和旅行社责任险产品条例，旅游者无法得到风险保障。

2. 游客保险消费认知习惯迭代，旅游保险业科技进化加快

人工智能、大数据、云计算等科学技术已经渗透到旅游的各行各业，随着技术手段的不断升级，科技不仅更改了游客的投保消费习惯，也改变了人们对旅游保险的传统认知。特别地，在新冠肺炎疫情突发后，公众的风险意识普遍提升，进一步加深了对旅游保险的认知和对线上投保渠道的认可，培养了线上获取服务的习惯。疫情期间服务的无接触、交易的远程化，对科技的助力与投保形式、业务模式的进化提出了迫切要求。此外，对旅游保险传统作业模式，如投保人亲笔签名、现场双录、事故现场查勘、产品研发和上线周期等更是提出了严峻挑战。② 为此，疫情将加速旅游保险业的科技化进程，进一步加快保险公司数字化转型速度，推动数据驱动的新型公司治理模式。③

3. 相关法规及合约界定不清，旅游保险追责理赔困难

《中华人民共和国旅游法》第六十七条规定，因不可抗力或旅行社、履行辅助人已尽合理注意义务仍不能避免的事件，影响旅游行程的，按照下列情形处理。合同不能继续履行的，旅行社和旅游者均可以解除合同。合同不能完全履行的，旅行社经向旅游者作出说明，可以在合理范围内变更合同；旅游者不同意变更的，可以解除合同。但在实践过程中，新冠肺炎疫情作为不可抗因素导致旅游合同无法履行，游客们对旅行社费用扣除分配存在争议，旅行社难以提供实际损失的相关证据。没有实际支付凭证或者扣款的凭证，仅凭借旅行社或旅游辅助者的说明无法验证不可退费用的产生，由此引

① 《文化和旅游部表示继续执行"75%"政策》，人民网，http：//zwgk. mct. gov. cn/zfxxgkml/zykf/202012/t20201213_919432. html，2020 年 12 月 29 日。

② 《疫情如何倒逼保险科技化进程》，中国保险家，https：//mp. weixin. qq. com/s/4oKUJ9gKsPljTRCnxTYQ8A，2020 年 2 月 22 日。

③ 《探索保险新商机——中国保险市场疫情之下展现强劲动能》，腾讯网，https：//new. qq. com/omn/20 201010/20201010A0DDLU00. html，2020 年 10 月 10 日。

发的合同纠纷导致旅游者追责理赔困难。文化和旅游部联合最高人民法院等有关部门发布《关于依法妥善处理涉疫情旅游合同纠纷有关问题的通知》（法〔2020〕182号），对处理旅游合同纠纷作出明确规定，文件提到经由旅游经营者和旅游者双方协定同意可变更旅游合同，包括延期履行合同、替换为其他旅游产品等。

（二）2021年旅游保险发展的"三个趋向"与"三个不变"

1. 运营模式趋向全面数字化

一是从业务营销角度来看，传统保险线下业务模式发生改变。旅游保险自助投保模式更加广泛，保险业务员线上服务客户的能力有所提升。二是从客户服务角度来看，旅游保险服务和理赔流程更加优化。远程服务与虚拟交易要求保险企业简化服务流程，运用创新技术（VR/AR技术）重塑保险产品推介流程、优化自助服务、提升场景化功能。

2. 保险产品创新趋向精准化

首先，疫情防控常态化下，旅游保险需要有针对性地进行风险保障的产品创新。2020年9月，携程旅行与保险企业合作发布国内首个扩展保障新冠肺炎疫情旅行阻碍责任的旅游意外险产品，拓展了旅游保险产品的保障范围。[1] 其次，由于突发重大安全事件在一定程度上影响游客出行方式，避免人流集聚是首要安全诉求，自驾游成为新出游趋势，从而带动相关险种需求发展。与此相同，针对性强、保障范围明确的短期旅游险种更受游客青睐。因此，根据大众旅游保险需求变化，企业应深化保险供给侧改革。

3. 用户消费趋向线上化

随着互联网和电商的发展，客户的数字化接受程度越来越高，而疫情的出现加速了这一趋势。无接触、线上化、远程化、云端化行为和服务场景也逐渐普及，然而，旅游者依旧习惯基于信任通过有温度的服务体验以面对面的方式

---

[1] 《因疫情取消行程，保险有得赔！国内首个新冠疫情旅游险面市》，南方都市报，https://www.erhainews.com/n12153389.html，2020年9月30日。

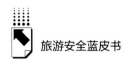

购买保险产品。迫于疫情防控的现实要求，介于安全便利考虑，游客接受了无接触的线上云沟通，新冠肺炎疫情客观上加速了旅游保险顾客消费行为线上化迁徙。由此，优质线上服务成为企业抢占线上保险市场份额的关键环节。

4. 旅游保险业长期向好的趋势不变

受疫情影响，旅游业受外部环境影响较大，短期内旅游市场难以复苏，随着出游信心的恢复，大部分民众依然具有较强烈的旅游意愿。据统计，90%的受访者会关注旅游信息，78%的受访者有意愿近期去景区旅游。[①] 疫情发生后，更多游客和旅游相关企业对风险的认知加深，通过旅游保险转嫁和规避突发疫情风险成为必要选择。虽然这一时期旅游业发展放缓，但疫情之后，中国旅游保险市场将会迎来长足发展，旅游保险业长期向好的趋势不会改变。

5. 企业重视风险管理的方向不变

受疫情影响，旅游行业中几乎所有细分领域均涉及人群的聚集与社交，[②] 对以旅游业为代表的第三产业影响巨大。文化和旅游部出台暂退部分旅游服务质量保证金的举措在一定程度上缓解了企业流动资金短缺的困难，但是由于旅游业易受外部环境影响，在未来疫情防控常态化背景下，企业重视风险管理的方向不会改变。

6. 用户投保热度持续高涨的趋势不变

疫情之前，我国境内外出游热度逐年攀升，但相继出现的旅游安全事故使得游客加深了对旅游保险的价值认识。例如，泰国普吉岛沉船事件突发后，公众在提高风险认知的同时投保热度也有所上升。疫情之后，国内游客境内外出游风险陡增，旅游意外险投保意识显著提升。受疫情影响，境外旅游险处于"停滞"状态，但国内短期旅游险有望恢复至往年同期水平。随着境内旅游市场的复工复产复业，疫情对旅游保险市场的影响是有限的，阶

① 《国人疫情后旅游意愿调查报告出炉，云南排全国第一》，腾讯网，http：//www. jiemian. com/article/4085698. html，2020 年 3 月 9 日。

② 《疫情对于旅游业的影响有哪些?》，苏宁金融研究院，https：//www. jiemian. com/article/4085698. html，2020 年 3 月 9 日。

段性旅游市场停滞带来的投保率下滑是暂时的，危机会提高公众的风险意识，未来境内外游客出游投保旅游意外险热度升温的趋势不会改变。

四 2021年促进我国旅游保险发展的措施建议

（一）发挥政府引导作用，多方创新支持行业复苏

针对疫情防控政策使得出入境旅游市场复苏缓慢的现实问题，助推疫情冲击下旅游行业复苏，政府采取有效措施帮助旅游企业渡过难关，是维护旅游保险发展大环境的基本前提。首先，从政府支持角度，一是出台化解旅游产业风险、助推旅企复工复产的具体政策方案。云南旅游组合保险工作委员会发布助推旅企复工复产抗疫的方案，为感染新冠肺炎遭受损失的游客承担保险赔付，支持旅游企业渡难关、减损失、谋恢复。二是发挥政府引导作用，引领保险公司与政府开展合作。海南省旅游和文化广电体育厅为降低新冠肺炎疫情对海南旅游业的影响，与保险公司合作推出由政府主导、保险公司商业运作的旅游综合保险产品。其次，基于旅游保险发展的"三个趋向"，一是进行旅游保险产品创新，针对性抵御疫情突发风险。保险企业应开发疫情高风险地区旅行取消、旅行阻碍责任等新型针对性保险产品，进一步强化疫情期间游客出行安全。西藏自治区旅发厅就高原组合险事宜与珠峰保险公司进行座谈协商，在原有险种基础上率先增加公共卫生甲乙类传染病（含新冠肺炎）保险产品，进一步完善了高原组合险险种，切实保障了进藏游客生命健康安全。二是针对用户消费线上化的趋势，创新旅游保险运营及合作模式，简便用户投保流程，协力发挥最大效用。如携程旅游与保险公司合作发布了国内首个扩展保障新冠肺炎疫情旅行阻碍责任的旅游意外险产品。综上，旅游保险发展与旅游行业环境相辅相成，完善行业保险配置、创新行业合作形式是恢复旅游企业经营活力的重要举措。

（二）强化旅游企业责任意识，普及旅游保险市场教育

针对突发的新冠肺炎疫情引起的停团退费等引发的旅行社责任险投保乱

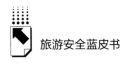
象和旅游意外险合同纠纷频发的状况，旅游企业要提高责任意识，引导游客合理配置保险产品，增加旅游保险产品的科技含量，开发新型合作模式降低出游风险。第一，旅游企业有责任主动普及疫情背景下旅游保险产品的更新信息，推介针对性旅游保险产品和普及现阶段出游风险和保障方式，加大对疫情下旅游安全风险的宣传力度，引导游客合理选择旅游产品。第二，旅游企业应通过创新与保险企业的合作模式，减缓个体经营者在疫情冲击下的经营危机，如途家民宿联合中国平安保险公司向平台内所有民宿房东免费提供20万元的"新冠保险"，尽最大努力为房东保驾护航，共同抵抗疫情。第三，疫情反复之下，较多旅行社正常经营活动受到影响，旅行社责任险的投保续保应根据经营情况合理确定额度。第四，疫情短期强化我国游客的旅游风险认知，但市场信息表明大多游客对旅游保险存在知识盲区，如旅游保险的分类及购买、保险理赔途径及投诉渠道等，需要进行旅游保险市场教育。

（三）完善相关法规等措施手段，保障游客出游信心与合法权益

近年来，境外旅游安全事故频发，提高了国内游客出境旅游的投保意识。然而，新冠肺炎疫情极大地冲击了境外旅游市场，游客对于旅游出行安全的风险意识进一步提升，但在国内疫情防控常态化的现实背景下，为了降低疫情反复带给游客的潜在出游风险，应提升游客国内旅游投保意识。针对旅游保险相关法规及合约界定不清、旅游保险追责理赔困难的实际问题，应从完善相关法规等措施手段入手，提振游客的出游信心，维护游客的合法权益。首先，由于游客投保热度持续高涨的趋势不变，旅游保险企业应了解客户需求，针对性开发规避疫情带来的潜在出游风险的保险产品，规范相应产品的宣传与设置。如2020年国庆出游高峰前夕，"酒店取消险"等旅游保险产品因缺乏必要说明和提示，在理赔过程中引发旅游平台和保险公司互相推诿，侵害消费者合理权益。其次，针对责任模糊导致旅游意外险合同纠纷不断的问题，一是旅游保险须明确旅游主体责任边界，厘清企业担责范围且确定具体赔偿条件。二是旅游企业应扩大宣传教育，普及旅游保险市场教育，提升游客出游信心。旅游企业应向游客主动宣传不同旅游保险的知识，

介绍合适的旅游保险产品，明确不同旅游保险产品的理赔范围，避免事后不必要的理赔纠纷。三是游客须重视旅游出行安全，提高自身投保意识。有效的疫情防控措施使得游客对国内游和周边游恢复信心，国内旅游市场潜力相应增长，但在疫情多点散发的状况下，短途城市游也存在潜在风险，距离近并不意味着风险低，游客应主动提高投保意识，通过旅游保险转嫁风险，最大限度保障自身的生命财产安全。

B.17
疫情防控常态化与旅游安全预警应对策略

罗景峰 安 虹[*]

摘　要： 新冠肺炎疫情防控常态化将是今后一段时期内全球旅游业不得不面临的社会大环境。为此，有必要厘清疫情防控常态化下旅游安全预警工作的新变化和新需求，以利于精准施策，切实保障游客安全出行。疫情防控常态化下，旅游安全预警工作发生了如下四点新变化：疫情及包含疫情在内的叠加预警成为旅游安全预警的主流；景区接待量预警阈值由静态定值调整为动态变值；游客距离预警成为景区内部旅游安全预警新内容；疫情之下文明旅游预警被赋予新内涵。根据上述新变化，提出如下四点应对策略：旅游安全预警仍须融入疫情要素，以提升旅游本质安全水平；旅游安全预警须建立动态调整机制，以保持旅游安全预警的与时俱进性；旅游安全预警须建立快速预警机制，以实现旅游安全高质量预警；游客文明旅游预警与从业者文明旅游预警并重，重塑文明旅游预警。

关键词： 疫情防控常态化　旅游安全预警　预警阈值

---

* 罗景峰，博士，华侨大学旅游学院副教授，主要研究方向为旅游风险分析与安全评价等；安虹，硕士研究生，主要研究方向为旅游安全。

一　引言

《抗击新冠肺炎疫情的中国行动》白皮书显示，我国抗疫经历了五个阶段，并于 2020 年 4 月 29 日起，进入疫情防控常态化阶段。疫情防控常态化已经成为旅游业近期乃至未来一段时期内必须面对的社会大环境，如何应对疫情防控常态化下旅游业可持续发展则是旅游业面临的重大课题和时代挑战。《旅游景区恢复开放疫情防控措施指南》（资源函〔2020〕2 号）与《关于做好旅游景区疫情防控和安全有序开放工作的通知》（文旅发电〔2020〕71 号）的发布，契合我国"安全第一、预防为主、综合治理"的安全生产方针，为疫情防控常态化下我国旅游景区景点安全有序复工复产指明了方向，同时也为旅游景区景点承载量预警和景区内游览安全距离预警提供了量化标准，成为 2020 年乃至 2021 年甚至更长一段时期内旅游安全预警的新指针和保障游客安全健康旅游的第一道防线。疫情不仅让人们重新审视生命的价值、健康安全的重要性和人与自然和谐相处之道，同时也激发了旅游市场的供需变革，康养旅游、近郊旅游、自驾旅游、在线旅游等旅游消费新业态悄然兴起，以国内市场为主体的旅游新格局初步形成。面对我国旅游业在疫情防控常态化下出现的新变化、新情况、新挑战，旅游安全预警工作须做出及时调整和精准应对，以适应疫情防控常态化下旅游业可持续发展的安全保障需求。为此，本文在分析疫情防控常态化下国内旅游安全预警新变化的基础上，精准施策，提出旅游安全预警工作的应对策略，以期为 2021 年乃至更长一段时期内我国旅游安全预警工作有序开展提供参考借鉴。

二　疫情防控常态化下旅游安全预警新变化

"新冠肺炎疫情"成为 2020 年度新词语和热搜词，旅游业在遭受疫情冲击和疫情防控常态化影响下艰难复工复产，其中旅游安全预警在维系旅游市场平稳可持续运行和保障游客健康安全方面功不可没。相较于以往，2020

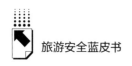
年旅游安全预警工作发生了诸多新变化，主要表现在如下四个方面：疫情及包含疫情在内的叠加预警成为旅游安全预警的主流；景区接待量预警阈值由静态定值调整为动态变值；游客距离预警成为景区内部旅游预警新内容；疫情之下文明旅游预警被赋予新内涵。

（一）疫情及包含疫情在内的叠加预警成为旅游安全预警的主流

文化和旅游部官方网站"出行提示"栏目显示，2020 年度旅游安全预警信息共 118 条，其中 94.9% 为境外预警、33.1% 为疫情预警、37.3% 为包含疫情在内的综合预警。从国家层面可以看出境外疫情相关预警成为年度旅游安全预警的重点，这与全球疫情防控总体形势相吻合。从各省区市文化和旅游厅官方网站发布的旅游安全预警信息可知，疫情及包含疫情在内的综合预警是旅游安全预警的主流和关注点，如天津市"坚决打赢疫情防控攻坚战"专题栏目发布的疫情健康预警、湖北省"疫情防控专栏"发布的疫情预警、广东省浮动"出行提示"栏目发布的基于疫情防控的文明出游预警、甘肃省"出行提示"栏目发布的节假日综合疫情预警等。302 家 5A 级景区官方网站发布的旅游安全预警信息皆为疫情防控及包含疫情在内的旅游安全预警，如青城山都江堰景区客流预警、天坛公园的预约购票预警、满洲里中俄边境旅游区部分景点临时关闭预警、河北野三坡风景区的游览人员聚集程度实时监测预警、周庄古镇景区的团队游客数量预警、黄山风景区的中高风险地区来客预警、甘孜海螺沟景区疫情综合预警等。综上，疫情预警及包含疫情在内的综合叠加预警成为境内外旅游安全预警的新常态和必选项。

（二）景区接待量预警阈值由静态定值调整为动态变值

《景区最大承载量核定导则》（LBT 034 – 2014）规定，景区内旅游者数量达到最大承载量 80% 时，景区应立即停止售票，并对外发布预警信息，该预警阈值自 2015 年 4 月 1 日实施以来，一直保持不变。2020 年，新冠肺炎疫情得以有效控制之后，各大景区景点陆续复工复产、恢复开放，为切实保障游客安全和景区防疫成果，各景区景点根据疫情防控形势和景区防控疫情能力，对预警阈值采取了动态调整策略，以适应疫情防控常态化要求和景区景点内涵式发展的现实需求。济南天下第一泉景区规定当入园游客量达到最大承载量20%、25%、30%时，逐级启动预警机制并进行客流量预警；青州市云驼风景区规定疫情期间游客量达到最大承载量25%、27%、30%时依次启动三级（黄色）预警、二级（橙色）预警、一级（红色）预警；丽江古城景区制定了《丽江古城景区2020年"五一"假期人流量管控预案》，限定游客接待量不超过景区最大承载量的30%，并据景区瞬时人流量启动三级预警机制；广东省各景区规定当接待游客人数超过景区最大承载量30%时，通过"热力图"发出预警信息；瑞金"共和国摇篮"景区、炎帝陵景区等规定游客接待量超过50%时，发布预警信息；上海科技馆规定游客接待量超过60%时，发布预警信息；蓬莱阁景区规定一旦达到瞬时最大承载量70%，景区将立即启动预警机制，延缓入园；鼓浪屿景区规定疫情防控常态化期间，总承载量预警阈值、游客航线承载量预警阈值及核心景点承载量预警阈值均为75%。

（三）游客距离预警成为景区内部旅游安全预警新内容

在做好疫情防控工作的前提下，各景区景点恢复开放拉开了我国旅游业复工复产的序幕，保持游客安全距离（包括排队安全距离和游览安全距离）成为各景区景点防控疫情工作的新规定。黄山风景区发布《黄山风景区恢复开放公告》，要求所有游客进入景区必须佩戴口罩，排队间隔不少于1.5米；四川省旅游景区协会发布《四川省新型冠状肺炎疫情防控期间旅游景区开放工作指南》，确保游客间距达到2米左右，景区讲解员提供讲解服务时必须与游客保持2米左右的距离，严控人员聚集，实行分散式游览；天坛公园规定游客游园时须全程佩戴口罩并与其他游客保持1.5米以上安全距离，不扎堆、不聚集，文明游园；三河古镇景区提醒游客在排队和参观时应与身边其他游客保持1米以上距离；天下第一泉景区规定在游园过程中游客应自觉与其他游客、工作人员保持1.5米以上的安全游

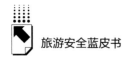

览距离，切勿在区域内聚集；广东省加强景区安全监测预警力度，利用"热力图"对人流密度进行监测，一旦达到设定客流密度上限值，则发出游客安全距离预警；甘孜海螺沟景区规定游客购票、入园等排队区域均要求间隔1米，严防拥挤、聚集、扎堆；根据《湖南省A级旅游景区疫情防控期间有序开放工作指南》和《湖南省公共文旅服务场所疫情防控期间有序开放工作指南》规定要求，长沙岳麓山景区游客自觉主动保持1米"爱的距离"，岳阳平江石牛寨景区游客则戴上了"一米帽"（普通的帽子上绑了一根1米长的泡沫棒或者长条气球）以保持人员之间的安全距离，达到疫情防控要求。

（四）疫情之下文明旅游预警被赋予新内涵

新冠肺炎疫情改变了人们诸多不良习惯、更新了人们对于旅游的观念，促进了文明旅游及其内涵的新发展，疫情之下文明旅游预警被赋予全新时代含义，服从疫情防控期间管理规定、落实公筷公勺和"光盘行动"、拒食和不伤害野生动物、不扎堆不聚集、健康旅游等文明旅游新公约成为疫情防控常态化下文明旅游预警的新内容。文明旅游既是疫情防控常态化之所需，也是每个游客之所遵循，疫情促进了文明旅游，文明旅游亦可保障疫情防控常态化下游客健康安全出游。根据中国青年报社会调查中心调研结果，91.8%的受访者表示疫情之后更会注意文明出游，而对常见不文明行为的排序中不按要求佩戴口罩、不配合防疫检查、拥挤推搡加塞插队等行为跃然排在第3~5名，为下一步文明旅游预警指明了方向和重点。[1]《江苏省旅游不文明行为记录管理暂行办法》将"违反野生动植物保护规定，滥食野生动物""违反国家关于'厉行节约、反对浪费'的规定，造成餐饮严重浪费"等行为列入旅游者不文明行为，为文明旅游预警提供政策支持。兰州市文旅局从"争做文明旅游的践行者、倡导者、助

---

① 孙山：《九成受访者表示疫情过后更会注意文明旅游》，《中国青年报》2020年6月11日，第10版。

力者、引导者"视角出发，兼顾游客、市民、旅游企业及景区景点四方作为，倡议"文明旅游，共抗疫情"，引导文明旅游全方位预警。2020年"五一"假期在武汉各景区的大力宣传和引导下，文明旅游蔚然成风，深圳游客张丽丽描述了这样暖心的一幕，"有一次在景区照相时，她动作有些慢，照完相回头才发现，两名游客正耐心地等在她身后几米远的地方"，对于这次武汉之行正如她所说，"武汉吸引我的，不仅是风景，还有游客的高素质"[①]。

三 旅游安全预警应对策略

针对疫情防控常态化下旅游安全预警工作发生的新变化和旅游业面临的风险挑战，本文提出如下四点应对策略，以期为我国旅游安全高质量预警和旅游业可持续发展提供参考借鉴。

（一）旅游安全预警仍须融入疫情要素，以提升旅游本质安全水平

不同于"非典"疫情的历时240天结束，新冠肺炎疫情虽经历一年之久仍在延续，国际疫情态势异常严峻，国内疫情虽进入常态化防控阶段，但局部暴发疫情风险依旧存在，旅游业所面临的社会大环境仍不乐观，疫情健康预警还须持续发力。疫情防控常态化下，景区景点防控措施对于旅游安全至关重要，但仍存在诸多隐患，如青海省文化和旅游厅在"五一"假期处置疫情防控隐患问题61个、黄山景区清明节又现"人从众"、泰山景区"五一"假期部分游客不戴口罩等，疫情预警及疫情防控任重道远。疫情及包含疫情在内的叠加预警势必会在今后相当长的一段时期内处于旅游安全预警的主导地位。为此，文旅行政主管部门、旅游企业、景区景点应高度重视疫情预警，从源头抓起，在科学客观辨识评价疫情风险的基础上，精准防控

---

① 王成龙：《文明旅游成武汉"五一"风景》，《湖北日报》2020年5月5日，第2版。

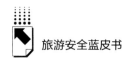

疫情风险及其对旅游业的危害，进而提升旅游本质安全水平，以期为我国旅游安全高质量管理和旅游业可持续发展提供可靠保障和参考借鉴。在具体实施方面，可借鉴"旅游 +"的做法和经验，采用"疫情 +"的预警模式将疫情要素与旅游安全预警相融合，如"疫情 + 景区接待量"预警、"疫情 + 文明旅游"预警、"疫情 + 乡村旅游"预警、"疫情 + 自驾游"预警、"疫情 + 康养旅游"预警等。

（二）旅游安全预警须建立动态调整机制，以保持旅游安全预警的与时俱进性

新冠肺炎疫情防控常态化下，旅游市场供需结构发生深刻变革，近郊旅游、自驾游、乡村旅游、康养旅游等旅游消费新业态快速扩张，以国内市场为主体的旅游发展新格局初步形成，旅游安全预警工作应做出转变和调整，建立动态调整机制，以保持与时俱进性。首先，在疫情防控常态化与国内大循环叠加影响下，国内游客旅游目的地已由国际转向国内，① 因此，旅游安全管理工作应聚焦国内旅游安全，旅游安全预警工作则须由国际国内预警并重转向国内为主国际为辅的新型预警模式。其次，根据国内旅游业态此消彼长的具体情况，对旅游安全预警内容和侧重点加以调适，对于自驾游、近郊游、康养旅游等快速发展的旅游业态，应给予足够关注和倾斜，及时建立健全相应预警机制，预警机制要体现旅游业态与疫情或其他业态的叠加效应，如自驾近郊游预警的内容应考虑疫情防控措施、车流人流拥堵、交通安全、停车场车位、气象、交通违章、文明出行等诸多方面。最后，景区景点还须根据国内疫情防控实时动态信息，及时调整和发布旅游安全预警信息，调整内容主要包括接待量预警阈值、游览安全距离、旅行团人数、不接待客源地游客、须提供 7 日内核酸检测报告客源地游客、景区开放/部分开放等。

---

① 夏杰长、毛丽娟、陈琳琳：《外部冲击下旅游业的演化与变革——以新冠肺炎疫情为例》，《新疆师范大学学报》（哲学社会科学版）2020 年第 6 期，第 43～54 页。

（三）旅游安全预警须建立快速预警机制，以实现旅游安全高质量预警

疫情防控常态化下，旅游行政主管部门应及时补足短板、锐意进取，联合卫健、工信、气象、交通、公安等相关职能部门，加快建立快速、精准、分级发布的旅游安全突发事件快速预警机制，以实现旅游安全高质量预警和高质量管理。根据旅游安全预警机制内涵，[①] 为建立旅游安全快速预警机制，发力点应聚焦在预警分级和预警发布两个方面。首先，在预警分级方面，须自顶向下，根据预警体系内容构成，[②] 统一分级标准，以利于国家、省、市、县、景区五级预警平台的对接、共享和联动，为预警信息快速发布奠定基础。其次，在预警发布方面，遵循"风险认知上持包容态度、风险研判上采用集体审议、决策机制上引入听证程序、决策模式上明确地方政府属地管理责任"等原则，充分发挥"互联网＋旅游"服务平台作用，通过大数据分析等智能手段，[③] 收集、挖掘、分析、分级和评估预警信息，根据预警体系内容确定预警级别，采用政府补偿的方式建立预警信息发布"绿色通道"，快速发布预警信息，并要保证预警信息实时更新、不间断推送。其中，预警信息可通过官方网站、手机短信、手机客户端、微信、微博、第三方平台、广电网络、电子显示屏、出租车滚动 LED 屏、农村应急广播等多渠道实现快速全覆盖发布。同时，要实行 24 小时专人值守并处理各类突发事件预警信息，且要做好旅游安全预警各类后勤保障工作。

（四）游客文明旅游预警与从业人员文明旅游预警并重，重塑文明旅游预警

《国家旅游局关于旅游不文明行为记录管理暂行办法》（旅办发

① 罗景峰：《我国旅游安全预警现状与展望》，《中国旅游安全报告（2014）》，社会科学文献出版社，2014；谢朝武：《旅游应急管理》，中国旅游出版社，2013。
② 谢朝武：《旅游应急管理》，中国旅游出版社，2013。
③ 范伟、彭昱忠、元昌安：《智慧景区安全信息管理与智能预警系统研究与设计》，《广西师范学院学报》（自然科学版）2017 年第 4 期，第 70~75 页。

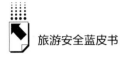
〔2016〕139号）（以下简称《暂行办法》）第二条规定"中国游客在境内外旅游过程中发生的因违反境内外法律法规、公序良俗，造成严重社会不良影响的行为，纳入'旅游不文明行为记录'"，第三条规定"旅游从业人员在从事旅游经营管理和服务过程中因违反法律法规、工作规范、公序良俗、职业道德，造成严重社会不良影响的行为，纳入'旅游不文明行为记录'"，表明旅游不文明行为的管理对象包括游客和旅游从业人员。但以往有关文明旅游预警仅关注游客，忽视了对旅游从业者的预警，导致旅游从业者不文明行为频发且不断升级，如青岛大虾事件、雪乡"宰客"事件、大理骂游客"穷鬼"事件、云南导游强制消费事件等，严重扰乱了旅游市场秩序。疫情防控常态化下，文明旅游是疫情防控和旅游安全的共同要求，旅游行政主管部门应高度重视、重新审视文明旅游内涵发生的新变化，本着"游客文明旅游预警与从业人员文明旅游预警并重"的原则，尽快重塑文明旅游预警。在具体实施方面，首先，要根据文明旅游内涵的新变化，从国家层面对《暂行办法》进行修正，《江苏省旅游不文明行为记录管理暂行办法》的出台即是很好的例证；其次，需要转变错误观念，即要从文明旅游预警就是对游客的预警，转向游客文明旅游预警与旅游从业人员文明旅游预警并重；最后，要根据旅游从业人员不文明行为内容，制订旅游从业人员文明旅游预警信息，如云南省旅游从业人员"八不准"，推动旅游市场秩序转好。

B.18
疫情防控常态化与女性旅游市场的发展策略研究

范向丽　吴阿珍*

摘　要： 新冠肺炎疫情是迄今为止最为严重的全球性突发公共卫生事件之一，全球各地区旅游市场遭遇重创。女性作为当今旅游市场的重要组成部分、旅游消费的主要决策者和主力军，其对旅游产品的感知、信心和预判在一定程度上决定着旅游市场的复苏程度。因此，本文从女性角度出发，基于女性在疫情防控常态化背景下的旅游消费需求特征及其在旅游消费中面临的阻碍因素，提出了女性旅游市场的发展策略。

关键词： 疫情防控常态化　女性旅游市场　旅游消费

一　引言

　　新冠肺炎疫情对全球各国、各地区的社会生产生活秩序和宏观经济形势造成了极大影响。旅游业是人在空间位移中产生的综合性消费，而新冠肺炎疫情防控的核心就是对公众流动和聚集进行限制，因此，新冠肺炎疫情对旅游业造成致命打击。与其他国家相比，我国政府以高度负责任的态度与魄力快速作出响应，使疫情得到了有效管控，经济社会生产生活秩序正在恢复。旅游行业在行政主体、市场主体、协会组织、游客多方共同努力下，正加速

* 范向丽，博士，华侨大学旅游学院副教授、硕士生导师；吴阿珍，华侨大学硕士研究生。

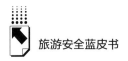

进入复工复产复业的新阶段。据统计，截至 2020 年第三季度，旅行社行业复工率已超 60%。① 另外，2020 年第三季度财报显示，同程、艺龙月活跃用户提升至 2.46 亿人，已超上年同期水平；携程短途酒店预订量同比增长约 20%，实现了新冠肺炎疫情以来的首季度盈利，且经营性利润率达 24%；美团国内酒店间夜量也恢复正增长，达 3.7%。②

由于新冠肺炎疫情本身的特殊性，其并不会在短期内消亡，而会在一定时期内成为一种常态持续存在，旅游业本身具备的反弹特性和跨领域经济带动等特征使得我国各地区纷纷将旅游业作为社会经济恢复计划中的关键领域，但仍然存在较多制约因素。因此，谈论疫情防控常态化下旅游发展的策略具有一定必要性。2020 年 3 月，艾威联合旅游顾问机构、中国康辉旅游集团、亚太旅游协会联合发布的《疫情过后游客出游意愿调研报告》显示，60% 的被访者表示在疫情得到有效控制的前提下，会有出游计划；此外，对于那些在疫情过后不打算外出旅游的被访者，影响其出游意愿的最主要因素来自对健康安全的顾虑。③ 女性作为旅游市场的主力军、家庭旅游消费的主要决策者，其安全、健康等意识较男性更加敏感，女性旅游者消费信心的树立对整个旅游市场的有序恢复具有一定的带动和推动作用。

二　疫情防控常态化背景下女性旅游市场的特征分析

（一）家庭自驾短途游、亲子游受欢迎

2020 年 5 月以来，虽然疫情已经得到有效控制，但局部的小暴发偶有发生，各地积极采取不同的管控措施，人们对公共交通、跨省跨国出行心有

① 张扬：《疫情防控常态化下旅行服务业的破与立》，《中国旅游报》2020 年 11 月 19 日。
② 《旅游行业全面恢复生机活力》，新华网，http：//www. xinhuanet. com/fortune/2020－12/03/c_ 1126814485. htm，2020 年 12 月 3 日。
③ 《〈疫情过后游客出游意愿调研报告〉重磅发布》，PATA，http：//patachina. cn/news/news－mar－18，2020 年 3 月 18 日。

余悸。在此背景下，周末或小长假自驾游率先复苏，特别是风光秀美、人口稀疏的近郊乡村地区成为人们出行的首选。飞猪平台 2020 年 3 月统计数据表明，自由行、个人和家庭定制游、亲子游业务的恢复速度比团队游业务更快，高端定制旅游业务的恢复速度比大众旅游业务更快，人们对乡村生态旅游、休闲度假、家庭组合型旅游产品需求更多。[①] 疫情防控常态化背景下，乡村地区物流和互联网得到明显发展与普及，更加将城市与乡村连接起来，比如，部分农场在城市居民小区建立空中超市，直接将农场的肉、蛋、菜、奶提供给市区居民，并通过定期免费组织社区居民、中小学生到农场参观体验等建立起了稳定的客户微信群，在这些群成员中，女性所占比例及活跃程度明显高于男性。

（二）安全卫生健康关注度增强

新冠肺炎疫情让人们重新审视生命、财富、健康等，从而影响其消费观念。在旅游消费方面，旅游者更加注重品质和体验，尤其是对线下的旅游产品品质有更高的诉求，这促使旅游决策更加谨慎和理性，游客对旅游产品的安全、健康、卫生质量更为关注。研究表明，疫情期间男性的疫情防控行为得分低于女性 1.21 分，即男性防控行为实施率低于女性。[②] 这在一定程度上说明，在疫情防控方面，女性安全意识强于男性，防控措施实施优于男性，也表明康养旅行、健康餐饮、运动休闲将成为女性消费计划中的重要支出项目。

（三）回补性餐饮消费现端倪

据国家统计局数据，2020 年春节至 3 月，全国七成以上餐饮企业营收下降超过 90%，二季度营业额平均恢复至上年同期 60%，三季度较二季度

① 《飞猪：2020 年清明小长假旅游复苏力报告》，中文互联网数据资讯网，http://www.199it.com/archives/1026837.html，2020 年 3 月 27 日。
② 张持晨、吴一波、郑晓、朱宏：《新冠肺炎疫情下公众的认知与行为——疫情常态化防控中的自我健康管理》，《科学决策》2020 年第 10 期。

增长 44%，恢复至上年同期 97%，并且在 10 月首次转正，比上年增长 0.8%。① 由于疫情的影响，人们无法外出进行长途旅行，餐饮制作和消费成为日常主要休闲方式。在此背景下，复合调味料、方便食品（火锅底料、烤肉酱、自热小火锅、螺蛳粉等）迎来新的发展机遇；操作简便的小型厨房家电销量大幅上涨；高度标准化的西餐烘焙成为厨房新手的首选。苏宁 2 月小家电销售数据显示，厨房小家电中，电烤箱销量同比增长 280%，空气炸锅销量同比增长 659%，而这些商品的购买者绝大多数为女性。同时，天猫最新数据也显示，疫情期间的女王节活动中，三明治机、厨师机销量同比大大增长。② 因此，无论是门店餐饮体验消费回升，还是线上半成品和厨房小家电的销量暴涨，都表明疫情防控常态化下女性餐饮消费已经出现回温趋势，甚至为餐饮业的发展带来了新商机。

（四）互联网运用进一步成熟

疫情加速了线上文化教育、休闲娱乐活动的发展。2020 年央视市场研究（CTR）携手网易定位，基于 EZ - Tracking 极速调研系统累计访问近万名真实消费者，数据分析结果表明，由于居家防疫，女性较少花时间打理自己，网购时间投入相应较少，而是更加注重丰富自己的精神世界，在线看展、看动漫、学习等成为女性最常见的线上活动。该数据显示，在疫情期间，男性被访者对商业、财经、新闻、行业动态、科技电子产品、游戏电子竞技、体育健身、汽车等资讯的关注度显著高于女性，而女性被访者对疫情动态、电视剧、音乐、个人兴趣爱好、养生保健、生活相关、美容美妆购物等资讯的关注度显著高于男性。此外，女性被访者在疫情后最想做的事在出去吃好吃的、减肥、塑身、购物、逛街、旅游、出去玩等方面比例显著高于男性，表明现代女性在学习、提升自己之余也更加重视享受生活，如追求

---

① 《2020 年餐饮收入近 4 万亿 疫情加速行业数字化、零售化进程》，百家号，https：//baijiahao. baidu. com/s？ id=16892165824788838132&wfr=spider&for=pc，2021 年 1 月 18 日。

② 侯隽：《疫情下"开挂式"增长 小家电企业站上"风口"》，百家号，https：//baijiahao. baidu. com/s？ id=1661465764098372409&wfr=spider&for=pc，2020 年 3 月 18 日。

"时尚及美食""更丰富的精神世界""更丰富多彩的生活""成为更好的自己"。① 可见，女性更加注重生活品质的提升，精致生活、旅游放松将成为疫情结束后女性群体消费的关键词。

三 疫情防控常态化背景下女性旅游市场的发展困境

（一）疫情防控常态化，女性出行偏好发生转变

从出行意愿看，与男性旅游者相比，女性安全感较低，她们更加担心自身安全受到伤害。② 疫情防控常态化之后，谨慎的女性旅游者出游态度发生明显变化，旅游消费信心被抑制，而这种情况必将在未来很长一段时间内一直存在。从目的地选择看，较之前几年飞速发展的出境游、跨省游，现阶段女性更倾向于当地区域的游乐园、郊区游、场馆休闲、乡村休闲等形式，从而进行一些简单的家庭亲子游活动。此类活动可以很大程度避免游客滞留、医学隔离等风险和隐患。但短途周边游玩活动花费低，对于旅游业的发展推动作用较为有限。从出行交通方式看，疫情期间，由于城市交通管制和自我防疫的需要，女性出行习惯发生改变，公共交通、网约车使用率明显降低，自驾出行占比明显上升。据统计，私家车比例由48.4%提升到60.2%，步行方式由1.6%提升到16.5%。③ 从游览安全要求看，女性旅游者对景区环境卫生、健康、安全更为关注，景区接触物的消毒情况、环境卫生清洁情况、卫生设施建设情况、人群聚集安全情况、人群健康监测情况和安全应急体系情况等都将影响女性游客对景区的选择和整体评价。

---

① 《CTR：新冠疫情下的女性消费者动态》，199 IT，http：//www.199it.com/archives/1017654.html，2020 年 3 月 10 日。
② 郑向敏、范向丽：《女性旅游安全研究进展与启示》，《人文地理》2008 年第 3 期。
③ 《疫情下出行方式调研：网约车用户大量流失男性成为买菜主力》，腾讯网，https：//new.qq.com/omn/AUT20200/AUT2020031900544000.html，2020 年 3 月 19 日。

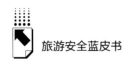
（二）替代性女性消费大量涌现，旅游恢复面临挑战

疫情期间，人们不能外出异地进行旅游消费，因而涌现出大量替代性消费方式，如美容护理、运动健身等方面的消费增速明显。网上购物是疫情防控常态化下女性的主要消费方式，根据大数据服务提供商 QuestMobile 发布的报告，2020 年 2 月，我国在线零售行业女性用户数量激增，移动购物活跃女性用户同比增长 8%，达 4.46 亿人；2 月，女性用户平均在移动互联网上花费 157 个小时，同比增长了近 43%；而每位女性用户平均在电子商务应用上花费的时间将近 7 个小时，同比增长了 10% 以上。另外，电子商务应用程序中的淘宝和拼多多跻身女性用户渗透率最高的十大应用程序之列。而从购物品类上看，女性消费者更加注重健康、休闲、娱乐消费，如母婴产品、美容护理、蛋奶生鲜、文化娱乐（插花、画画、手工 DIY、在线学习）等。① 人们在防疫期间积极寻求新的休闲娱乐方式，这在一定程度上是对旅游消费需求的替代，对疫情后旅游市场的恢复存在一定的影响。

（三）女性平均收入水平降低，导致旅游消费动力不足

旅游需求属非必要需求，在突发危机之时往往表现出高度的敏感性和不确定性。据估算，2020 年受疫情影响新增就业人数在乐观状态下也要减少142.16 万人，悲观状态下则会锐减 678.61 万人，② 失业率上升约 1%。③ 另外，据腾讯理财通联合券商中国、企鹅调研对国内居民进行调研并对外发布的《后疫情时代国人财富管理报告》，疫情发生以后，57.4% 的受访者收入有不同程度减少，其中 17.5% 的受访者收入减少幅度超过 50%，15% 的受访者收入减少幅度在 20%～50%，24.9% 的被访者收入减少幅度低于 20%，

---

① 《QuestMobile：女性用户已成电商主力军规模增长至 4.46 亿》，店小鱼电商卖家助手，https://www.dianxiaoyu.com/newsDetails/46/1145。
② 张桂文、吴桐：《新冠肺炎疫情对中国就业的影响研究》，《中国人口科学》2020 年第 3 期。
③ 高文书：《新冠肺炎疫情对中国就业的影响及其应对》，《中国社会科学院研究生院学报》2020 年第 3 期。

其中以从事餐饮、零售等服务业的个体经营者收入受冲击最大。[①] 女性在家庭中同时担任女儿、妻子、母亲等多重角色,家庭经济收入的减少、对未来经济恢复和就业稳定的担忧,再加上女性较为保守和谨慎的性格,在很大程度上会使其压缩家庭消费预算,其中用于旅游方面的支出和预算也势必会减少,从而导致旅游消费缺乏动力。

四 疫情防控常态化背景下女性旅游市场的安全管理对策

(一)加强与女性游客的线上互动与沟通

疫情期间,人们居家防疫,传统的线下零售行业、餐饮业、旅游业等,积极探索网络化办公新模式,纷纷开启全新的消费者互动模式。疫情改变了消费者与企业互动的途径,主要表现为从店铺内面对面的沟通转向了线上沟通,这将导致企业的服务逻辑、服务模式、服务态度都有所改变,甚至衍生出新的消费方式。据媒体统计,疫情防控期间,包括北京八达岭长城、颐和园、圆明园等景点在内,全国有超过 100 个城市的 500 多个景点,可以用VR 全景技术进行参观,体验当地的风土民情、购买土特产品,给网民带来了全新的体验。[②] 旅游市场竞争激烈,旅游企业只有深度挖掘消费者个性化需求,提供精准服务,甚至让消费者参与产品生产实现价值共创,才能不断赢得消费者信任。

(二)提升女性出行安全管理的智能化与人性化

科技越来越成为旅游发展和安全旅游的重要支撑。首先,疫情防控常态

---

① 《腾讯理财通报告:疫情后,居民首选"投资理财"作为增收方式》,金台资讯,https://www.sohu.com/a/407254481_120578424?_f=index_pagefocus_7&_trans_=000014_bdss_bddk,2020 年 7 月 13 日。

② 《金台资讯推进线上线下深度融合加快文旅复苏》,搜狐网,https://m.sohu.com/a/412921843_120578424/,2020 年 8 月 13 日。

化背景下，可以借助大数据和科技为旅游者提供安全防疫出行路线，从而让游客减少担忧、树立信心。例如，高德地图推出驾车防疫路线，用户可选择自动避开疫情中高风险地区，同时还提供一键查询任意城市具体防疫要求和防疫政策的功能，提醒出行者提前做好相关准备，避免游客滞留、医学隔离等风险。其次，在景区游览方面，一是采取游览预约政策，利用大数据提前预测旅游热门景区、拥堵路段和大客流时段，及时通过智慧小程序、微信公众号等平台发布相关信息提示，引导游客预约出行、错峰出行，避免人群聚集；二是景区游览服务智能化，旅游景区可利用 AI、大数据、人脸识别、智能语音等技术，加快智慧旅游向纵深发展，减少旅游者与旅游从业人员的接触，不仅能满足防疫需要、提升景区服务能力，在日常经营中也能给游客带来新奇、优质的体验，推动景区服务、成本和资源配置的全方位升级。因而，科技赋能旅游、打造智慧旅游在疫情后旅游业的复苏中显得尤为重要。

（三）强化家庭游、亲子游的体验

近几年，体验式消费如火如荼，成为优化、升级产品体验的重要方式。比如疫情防控常态化下餐饮业涌现出的"跨界玩家"盒马鲜生以及其他各类餐饮复合业态门店，它们通过食材的追踪溯源、用餐环境的改善、服务的提升、厨房加工透明化等措施，满足消费者更加注重食品安全、健康、卫生的心理，同时提升了顾客的堂食体验感。盐城一家都市农业产业园创新发展思维，以创造更多更好的亲子拓展教育机会为目的，开启"领养"模式，孩子们"领养"草莓苗后，自己照料、采摘，体验劳动的快乐，感受收获的幸福，这不仅培养了孩子的生存技能，还增进了家长和孩子的感情，为采摘游增添新乐趣。[①] 经历过此次新冠肺炎疫情，消费者的消费习惯和理念将发生深刻变化，服务业的经营管理者需要深度学习体验式消费，以提供更符合需求的产品和服务。

---

① 《乡村旅游丨草莓"认养"悄然流行乡村采摘游又添新乐趣》，腾讯网，https：// new. qq. com/rain/a/20201121a02m8800，2020 年 11 月 21 日。

（四）提升旅游公共卫生服务管理，关注性别差异

把性别观点纳入公共卫生管理意味着旅游目的地基础设施建设以及旅游企业在制定公共卫生管理政策和规划上要考虑性别差异。比如各旅游目的地的公共厕所、旅游厕所、公共场所无性别厕所、分性别厕所的规范化安全卫生管理程序都应进一步提高其卫生、安全保障。公共卫生管理部门、旅游相关管理部门应该引导并监督各旅游相关企业在旅游交通、住宿、餐饮、购物、娱乐、游览方面加强其安全卫生管理效率和水平，加强与游客的沟通，做到与游客共建共创安全管理策略，既要让游客放心消费，同时也应尽量做到让游客省时、省力、省心。

B.19
疫情防控常态化与游客聚集性
风险防范研究

殷杰 纪颖超*

摘　要：　疫情防控常态化与聚集性疫情防控成为各界关注焦点，本文重点剖析了游客聚集性风险的时空特征，并有针对性地提出治理路径。本文以2004～2020年游客聚集场所的595起聚集性安全事故为研究对象，剖析游客聚集性风险的时空特征与引致因素。研究发现：2月、4月、5月以及10月是游客聚集性风险的高发月份；"十一"黄金周、平日、"五一"小长假以及周末等是游客聚集性风险的高发时段；游客聚集性风险的高发区域主要包括河南、四川、陕西等省份，山岳类场所成为游客聚集性风险的高发空间；热门景点是游客聚集性风险的高发节点，且游览环节是游客聚集性风险的高发环节；人员因素、设施设备因素、环境因素以及管理因素等是游客聚集性风险的主要引致因素。疫情防控常态化下，游客聚集性风险的治理可遵循构建联防联控体系、提升防控保障能力、强化联动处置机制以及健全事后处置措施等路径。

关键词：　疫情防控常态化　游客聚集场所　聚集风险　治理路径

---

* 殷杰，博士，华侨大学旅游学院教授，研究方向为旅游安全；纪颖超，华侨大学旅游学院硕士研究生，研究方向为旅游安全。

旅游活动具有异地性、流动性等特点，加之游览场所的空间限制性，易出现游客聚集等现象：2020 年"五一"小长假期间，山东泰山景区依然短时间出现了高聚集游客群；2020 年 4 月 5 日，安徽黄山进山游客数突破最大限流，形成高聚集游客群；2020 年 2 月 23 日，因游客爆满，江西武功山景区发布紧急通告，下调景区接待游客数。由此可见，如何有效防范游客聚集性风险成为疫情常态化防控的重点。本研究重点关注游客聚集性风险，从时空双维视角系统揭示游客聚集性风险的规律，剖析风险成因，有针对性地提出治理路径，以期为精准防范游客聚集性风险提供参考。

本研究借助百度新闻和新浪微博的高级搜索功能，以"游客""景区""爆棚""拥挤""井喷""滞留""人满为患"等为关键词，进行游客聚集性安全事故案例匹配搜索。此外，本研究按照如下标准筛选事故案例：（1）时间跨度为 2004 年 1 月 1 日~2020 年 12 月 31 日；（2）所选案例信息数据均来自新闻网站、报纸的网络版以及地方政府的官方网站等权威媒体网站；（3）所选案例均有文本资料支撑，信息完整，且内容涉及游客聚集性安全事故；（4）所选案例内容须涉及发生时间、发生地点以及发生场所等多维度信息。根据筛选标准，最终选取了 2004~2020 年的 595 起游客聚集性安全事故案例。

一 2004~2020年游客聚集性风险的特征分析

（一）时间特征

本研究从时间角度对 2004~2020 年游客聚集性安全事故进行剖析，具体从年份（见图 1）、月份（见图 2）以及时段（见图 3）三方面阐述游客聚集性安全事故的时间特征。

据图 1，游客聚集性风险自 2012 年后整体上呈递增态势。其中，2019 年发生游客聚集性安全事故 144 起，占比 24.20%；2020 年，各地相继出台疫情防控政策，游览场所实行限流、引流等措施，该年发生的游客聚集性安全事

图1 2004～2020年游客聚集性风险及其季节性强度指数

故数有所下降，但仍有66起。可见，疫情防控常态化下游客聚集性风险治理工作仍须加强。此外，季节强度指数R值整体呈现下降趋势，说明我国游客聚集性安全事故发生的季节差异逐渐缩小，即游客聚集呈常态化趋势。

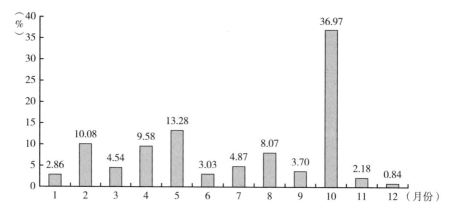

图2 2004～2020年游客聚集性风险的月份分布

由图2可知，游客聚集性安全事故在各月均有发生，但主要发生在2月、4月、5月以及10月。具体来看，10月是游客聚集性安全事故的高发期，占比36.97%，这可能是因为10月的国庆黄金周为游客出行的高峰期，易导致游客聚集性安全事故发生。2月、4月以及5月事故分别占比

10.08%、9.58%和13.28%，这可能是因为2月有春节黄金周，4月和5月则分别有清明节和"五一"小长假，均为游客易聚集时段。

本研究就游客聚集性安全事故的月份分布情况进行聚类分析，聚类数设定为3。其中，10月被单独归为一类，即游客聚集性风险的高发期；2月、4月、5月、8月被归为一类，为游客聚集性风险的次高发期；而1月、3月、6月等其余月份被归为一类，可列为低风险期。

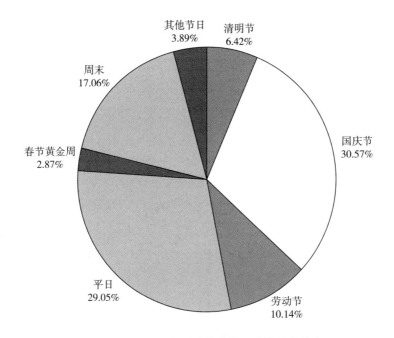

图3　2004～2020年游客聚集性风险的时段分布

如图3所示，2004～2020年游客聚集性安全事故集中发生在国庆黄金周期间，占比高达30.57%；其次，平日、周末以及劳动节发生频率也较高，占比分别为29.05%、17.06%以及10.14%。对分布时段快速聚类，聚类数设定为3，聚类结果显示：国庆节和平日被归为一类，劳动节和周末被归为一类，春节、端午节、清明节等其他节日被归为一类。这进一步验证了国庆黄金周是我国游客聚集性风险的高发期，也表明游客聚集性风险常态化出现，疫情常态化防控下尤其需要关注人群聚集与聚集性疫情问题。

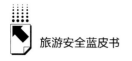

（二）空间特征

本研究从事故发生的省域、发生环节（见图4）、场所分布（见图5）以及空间节点（见图6）四方面剖析游客聚集性风险的空间特征。

从游客聚集性安全事故的省域分布情况来看，河南、四川、陕西、浙江以及山东5省的游客聚集性风险位居前列。对风险发生省域进行快速聚类，将聚类数设定为3，聚类结果表明：河南、陕西以及四川被归为一类，即游客聚集性风险的高发省份；安徽、北京、福建等13个省份被归为中风险省份；甘肃、海南、湖北等16个省份被归为一类，为低风险省份。

从2004～2020年游客聚集性安全事故的发生环节来看，游客聚集性风险主要分布在游览、交通、游乐、餐饮等环节（见图4）。其中，游览环节是游客聚集风险的高发环节，占比61.18%；交通和游乐环节次之，分别占比25.71%和10.92%。

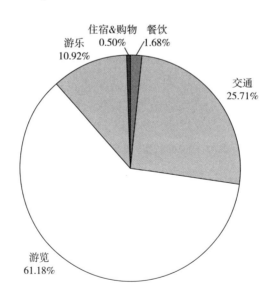

图4 2004～2020年游客聚集性风险的环节分布

如图 5 所示，游客聚集性安全事故主要分布在山岳类、江河湖泊类、遗址古迹类、主题公园类等 15 类场所。其中，山岳类场所占比最高，达 39.16%；江河湖泊类次之，占比 9.58%。对分布场所进行聚类（聚类数设定为 3）发现，山岳类场所被单独聚为一类，即游客聚集性风险的高发场所。山岳类场所地形复杂、易受灾害性天气影响而形成游客聚集。江河湖泊类、遗址古迹类、主题公园类以及其他类被聚为第二类，即中风险场所。公共区域类、古街区类、海滨海岛类等被聚为第三类，即低风险场所。

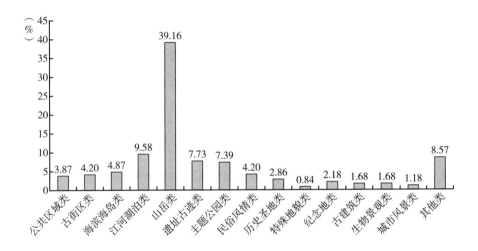

图 5　2004～2020 年游客聚集性风险的场所分布

如图 6 所示，游客聚集性风险主要分布于热门景点、出入口、站点等 14 个空间节点。其中，游客聚集性安全事故主要分布在热门景点，占比 41.68%；出入口次之，占比 14.45%。将空间节点进行聚类分析，并设定聚类数为 3，结果表明：热门景点被单独归为一类，即游客聚集性风险的高发节点；出入口以及站点被归为一类，即中风险节点；剩余空间节点被归为第三类，即低风险节点。可见，对游览热门景点游客进行疏导和分流是有效防范聚集性风险的重要措施。

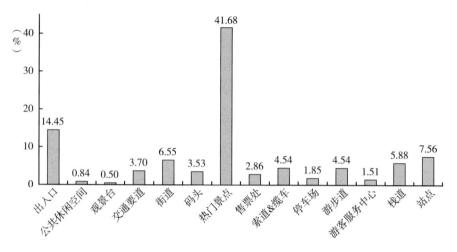

图6　2004~2020年游客聚集性风险的空间节点分布

二　游客聚集性风险的成因分析

根据事故致因论与事故系统论,游客聚集性风险的形成本质上是人员因素、设施设备因素、环境因素以及管理因素共同作用的结果。

(一)人员因素

人员因素是引致游客聚集性风险的重要因素。一方面,游客出游时间的集中性易造成旅游拥挤,加上拥挤环境会消耗游客的拥挤容忍度而易产生失控行为,加大游览场所事故发生的可能。此外,游客规则意识缺失、对旅游活动中存在的风险缺乏警惕,都会加剧游客聚集性风险。另一方面,旅游从业人员安全风险防范意识薄弱也是引致游客聚集性风险的重要因素。如对于游客不安全、违规的行为熟视无睹,不能及时对游客进行疏导,或在利益驱动下忽视最大容量等都会造成游客聚集性风险提升。2020年10月9日,张掖丹霞景区由拥挤引发游客推搡打架事件,造成场所秩序混乱。

（二）设施设备因素

随着旅游需求的日益旺盛，旅游供给尤其是设施设备供给很难跟上旅游需求的变化，旅游场所内设施设备易出现超负荷、超承载力运转情况。如2020年国庆黄金周期间，长江索道因游客数量激增超过索道运送能力，拥挤不堪。设施设备出现故障也可能加剧游客聚集性风险。此外，设施设备管理不当、设计不合理以及质量不过关等也是引致游客聚集性风险的重要因素。

（三）环境因素

旅游活动经常遭受各类自然灾害的侵袭而引发一系列安全事故，此外，交通环境也是加剧游客聚集性风险的重要诱因。山岳类场所是游客聚集性风险的高发场所，而山岳类场所受自然灾害影响较大，如洪水、泥石流、滑坡、地震等自然灾害在山岳类的景区最容易发生。因此，环境因素对游客聚集性风险的影响亟须重点关注。

（四）管理因素

旅游场所安全管理往往涉及旅游、交通、林业、水利、环保等多个部门，多部门管理容易造成管理混乱、职责不明、责任落实不到位等，使得安全隐患问题不能及时解决。具体而言，首先，旅游高峰期客流控制不到位。如2020年4月4日起，安徽黄山景区对安徽籍游客免费开放14天，景区现场拥挤不堪。黄山景区没有采取限流措施，导致景区出现"人挤人"现象。其次，安全监管不到位。如2019年"五一"假期期间，因客流监控落实不到位，北京市南锣鼓巷出现拥堵滞留现象，游客寸步难行。最后，旅游安全措施落实不到位。管理者对游览场所的拥挤现象不能及时疏导以及事故发生后不能及时救援都会加剧聚集性风险。如2020年国庆黄金周期间，黄山景区安全措施落实不到位，客流管理不畅，在当日接待客流仅1.8万人的情况下仍造成了游客聚集。

三 疫情常态化防控与游客聚集性风险应对

（一）预防预备：构建联防联控体系

高度重视游客聚集现象给公共卫生风险防范带来的挑战，强化旅游风险意识，进一步完善人员、设施设备、环境、管理等因素的协同联动机制。一是强化游客安全意识。游客出游前制定好攻略，合理规划旅游线路和时间，错开旅游高峰。二是完善景区设施设备。码头、索道、缆车、停车场等场所是形成游客聚集的主要场所，因此，要把握旅游高峰期聚集时段、集聚场所的规律特征，加强对停车场、厕所等公共设施的安全管理，可以通过增加临时设施来减少人群聚集现象。三是加强环境监测预报。构建全方位、全时段的风险监测预警平台，对热门景点、售票处等聚集场所实时监控，及时发布风险预警。四是构建安全管理体系。做好游客聚集的应急预案与疏解策略，开辟应急通道，强化聚集游客群的管理能力。

（二）监测预警：提升防控保障能力

借助大数据平台，建立信息监测预警机制，加强景区与交通、气象等部门的数据共享，建立灾害性天气预警预报、流量实时统计监测等工作平台，及时发布预警并采取防范措施，健全实时监测机制。一方面，因时制宜，分时防范。游客接待场所要做好高峰期客流的预测分析，提前制定控制预案，尤其2月、4月、5月以及10月是游客聚集性风险的高发期。落实门票预约制，建议接待游客量不超过核定最大承载量的50%。另一方面，因地制宜，分区防控。借助互联网平台，及时发布热门景点、出入口、停车场等易聚集场所实时信息，避免游客集中出行造成拥堵。此外，在易发生游客聚集性风险的重要区域、关键节点加强应急值守与安全监管，如在出入口等场所科学设置蛇形分流围栏、热门景点开发夜游项目、索道及缆车等设施设备在保障安全条件下适当延长开放时间等。

（三）应急救援：强化联动处置机制

游客聚集管理涉及多机构、多部门，因此要健全旅游高峰期各部门统筹协调工作，强化旅游、交通、气象、卫生、环保等多部门联动处置机制，以游客接待场所为核心，统筹协调其他部门共同参与，明确职责分工，形成多元主体统筹的安全保障体系。同时，要建立健全游客聚集性风险应对体系。山岳类、江河湖泊类以及遗址古迹类等高风险场所应有针对性地制定应急预案，"十一"黄金周、"五一"小长假等高风险时段增派应急力量，高效开展应急工作。做好接待游客量超额、交通拥堵等应急准备，尤其在热门景点、观光车站点、售票口等关键场所实行值班制，密切关注客流流量、流向等情况，通过截流、分流等方式及时做好客流疏导。

（四）善后恢复：健全事后处置措施

游客聚集性事故发生后，工作人员应及时采取相应措施，做好善后处置工作。具体而言，首先，确定伤亡人员，安抚游客情绪。事故发生之后，先确定有无伤亡人员，划定安全区域，疏散游客，避免对其造成二次伤害；同时，相关工作人员要及时安抚游客，稳定游客情绪。其次，迅速控制事态，评估危害程度。最大限度减少游客聚集性风险造成的负面影响和损失，防止事故进一步扩大，维持现场秩序，做好现场恢复工作。最后，总结管理经验，预防安全事故。相关部门应查明游客聚集性风险的发生经过和原因，及时总结安全事故应急处置工作经验，制定相应的改进措施，进一步完善防控体系。

由于旅游活动的流动性、交互性，游客聚集性风险需要重点关注。近年来，游客聚集性风险整体上呈递增态势，且在月份分布、时段分布、省域分布、环节分布、场所分布、节点分布上具有一定的时空规律。因此，各地应从人员、设施设备、风险以及管理四个层面加强预防预备、监测预警、应急救援、善后恢复等多个环节的游客聚集性风险防范与治理工作。

B.20
疫情防控常态化与研学旅行的安全管理

许国玺 章 坤 李蓓蓓*

摘　要：　2020年我国研学旅行市场受新冠肺炎疫情影响遭受重创。从
面临的安全形势来看，2020年我国研学旅行面临传统安全风
险与新冠肺炎疫情安全风险的叠加影响，安全形势严峻。进
入疫情防控常态化阶段以来，旅游业逐渐复苏，但受疫情的
持续性、反复性、间断性影响，加上研学旅行的特殊性，研
学旅行的复苏之路依然较为漫长。从短期影响来看，疫情防
控常态化下的研学旅行客源缩减，导致研学活动停滞，不利
于研学市场的短期恢复；但从长远视角来看，疫情防控常态
化有利于提升行业集中度和研学市场准入门槛，提高研学企
业整体质量，更加关注研学旅行的安全保障问题，促进行业
长远健康发展。研究提出，为有效应对常态化疫情防控形
势，应建立融合学校保障体系、政府保障体系、相关部门保
障体系、研学企业保障体系以及研学旅行事前、事中、事后
的综合管理体系。

关键词：　疫情防控常态化　研学旅行　研学企业

研学旅行既是新的旅游业态，也是教育改革的新模式，近年来在全国各

---

* 许国玺，华侨大学旅游学院党委书记，主要研究方向为教育管理；章坤、李蓓蓓，华侨大学
旅游学院研究生。

地快速发展。2013 年国务院办公厅发布《国民休闲旅游纲要（2013—2020 年)》，提出要"逐步推行中小学生研学旅行"；2014 年国务院印发《关于促进旅游业改革发展的若干意见》，进一步明确要将研学旅行纳入中小学生日常教育范畴；2016 年 11 月，教育部等 11 个部门联合印发《关于推进中小学生研学旅行的意见》，将研学旅行纳入中小学必修课程。在众多政策的推动和支持下，研学旅行得到了迅速的推广和发展，在促进学生主体性发展和塑造学生健全人格等方面起到了重要作用。[①] 2020 年，突如其来的新冠肺炎疫情使文旅产业遭受重创，如火如荼的研学旅行也因此按下"暂停键"。这场疫情也暴露出研学旅行在发展过程中存在的短板，如市场体系混乱、风险抵抗力弱、安全保障不到位等。因此，回顾 2020 年我国研学旅行安全形势，总结反思新冠肺炎疫情给研学市场带来的冲击，以及疫情防控常态化对研学旅行的影响，科学构建疫情防控常态化下的研学旅行安全管理体系，对促进研学旅行的安全健康发展具有重要意义。

一 2020年研学旅行的安全形势

（一）全年受新冠肺炎疫情风险持续影响

进入疫情防控常态化阶段，教育部门要求暂不开展中小学生的研学旅行活动，多数省份的教育部门禁止开展大规模聚集性活动，部分地方发出通知劝谏家长不要安排中小学生开展外出旅行活动。在这种背景下，2020 年全年的研学旅行市场受到剧烈的冲击，大部分研学旅行活动被迫取消，研学旅行机构的业务几乎陷入停滞状态，部分研学旅行机构面临生存危机。

（二）传统安全风险状况不容乐观

研学旅行活动受疫情的影响而大幅减少，但在少量个体化开展的研学旅

---

① 丁运超：《研学旅行：一门新的综合实践活动课程》，《中国德育》2014 年第 9 期，第 12～14 页。

行活动中，传统安全风险仍有出现，说明研学旅行的传统安全风险需要得到重视。本文通过百度搜索、360搜索等搜索引擎，对2020年我国研学旅行安全事故进行检索，搜索关键词为"研学旅行＋事故""研学旅行＋安全""研学＋受伤""研学＋死亡""夏令营＋受伤""夏令营＋死亡""冬令营＋死亡""冬令营＋受伤"等。通过分析收集的案例发现，研学旅行安全事故主要集中在意外性受伤事故以及交通事故，如2020年1月，在巴中高速附近，受大雾恶劣天气的影响，500余名师生所乘坐的大巴车被困高速。[1] 2020年7月，山东威海一名男孩参加夏令营研学活动，在参观时被意外烫伤。[2]

二 疫情防控常态化对研学旅行的影响

随着疫情进入常态化防控阶段，旅游业开始复工复产，研学旅行市场也开始逐渐复苏。但从大环境来看，我国持续面临严峻的疫情防控挑战。[3] 从短期影响来看，多数研学旅行活动被迫取消或延缓，研学旅行市场面临短期困境，研学旅行产业生态链受到了冲击。从长远来看，疫情防控常态化也是对我国研学行业的一次"摸底"与"大考"，有利于促进行业自省与反思，提升行业集中度和研学市场准入门槛，提升研学旅行行业的规范化和标准化，提高研学企业整体质量，这对于促进我国研学旅行市场的长远发展具有积极意义。

（一）新冠肺炎疫情冲击研学旅行市场

为了巩固疫情防控成果，国家对旅游活动和研学旅行活动采取了较为严

① 《安全启示录丨500师生研学归来被困高速，研学安全不可忽视!》，搜狐网，https://www.sohu.com/a/365169274_120146404，2020年1月4日。
② 《孩子参加夏令营被意外烫伤青岛阳光高尔夫承认要担责》，半岛网，http://news.bandao.cn/a/436931.html，2020年12月2日。
③ 《在疫情防控常态化条件下加快恢复生产生活秩序》，《人民日报》2020年3月30日。

格的管理措施。2020 年 1 月，文化和旅游部办公厅发布《关于全力做好新型冠状病毒感染的肺炎疫情防控工作暂停旅游企业经营活动的紧急通知》，要求全国旅行社及在线旅游企业暂停经营团队旅游及"机票＋酒店"旅游产品。2020 年 4 月，教育部应对新冠肺炎疫情工作领导小组办公室印发了《关于新冠肺炎疫情期间暂停恢复大型体育活动和聚集性活动的通知》，要求各地各校保持高度警惕，压实防控责任，落实防控措施，新冠肺炎疫情期间暂停恢复大型体育活动和聚集性活动。

各地教育主管部门下的新冠肺炎疫情防控工作领导小组也针对中小学的疫情防控作出指导，其中多省份专门提及暂停研学旅行活动。如山东省发布的《山东省中小学校 2020 年春季学期开学工作指南》中指出，小学课后延时服务工作可暂时不开展，中小学生校外综合实践、研学旅行工作暂不开展。安徽省发布的《安徽省普通中小学新冠肺炎疫情防控开学工作指南》中指出，不组织聚集度高的体育、文化、艺术等活动，暂停组织学生研学游、社会实践活动。广东省教育厅发布的"疫情防控八条"中指出，停止校内外培训、研讨、研学等集聚性教育教学活动。此外，各地教育局也纷纷发出公开信、倡议书，叫停研学旅行，如成都市教育局发出《致全市师生及家长的一封公开信》，提出"不要让孩子参加诸如社会实践、研学旅行等聚集性活动，不建议带孩子出游"；苏州市教育局在《致全市师生家长的倡议书》中也指出，"不参加任何形式的集体活动及冬令营研学旅行等"。2020 年 7 月 19 日，北京市教委明确表示，暑假期间北京教育系统不组织、不接待各类夏令营等聚集性活动。各学校不得利用校舍组织和接待各类夏令营、研学旅行、暑期社会实践等学生聚集性活动。

在这种政策背景下，我国研学旅行市场几乎陷于停滞状态。从短期影响来看，疫情防控常态化使研学旅行客源缩减，研学活动停滞，研学机构生存困难，不利于研学市场的短期恢复。从直接影响来看，多数旅游研学活动因疫情被迫取消或受到限制，研学旅行的相关企业及机构受到重大冲击。中小学生是研学旅行的主体力量，疫情使研学客源大幅缩减，研学企业或研学机构的生存受到影响，多数研学企业面临淘汰风险。此外，客流减少带来业务

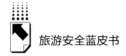

停滞、现金流压力等问题，进一步导致研学行业的人才流失，研学旅行整体产业生态链受到冲击，整个研学行业的可持续发展受到影响。① 研学企业经营压力巨大，创业公司和小微企业更是处境艰难，② 相关企业分化严重。

（二）新冠肺炎疫情推动行业升级

从长远视角来看，疫情防控常态化有利于提升研学行业集中度和市场准入门槛，提高研学企业整体质量，更加关注研学旅行的安全保障问题，促进行业长远健康发展。

从政策层面来看，我国研学旅行发展前景广阔，受多方政策支持。如在《中共中央关于制定国民经济和社会发展第十四个五年规划和二〇三五年远景目标的建议》中，明确提出要建设高质量教育体系，要增强学生文明素养、社会责任意识、实践本领，重视青少年身体素质和心理健康教育。2020年5月，教育部对普通高中课程方案和语文等学科课程标准（2017年版）进行了修订，其中劳动为必修课程，共6学分，其中志愿服务为2分，在课外时间进行，3年内不少于40小时。方案还明确提出体育与健康为必修内容，必须在高中三学年持续开设。研学旅行在促进学生身心健康发展与提升责任意识方面具有重要积极作用，研学旅行也是课程对接重要的实现形式。

从行业层面来看，疫情带来的市场冲击有利于提升研学行业市场准入门槛，提升行业集中度，促进研学行业朝标准化、品质化、信息化等方向发展。疫情背景下，研学企业普遍面临生存危机，加剧研学行业的兼并收购和行业洗牌，这在一定程度上提升了研学行业的市场准入门槛和行业集中度。行业内部的人开始反思研学旅行发展过程中存在的问题，如市场竞争混乱、专业人员匮乏、课程内容专业性不足、安全保障不足等，从而促进行业内部的变革，有助于建立起统一的行业标准。面对疫情，如何防疫、采取何种防

---

① 刘俊、陈琛：《后疫情时代研学旅行行业可持续性生态系统的构建》，《旅游学刊》2020年第9期，第7~10页。
② 蒋艳霞：《疫情常态化防控下研学旅行转型之路》，《中国旅游评论》2020年第3期，第24~26页。

疫举措是研学行业首先要考虑的问题，不少企业推出线上研学平台，"互联网＋研学"模式进入大众视野，智慧化研学、信息化研学成为研学发展的新趋势，因此疫情防控常态化有助于促进研学行业的数字化转型。

从企业层面来看，疫情带来的行业冲击有利于提升研学企业整体质量，从而提供更优质的研学旅行服务。疫情防控常态化环境下，研学旅行相关企业及机构要想在激烈的竞争环境中生存，须在防疫卫生、安全保障、课程设置、师资配置、研学模式等方面深挖"护城河"，提升自身竞争力与影响力。在防疫卫生上，疫情的防控无疑是研学企业安全开展研学活动的重要前提，督促更多研学机构做好疫情防控工作，为研学旅行的开展保驾护航；在安全保障上，督促研学企业提升安全服务标准，建立企业安全管理办法，保障研学旅行的交通、饮食、住宿、卫生、环境等方面的安全；在课程设置上，促使研学企业优化课程内容，使课程内容结合当前社会发展需要，在一定程度上能够弥补以往研学旅行"重形式，轻内容"的不足；在师资配置上，促使研学机构对本企业员工及研学导师展开系统全面的培训，提高企业师资力量；在研学模式上，校外研学活动较少，使得越来越多的研学机构创新课程模式，积极采取线上直播、线上研学等"互联网＋研学"的形式，促进了多样化的研学模式产生。

三 常态化疫情防控下研学旅行的安全管理体系

（一）2021年的研学旅行发展趋势

2021年，随着疫情持续好转，旅游业将不断得到修复，研学旅行市场将迎来重大转机，预计参加研学旅行的人数会逐渐增加，以学生为主体的暑假研学旅行活动将会迎来高峰，特别是由家庭组织的自助型研学旅行活动将大幅度增加。同时，研学旅行方式将会更加多样化。

总体上，安全问题是开展研学活动不可逾越的一根"红线"，疫情防控常态化下的研学安全问题更是研学旅行的重中之重。构建科学有效的研学旅

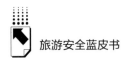

行安全管理体系，是确保研学活动安全开展的重要前提与基础保障。当前我国研学旅行发展存在诸多问题，例如缺乏准入标准、专业性人才匮乏、经营主体混乱、市场恶性竞争等，这些问题处理不当都有可能导致安全事故，因此研学旅行的安全管理也受主体多样性、体系复杂性、要素多变性等因素影响。疫情防控常态化下的研学旅行应以疫情防控为主线、以日常安全管控为基调。

（二）研学旅行的安全管理体系建构

研学旅行的利益主体涉及学校、政府、相关部门以及研学企业等机构或部门，他们是研学旅行过程的组织方、参与方、提供方以及保障方。[①] 研学旅行过程涉及事前、事中、事后等过程与环节，安全管控在各环节也具有不同的工作重点。

1. 学校应加强疫情安全教育，做好日常的监测与预防

学校应主要负责疫情安全教育、安全引导以及应急准备工作。由于研学旅行的主体力量为中小学生等未成年学生，该类群体对疫情的风险认知较为欠缺，疫情安全意识较薄弱，疫情防控能力存在不足，因此学校首先应加强疫情安全教育，提高师生疫情安全意识，开展疫情防控演练等活动，以提升疫情防控应对能力。同时，学校还应做好疫情的防控与预警，对学校内部的重点区域落实防疫监督职责，如校门、教室、宿舍、食堂、各类体育场馆等，做好日常体温检测、卫生消毒、健康教育、心理健康辅导等工作。在研学旅行活动开展前，应编制研学旅行相关安全行为指南，对研学旅行开展的前期、中期、后期等阶段可能遇到的安全问题及应对策略进行引导，如可能发生的交通安全问题、住宿安全问题、饮食安全问题等。编制研学旅行应急预案，设立校研学旅行安全应急领导小组，对各小组的安全职责进行明确分工，明确遭遇突发事件时的应急救援措施。

---

① 谢朝武、杨钦钦：《研学旅行须强化安全管理》，《中国旅游报》2017 年 1 月 9 日。

2. 政府应建立健全研学旅行疫情防控保障机制

系统完善、科学合理的疫情防控保障机制是确保疫情防控常态化下的研学旅行安全健康发展的重要基础。政府应着力建立健全研学旅行疫情防控保障机制，督促落实研学旅行相关安全工作，定期开展监督检查。各地政府要制订科学有效的中小学生研学旅行安全保障方案，探索建立起行之有效的研学旅行安全责任体系，明确各部门安全职责。建立健全研学旅行应急体制、应急机制、应急法案以及应急预案，建立研学旅行重大突发事件应急机制，厘清各部门关系、权力、责任边界，明确指导、监管、监督责任，保证研学旅行安全管理"有法可依，有据可行"。

3. 相关部门应加强研学旅行疫情安全的沟通与协作

研学旅行作为一种旅游活动与教育活动相结合的新形式，活动的开展主要由教育部门与旅游部门牵头，但活动过程的安全管理还需要交通、公安、卫生、消防等多个部门协作配合，在疫情防控常态化背景下，卫生防疫监督检查工作更需要多部门的合作才能完成。首先，应建立本地区的研学旅行部门协作联动机制，统筹规划本地区研学旅行安全问题。其次，建立信息共享机制，研究区域内研学旅行疫情信息通报与协作处置相关重要事项。此外，相关部门应根据自身职责出台有关研学旅行的疫情防控举措或开展相关检查。如教育行政部门负责督促学校落实疫情防控安全责任；旅游部门对研学旅行的相关企业或机构的准入条件和服务标准进行审核；保险监督管理机构对研学旅行中的责任险进行协调与优化；交通部门针对研学旅行营运车辆的安全性合法性进行检查；公安、消防、食品卫生等部门针对组织研学旅行所涉及的餐饮、住宿、交通等公共经营场所进行安全监督。

4. 研学企业应规范组织运行，做好疫情防控保障工作

相关研学企业是研学活动开展的主要执行者以及具体操作者，是保障研学旅行活动的基本主体。研学企业以及相关研学旅行产品应坚持疫情防控优先原则，做好疫情检测，进行安全风险评估，强化日常风险预防，提升安全保障管控标准，建立应急管理体系，做好应急处置工作，保障研学旅行过程中的各旅游要素和活动组织的安全。针对企业员工及研学导师等

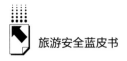

人员，要加强疫情安全知识培训，提升工作人员的疫情风险意识和疫情防控能力；针对研学营地，要全力保证研学营地的安全卫生和疫情防控，对研学营地进行全面消杀与定期消杀。此外，企业本身要建立系统化安全管理机制，增强自身风险抵抗能力，防止"黑犀牛""灰天鹅"等事件的发生。

5. 建立健全研学旅行全过程安全管理体系

过程安全管理是研学旅行安全管理的重点，组织者应建立起全过程的安全管理体系。①事前预防与准备管理。在开展研学旅行活动前，组织者应对可能导致安全问题的风险源进行排查、识别、评估与控制，对风险因素进行有效管理，针对重点环节、薄弱环节要及时进行督导、检查。②事中监测与预警管理。组织者应建立研学旅行风险信息数据库，构建学校、研学企业、政府部门、相关行政部门之间的风险信息沟通渠道，构建不同部门之间及不同区域之间的信息交流与情报合作机制，对监测到的风险信息进行分析与评估，预测风险的发展趋势，为研学旅行突发事件的风险预警提供基础。③事发处置与救援管理。疫情环境下，突发的疫情个案会导致所有参与者进行隔离管理。因此，组织者应该保留参与者的完整信息数据，能够做出快速通知和行为响应。对于常规的安全突发事件，应具备足够的救援资源和力量来参与救援管理。④事后恢复管理。组织者要做好突发事件的善后处置工作，重视相关人员的心理疏导。同时还应引导参与者增强责任意识以及风险意识。

B.21
疫情防控常态化形势下民宿业态发展风险及安全应对策略[*]

皮常玲 王璐 宁军[**]

摘　要： 疫情防控常态化形势下，我国民宿业态发展面临诸多风险和不安全问题。民宿业态面临的风险包括：民宿的生存风险、安全监管风险、人才短缺引发的产品品质风险、成本飙升引发的退出风险和民宿经营者与房东、社区的纠纷问题以及商业资本进入对民宿的市场冲击等。应通过加强民宿监管、提高行业协会权威性、健全民宿疫情防控制度和加强政产学研联合的方式，进一步加强疫情防控常态化下民宿业态风险防范，推进民宿业态可持续发展，在疫情防控常态化形势下促进民宿业态风险防范与安全发展。

关键词： 疫情防控常态化　民宿业态　风险应对

一　民宿业发展的总体情况

民宿作为一种新兴的住宿业态，受到国家、各部委及各省市的高度重视。2016~2019年连续4年的中央一号文件都明确提出要鼓励、支持和引

＊ 基金项目：2020年度福建省中青年教师教育科研项目（JAS20641）。

＊＊ 皮常玲，厦门城市学院旅游系讲师；王璐，华侨大学旅游学院旅游管理专业博士研究生；宁军，福建省旅游协会民宿分会会长。

导民宿发展。在中央文件的高位推动下，各部委和各省市也积极响应，出台相关文件和扶持发展的政策，在相关会议中明确提出要积极发展民宿。例如，文化和旅游部 2018 年举办的全国发展乡村民宿推进全域旅游现场会、2019 年和 2020 年举办的全国乡村旅游（民宿）工作现场会，2018 年海南省人民政府颁布的《海南省人民政府关于促进乡村民宿发展的指导意见》，等等。这些文件的颁布和相关优惠政策的出台，大力推进了民宿的发展，民宿数量从 2015 年的 30231 家[1]增至 2019 年的 142875 家[2]（历年变化如图 1 所示），增幅达 372.6%，民宿呈集中式分布，主要分布在广东（17176家）、浙江（13680 家）、云南（11778 家）、山东（8354 家）等区域[2]。2020 年新冠肺炎疫情期间，尽管受到了疫情的影响，但我国民宿数量，特别是乡村民宿数量仍有所增加。但与此同时，我国民宿业发展也面临一系列风险和不安全问题。

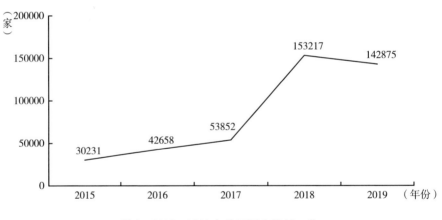

图 1　2015～2019 年我国民宿数量一览

注：此数据主要来源于 2015～2019 年的全国民宿大会，因数据的统计口径不一致，可能存在误差。

---

① 《2016－2017 中国客栈民宿行业发展研究报告》，搜狐焦点，https：//house. focus. cn/zixun/61ead37220625725. html，2017 年 8 月 24 日。

② 参见 2019 年第五届全国民宿大会发布的《2019 年全国民宿发展报告》。

二 疫情防控常态化形势下民宿业态发展风险

民宿作为一种非标准的、新型住宿业态，存在多种发展风险。新冠肺炎疫情对住宿业的影响，也严重波及民宿业的安全发展。

（一）疫情防控常态化带来的民宿生存风险问题

2020年新冠肺炎疫情对住宿业影响严重，民宿入住率也呈断崖式下降。新冠肺炎疫情初期，各地实施封闭管理，民宿被迫关停，民宿无法接待顾客，入住率"归零"，90%以上民宿收入受重创。2020年《新冠疫情对中国住宿行业的影响与趋势报告》显示，2020年1～2月酒店和民宿损失约1300亿元，[①]疫情防控常态化以来，消费者出游意愿减弱，入住民宿的顾客也随之锐减。民宿作为微小企业，现金流短缺，抗风险能力差，在疫情影响下，诸多民宿经营者既面临无营收或少营收的运营状况，还面临民宿租金、人力、水电以及房屋折旧等支出，收不抵支造成资金周转困难。尽管一些地方出台疫情补贴政策，但仅具有完整证照的民宿才能享受，而目前我国多数民宿仍无法办理证照，因此无法享受地方疫情补贴政策以致关门歇业。疫情防控常态化形势下众多民宿面临生存风险，民宿恢复正常营运和安全发展不易。

（二）疫情防控态势下民宿安全监管问题

民宿是一个系统工程，涉及公安、消防、旅游、环保、市场监督、卫生等多个部门。由于各种原因，很多民宿没有跟治安、消防系统联网，处于"无监管"的不安全状态，民宿的安全监管问题诸多。①治安监管问题。一些民宿经营者为了招揽生意，住宿不办理登记。②消防监管问题。民宿经营者设计装修民宿时追求美观，没有考虑消防问题，装修材料不符合耐火要

---

① 《新冠疫情对中国住宿行业的影响与趋势报告》，迈点，https：//www.meadm.com/info/211604.html，2020年3月13日。

求，消防设施不到位。③安全救援问题。民宿从业人员没有经过专业的安全培训，民宿内部缺乏紧急防范预案，遇到突发事件，很难开展救援工作。④卫生不达标问题。一些村民自建的乡村民宿，卫生设施建设不到位，没有规范的消毒和疾病防范措施，卫生防控不达标。

新冠肺炎疫情防控态势下，民宿又面临新的卫生防疫安全监管问题。①民宿中集聚人群的防控与监管。民宿住宿最大的特色是主客间、客客间的互动与交流，这种交流就容易形成聚集，相互之间要保持距离防止集聚感染、有效疫情防控成为民宿监管的重要问题。②民宿顾客绿码与行程码的检查与监管。疫情防控常态化下，部分民宿的员工配比少，无法有效进行检查和监管，一些民宿为招徕顾客，也会放松对来自高风险区域顾客绿码和健康码的检查，影响疫情防控的效度与信度。

（三）疫情防控常态导致民宿人才短缺引发的产品品质风险问题

与快速增加的民宿数量相比，民宿人才供给短缺明显。民宿专业人才短缺、招工困难一直是民宿发展的瓶颈。目前我国开设民宿专业或设有民宿专业方向的院校稀少，例如 2017 年有浙江旅游学院和借宿合办的"借宿民宿方向创新班"、2019 年有广东南华工商学院旅游管理专业开设的民宿方向培养班等短期培训班，尚未形成成熟、健全的民宿人才培养专业和模式。民宿专业人才短缺、招工困难，且多数临时招聘的人员缺乏专业技能培训，导致民宿产品品质、服务质量较低。新冠肺炎疫情使民宿市场受到强烈冲击，不少民宿经营者采取降低民宿人员薪酬或降低全职员工比例的方式维持民宿生存，民宿人才流失和短缺更为严重，民宿产品品质与服务质量面临的风险进一步加剧。

（四）疫情防控常化态导致民宿成本飙升引发的退出风险问题

随着民宿的快速发展，民宿运营成本一直在飙升，经营风险越来越凸显。①民宿房租带来的高成本。民宿房租随着民宿的火爆一直飙升，多数民宿收入的一半以上用来偿还房租。以大理民宿房租为例，2012 年大理人民路上的民宿租金只要1.8万元一年，而2020年，1.8万元仅是人民路上一间30平方米民宿一个月的租金。[①] ②民宿装修建设带来的高成本。在现有政策下，民宿装修建设需要经过多部门审批，不能随意装饰和修改房屋建设结构，对文物保护建筑用于装修建设民宿的，审批时间更长，民宿装修建设的时间成本和资金成本都高。此外，随着各地民宿标准的出台，民宿装修建设中对安保设备、环保建材的要求越来越高，需要投入的资金更多。③民宿预订平台高比例佣金带来的高运营成本。OTA已经成为民宿重要销售渠道。OTA在提供客源的同时，也收取高佣金。例如，Airbnb、小猪短租收取佣金为民宿房间卖价的10%，途家收取佣金为民宿房间卖价的10%~15%。在高成本的压力下，民宿行业的"退市"迹象明显，民宿业态面临的退出风险显见。2020年疫情出现及疫情防控常态化形势下，各地要求民宿对住客测温、检码，对安全防范设施设备投入有更多的要求，民宿的人工成本和资金成本进一步增加，民宿业退出市场的风向越来越凸显。自2020年春节新冠肺炎疫情突发以来，已有多家民宿因无法承担高成本而退出市场。

（五）疫情出现引发民宿经营者与房东和社区的纠纷

受新冠肺炎疫情的冲击与影响，民宿经营者与房东、社区纠纷不断。①民宿经营者与房东的房租纠纷。目前我国多数民宿仍以租用房屋经营为主，不少民宿经营者是在当地民宿还未兴起、房租较低时就进入，并与房东签订长期租用合同，随着当地民宿的火爆发展，房租逐渐上涨，之前签约的房东为谋取更高的房租不惜与经营者毁约，要求民宿经营者涨付房租或搬离房屋并重新以高价招租。2020年新冠肺炎疫情期间，国家和各级政府都号召为企业减免房租，但多数民宿房东减免房租意愿不强，民宿经营者因拖延上交房租与房东矛盾凸显，甚至有房东到法院状告民宿经营者的事件出现。

[①] 《大理民宿业"冰冻"：徒劳的自救?》，金融界，https://baijiahao.baidu.com/s?id=1663278041130149097，2020年4月7日。

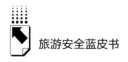
②民宿经营者与社区的管理纠纷。新冠肺炎疫情期间，一些民宿经营者收留来自外地的民宿顾客尤其是来自中高风险地区的、受疫情的影响无法返家的民宿顾客，给当地社区居民带来疫情传播和感染风险，引发一系列社区管理的纠纷。

（六）疫情防控常态化加剧商业资本对民宿市场的冲击

受新冠肺炎疫情的影响，大量民宿退出市场，一些民宿专家和业界权威人员提出民宿业处于"抄底"时期，是商业性资本迅速进入民宿市场的黄金时期。民宿体量较小、投资总量可控、定价空间大，容易成为专业的资本运作机构、资本巨鳄以及民宿产业链上下资本方的投资风口。此外，疫情期间国家和地方出台的各种民宿补贴政策，也为谋取补贴的资本提供了途径。这些追求短期效益的资本进入民宿市场，简单、迅速扩大民宿供给规模，并以传统酒店的思维和模式运营民宿，给"有温度的生活"的民宿"本真"带来严重威胁和冲击，引发的民宿市场风险显见。受此冲击，顾客越来越难以体验到民宿"有温度的生活"，民宿体验"温感"下降，顾客住宿民宿的意愿降低，导致出现"资本利益导向—民宿待客'温度'缺失—顾客'体验温感'降低—民宿市场风险增加—极端方式追求经济利益"的恶性循环，民宿业发展面临市场安全风险。

此外，追求短期利益的商业性资本进入民宿市场，还会对当地原有的民宿小业主产生冲击，引发一系列冲突。①运营成本的冲突。商业性资本进入民宿，带来的直接后果是民宿房租上涨，使得一些小业主的经营成本随之上涨，小业主在疫情防控常态化营收减少的负面影响下"不堪重负"逃离民宿市场。②经营行为的冲突。商业资本掌控下的民宿经营者以利益导向型的职业价值观为主，小民宿业主的职业价值观以生活方式型和创业导向型为主，不同职业价值观引导下的民宿经营者在经营理念和经营行为方面的冲突会引发市场冲突和文化冲突。③市场冲突。商业性资本因资本雄厚，在市场中占有民宿数量多，民宿市场营销手段强，拥有较为专业的运营人才，短时间内能够迅速抢占小民宿业主市场，引发业主之间的纠纷与冲突。

三 疫情防控常态化下民宿业态风险防范与安全发展应对策略

（一）加强民宿监管，规范民宿经营行为

1. 加强民宿安全监管

各地方民宿行政管理部门关注和重视以下几方面的民宿监管工作。①加强民宿合规发展的安全监管。要在《旅游民宿基本要求与评价》（LB/T 065 - 2019）关于安全管理要求的基础上，制定符合各地民宿发展现实的安全监管标准，特别要加快制定民宿消防、建筑标准，以标准推动民宿安全管理。②尽快完善民宿证照办理体系。可以借鉴浙江省民宿发展经验，以"乡镇代办，跨级联办"制度优化审批流程，简化审批环节，推进民宿办证体系管理。③将民宿经营者的情感劳动纳入民宿管理体系和评价范畴，制定民宿经营者情感劳动和顾客情感体验的相应标准，规范民宿经营行为，保障民宿"本真"。

2. 加强民宿市场监管

相关管理部门可从以下几方面开展民宿市场监管工作。①针对商业资本进入民宿的现实，加强对进入民宿市场的商业资本监管，保证不同类型资本投资的民宿遵守地方民宿管理制度，控制大资本吞食小业主的市场行为。②相关管理部门应通过民宿价格管控、服务质量监管等方式，对所在区域不同类型民宿的市场秩序进行管理。③行政管理部门应谨慎审核和监管民宿的政策优惠补贴，避免民宿市场中出现套取政策优惠补贴的投机行为。

3. 推行民宿备案制，完善民宿证照办理

备案制可以有效解决目前民宿证照办理的问题。民宿备案制是指符合条件的民宿经营者依法取得商事登记后，到区政府指定的部门或者所在地镇政府（街道办事处）进行备案，备案信息将推送至公安机关以及消防救援、建设、住房、旅游等相关部门，由公安机关接入旅馆业治安管理信息系统，

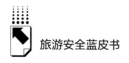

民宿经营者即可开展经营活动。这种无须办理特种行业许可即可进入运营的方法可以解决民宿因消防等检查不过关无法办理特种行业许可证的问题。浙江、广东、上海、江苏和福建等地区的民宿管理部门已经在尝试采取备案制的方式解决民宿证照不全的问题。

（二）提高行业协会的权威性，引导民宿业态安全发展

1. 提高民宿行业协会安全管控的权威性

在疫情防控常态化形势下，民宿行业协会应努力提高自身权威性，强化民宿行业对业态的协调效度和管控力度，重视业态风险防范与安全管控力，着力协调与解决民宿灰色经营与违规经营现象，加强民宿行业的自查自管，这样才能有效引导民宿业态的安全复苏和可持续发展。

2. 成立民宿调解委员会，解决各种纠纷

民宿经营者与房东、社区和顾客之间的各种冲突，已经成为民宿经营中常见的安全问题。民宿行业协会应该联合相关管理部门及行业中较有威望的民宿经营者，成立调解委员会，协助民宿管理部门、公安部门、工商部门等相关部门，帮助民宿企业解决运营中遇到的冲突与问题，提高民宿行业协会的协调效度和权威性。

（三）健全民宿疫情防控制度，完善防控措施

疫情防控常态化形势下，民宿疫情防控制度的建立健全十分必要。民宿管理部门和民宿经营者需要做好以下工作。（1）开展民宿疫情防控知识宣传教育。可以通过网络会议、宣传橱窗、送教上门等多形式多渠道，对民宿从业人员进行以新冠肺炎疫情为重点的预防知识、健康知识的宣传与教育，增强民宿从业人员卫生防疫意识和自我保护能力。（2）强化民宿相关人员健康信息报告制度。通过每日体温测量、行程报告等方式报告民宿相关人员的健康信息，对来自中高风险区域的民宿顾客，要有主动报告、及时采取防控措施的制度要求。（3）加强民宿疫情防控应急演练。制定疫情检查与突发应急预案，定期进行相应演练，并根据具体情况进行预案更新。

（四）加强政产学研联结，提高民宿发展的实践与理论结合度

1. 建立政产学研协同合作机制

民宿发展需要政产学研的协同发展，才可持续。民宿管理部门应发挥领导作用，联合民宿行业协会、高校和科研机构，建立沟通与合作平台、出台相关政策、反映行业呼声，建立人才培养基地、研究业态实践、提供理论指导，提高民宿产学研的广度和深度，强化民宿企业的主体地位，充分发挥高校的人才建设作用，调动科研机构智力，在多方协调合作下，共同促进民宿业态健康发展。

2. 坚守"有温度的生活"的民宿本真，推进民宿业态可持续发展

在疫情防控常态化形势下，更需要坚守民宿"本真"，提高民宿"温度"和顾客"体验温感"。民宿经营者应坚守情怀，努力从民宿环境、功能和情感等方面入手向民宿顾客提供"有温度的生活"，通过民宿"温度"吸引市场，提高民宿入住率，实现民宿业态的健康复苏与可持续发展。

B.22

疫情防控常态化形势下2020年旅游安全指数报告与热点问题分析[*]

邹永广 关智慧 杨 勇 吴 沛[**]

摘　要：　本文在前期构建的旅游安全度和游客安全感测评指标体系的基础上，对2020年样本地旅游安全指数的数据进行分析。研究发现，样本地旅游安全度总体上处于安全状态，游客安全感知值略低于游客安全期望值，中西部城市游客安全感相对较高，目的地游客安全感仍亟待提升。本文对评价结果折射出的如何保障游客在旅游景区的人身安全，提升游客安全感；如何统筹旅游场所疫情防控与安全管理，守住安全底线；如何确保文物安全，守住文物保护生命线等旅游安全热点问题进行剖析。同时提出了增强游客安全意识、筑牢旅游地疫情防控网、强化邮轮防疫举措、创新古建筑消防管理体系等管理建议，为推动旅游目的地安全管理对策的制定提供科学依据和实践参考。

关键词：　旅游安全　旅游安全指数　旅游安全度　游客安全感

---

[*] 本研究受国家社会基金项目（19CGL032）资助。

[**] 邹永广，华侨大学旅游管理系主任、教授、博士生导师；关智慧、杨勇、吴沛，华侨大学旅游学院硕士研究生。

一　2020年旅游安全指数样本概况及测评方法

本文依照《2018年旅游安全指数报告与旅游安全热点问题分析》中建构的旅游安全度指数测评指标和游客安全感测评指标，分别搜集2020年样本地旅游安全指数的样本，具体样本情况及测评方法如下。

1. 旅游安全度

目的地旅游安全度是旅游系统在内外部各种干扰风险影响的特定时空情境下，目的地旅游系统各子系统之间和子系统要素内互相作用、相互协调运行，抵御风险干扰，维持目的地旅游系统稳定的程度。[①] 目的地旅游城市是游客的重要活动场所，因此本文以全国31个重要城市作为研究对象，搜集旅游安全度测评指标的统计数据。2020年评价指标数据主要来自2019年《国民经济与社会发展统计公报》、2019年《中国城市统计年鉴》、全国31个重点旅游城市所在省份的《统计年鉴》、国家统计局2019年《中国统计年鉴》，部分统计指标数据来自样本城市政府官网和旅游政务网站。其中部分数据由于统计口径和统计工作等多方面的因素存在空缺，因指标数据属于历时性统计数据，本文根据以往的数值进行趋势外推得到2020年的统计数据。基于前期的研究，[②] 将目的地旅游安全抵抗力和入侵度指数划分为五个等级：（0～0.25]、（0.25～0.5]、（0.5～0.75]、（0.75～1]、（1，+∞）。其中，对于抵抗力指数，Ⅰ（0～0.25]为重警（恶劣状态）；Ⅱ（0.25～0.5]为中警（较差状态）；Ⅲ（0.5～0.75]为预警（一般状态）；Ⅳ（0.75～1]为较安全状态（良好状态）；Ⅴ（1，+∞）为安全状态（理想状态）。对于风险入侵度指数，Ⅰ（0～0.25]为安全状态（理想状态）；Ⅱ（0.25～0.5]为较安全状态（良好状态）；Ⅲ（0.5～0.75]为预警（一般状态）；Ⅳ（0.75～1]为中警（较差状态）；Ⅴ（1，+∞）为重警（恶劣状态）。将目的地旅游安全

[①] 邹永广：《目的地旅游安全评价与预警》，社会科学文献出版社，2018。

[②] 邹永广：《目的地旅游安全评价研究》，华侨大学，2015。

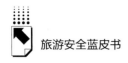

度划分为五个等级：Ⅰ（0，1.0］为重警（恶劣状态）；Ⅱ（1.0，1.3］为中警（较差状态）；Ⅲ（1.3，2.0］为预警（一般状态）；Ⅳ（2.0，4.0］为较安全状态（良好状态）；Ⅴ（4，＋∞）为安全状态（理想状态）。①

2. 游客安全感

旅游安全感是游客在旅游过程的特定时空条件下，不受旅游目的地外界因素干扰而免于承受身心压力、伤害或财产损失的综合主观心理感受，是游客对旅游目的地安全客观状况的主观感受，是主观诉诸客观的行为过程。② 本文依照前期研究开发设计的游客安全期望和游客安全感知的问卷，③ 于2020年9～12月对全国31个主要样本旅游地进行问卷调研，采用随机拦访和在线随机抽样调查方法，共发放问卷1989份，有效问卷1978份。随后，采用探索性因子分析、验证性因子分析方法和结构方程模型验证并计算确定游客安全感知与游客安全期望各观测变量的权重。最后，将游客安全感知值与游客安全期望值进行比较，得到游客安全感指数值。依据旅游目的地游客安全感指数的测算公式，④ 首先，将目的地游客安全感知与安全期望指数划分为五个等级：（0～0.25］、（0.25～0.5］、（0.5～0.75］、（0.75～1］和（1，＋∞）。其中，对于旅游安全感知指数，Ⅰ（0～0.25］为重警（恶劣状态）；Ⅱ（0.25～0.5］为中警（较差状态）；Ⅲ（0.5～0.75］为预警（一般状态）；Ⅳ（0.75～1］为较安全状态（良好状态）；Ⅴ（1，＋∞）为安全状态（理想状态）。对于安全期望，Ⅰ（0～0.25］为安全状态（理想状态）；Ⅱ（0.25～0.5］为较安全状态（良好状态）；Ⅲ（0.5～0.75］为预警（一般状态）；Ⅳ（0.75～1］为中警（较差状态）；Ⅴ（1，＋∞）为重警（恶劣状态）。其次，将游客安全感状况划分为五个等级：（0～1.0］为重警（恶劣状态）；（1.0～1.3］为中警（较差状态）；

① 郑向敏、谢朝武：《中国旅游安全报告（2019）》，社会科学文献出版社，2019。
② 邹永广：《目的地旅游安全度的时空分异研究——以全国31个重点旅游城市为例》，《经济管理》2016年第1期，第127～136页。
③ 邹永广、郑向敏：《旅游目的地游客安全感形成机理实证研究》，《旅游学刊》2014年第3期，第84～90页。
④ 邹永广：《目的地旅游安全度的时空分异研究——以全国31个重点旅游城市为例》，《经济管理》2016年第1期，第127～136页。

（1.3～2.0］为预警（一般状态）；（2.0～4.0］为较安全状态（良好状态）；（4.0，＋∞）为安全状态（理想状态）。

二 2020年样本地旅游安全指数的总体状况

总体来看，样本地旅游安全度呈现良好态势，旅游安全抵抗力指数值与安全风险入侵度指数值整体处于较安全状态。搜集全国31个样本地旅游安全度数据并进行分析，具体结果如表1所示。整体来看，一是样本地旅游安全度平均得分4.42分，处于安全状态。样本地中处于安全状态的城市共有15个，占比48.39%；处于较安全状态的城市有13个，占比41.94%；处于一般预警状态的城市有3个，占比9.68%。二是在样本地旅游安全抵抗力排名中，处于安全状态的城市有9个，占比29.03%；处于较安全状态的城市有7个，占比22.58%；处于预警状态的城市有10个，占比32.26%；处于中警状态的城市有5个，占比16.13%。三是在样本地旅游风险入侵度排名中，处于安全状态的城市有20个，占比64.52%；处于较安全状态的城市有11个，占比35.48%。

样本地旅游安全度空间分布表现出非均衡特征。整体上可以看出，旅游安全度处于安全状态的15个城市，主要位于西北地区（西宁、乌鲁木齐、西安）、东北地区（哈尔滨、沈阳）和华北地区（北京、天津、太原）；旅游安全度处于较安全状态的城市共有13个，分布较为分散，主要位于华东地区（南京、上海、福州）、华南地区（广州、海口）和西北地区（银川、兰州）；旅游安全度处于一般预警状态的有3个城市，分别为重庆、昆明和武汉。

表1 样本地旅游安全度指数得分与排名

排名	城市	抵抗力	排名	城市	入侵度	排名	城市	安全度
1	北京	1.6416	1	长春	0.6050	1	南宁	12.5083
2	上海	1.5740	2	昆明	0.5554	2	沈阳	9.0198
3	重庆	1.4158	3	广州	0.5138	3	太原	8.3014
4	天津	1.3218	4	拉萨	0.4596	4	天津	8.1936

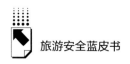

续表

排名	城市	抵抗力	排名	城市	入侵度	排名	城市	安全度
5	武汉	1.1800	5	上海	0.4225	5	北京	5.9761
6	成都	1.1299	6	石家庄	0.3109	6	哈尔滨	5.8932
7	贵阳	1.0725	7	南京	0.2914	7	西安	5.7442
8	长沙	1.0603	8	武汉	0.2871	8	济南	5.6227
9	广州	1.0298	9	重庆	0.2859	9	合肥	5.2469
10	郑州	0.9983	10	南昌	0.2791	10	乌鲁木齐	4.8205
11	南京	0.9682	11	北京	0.2747	11	西宁	4.7789
12	太原	0.9017	12	呼和浩特	0.2389	12	贵阳	4.5849
13	杭州	0.8615	13	郑州	0.2347	13	南昌	4.2286
14	福州	0.8396	14	乌鲁木齐	0.2225	14	郑州	4.1254
15	合肥	0.7946	15	海口	0.2142	15	杭州	4.0474
16	济南	0.7925	16	杭州	0.2074	16	长沙	3.7847
17	南昌	0.7132	17	福州	0.2018	17	福州	3.5345
18	西安	0.7000	18	成都	0.1886	18	成都	3.4279
19	昆明	0.6989	19	西安	0.1846	19	上海	3.1286
20	哈尔滨	0.6971	20	长沙	0.1842	20	银川	3.1097
21	沈阳	0.6466	21	济南	0.1775	21	广州	3.0637
22	长春	0.5878	22	兰州	0.1614	22	南京	2.9567
23	拉萨	0.5617	23	合肥	0.1510	23	呼和浩特	2.9304
24	乌鲁木齐	0.5567	24	银川	0.1405	24	兰州	2.8363
25	石家庄	0.5376	25	贵阳	0.1282	25	海口	2.5993
26	南宁	0.5131	26	天津	0.1100	26	拉萨	2.4584
27	呼和浩特	0.4734	27	太原	0.0957	27	长春	2.3402
28	兰州	0.4577	28	西宁	0.0956	28	石家庄	2.2479
29	银川	0.4571	29	哈尔滨	0.0871	29	重庆	1.8805
30	西宁	0.4368	30	南宁	0.0449	30	昆明	1.8544
31	海口	0.3911	31	沈阳	0.0434	31	武汉	1.6488

由目的地游客安全感指数结果可知，游客安全感知值高于游客安全期望值的样本城市较少，游客安全感亟待提升，如表2所示。具体来看，样本城市游客安全感指数均值为0.9933，说明样本城市游客安全感知值整体上低于旅游安全期望值，社会安全感欠缺。

从空间分布来看，中西部城市游客安全感相对较高。从整体上看，样本地游客安全感指数差异较小，21个样本城市游客安全感指数处于重警状态，占样本总数的67.74%；10个城市处于预警状态且主要位于中西部地区。较

2019年旅游地游客安全感指数态势而言，2020年游客安全感整体下降较明显。

表2 游客安全感指数得分与排名

排名	城市	安全期望	排名	城市	安全感知	排名	城市	游客安全感
1	郑州	0.3827	1	太原	0.3746	1	兰州	0.9162
2	重庆	0.3927	2	北京	0.3812	2	南宁	0.9248
3	太原	0.3947	3	福州	0.3860	3	北京	0.9295
4	福州	0.4001	4	重庆	0.3863	4	银川	0.9351
5	合肥	0.4045	5	银川	0.3990	5	广州	0.9477
6	济南	0.4062	6	济南	0.4005	6	沈阳	0.9492
7	海口	0.4083	7	石家庄	0.4006	7	太原	0.9492
8	北京	0.4101	8	沈阳	0.4007	8	石家庄	0.9514
9	拉萨	0.4109	9	天津	0.4012	9	哈尔滨	0.9521
10	天津	0.4109	10	海口	0.4038	10	福州	0.9648
11	成都	0.4115	11	拉萨	0.4040	11	南京	0.9735
12	西安	0.4127	12	南宁	0.4044	12	昆明	0.9735
13	长春	0.4136	13	兰州	0.4064	13	天津	0.9764
14	南昌	0.4198	14	哈尔滨	0.4090	14	贵阳	0.9806
15	乌鲁木齐	0.4199	15	广州	0.4123	15	长沙	0.9810
16	石家庄	0.4210	16	贵阳	0.4142	16	拉萨	0.9833
17	沈阳	0.4221	17	昆明	0.4195	17	重庆	0.9839
18	贵阳	0.4224	18	长春	0.4216	18	济南	0.9860
19	银川	0.4266	19	西安	0.4229	19	海口	0.9890
20	哈尔滨	0.4296	20	长沙	0.4247	20	杭州	0.9936
21	昆明	0.4309	21	成都	0.4252	21	武汉	0.9952
22	长沙	0.4329	22	乌鲁木齐	0.4272	22	乌鲁木齐	1.0174
23	广州	0.4351	23	郑州	0.4343	23	长春	1.0192
24	南宁	0.4373	24	南昌	0.4350	24	西安	1.0246
25	呼和浩特	0.4384	25	合肥	0.4479	25	呼和浩特	1.0275
26	兰州	0.4436	26	呼和浩特	0.4505	26	成都	1.0332
27	西宁	0.4553	27	南京	0.4519	27	南昌	1.0361
28	武汉	0.4613	28	武汉	0.4591	28	上海	1.0410
29	南京	0.4642	29	杭州	0.4707	29	合肥	1.1073
30	杭州	0.4738	30	上海	0.5045	30	西宁	1.1159
31	上海	0.4847	31	西宁	0.5081	31	郑州	1.1351

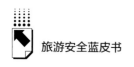

三 2020年样本地旅游安全度指数主要特征

（一）样本地旅游安全度指数特征

1. 旅游安全抵抗力各动力因素作用效果分异

安全投入是保证目的地旅游安全活力的必要条件。从旅游安全抵抗力指数值看：安全抵抗力最高的是北京，处于安全状态；海口的安全抵抗力水平较低，处于中警状态。由统计数据可知，在疫情影响下，公共安全支出作为衡量安全投入的重要组成部分对安全抵抗力的分异贡献程度较大。

提升安全管理是增强旅游安全抵抗力的重要措施。通过旅游安全度各指标数值可知，安全管理比重较高，是影响旅游安全抵抗力的关键要素。从客观数据看，旅游应急预案数量、旅游安全信息发布数、旅游预警信息数等要素的提升对目的地旅游安全抵抗力分异发挥了重要作用。

2. 旅游安全风险入侵度受个别要素影响突出

公共卫生事件引发的旅游危机对旅游地的安全管理提出挑战，在目的地旅游安全风险入侵度分异现象成因中扮演着重要角色。在新冠肺炎疫情影响下，旅游目的地风险入侵度受传染病人员数量的影响较为明显。因此，武汉、广州和重庆等地风险入侵度相对较高。除公共卫生事件风险因子的影响较突出外，失业人数、社会治安事件等要素对旅游安全风险入侵度影响同样显著。

（二）样本旅游地游客安全感指数的特征

1. 样本地旅游安全期望与旅游安全感知差异小

在 31 个城市之中，游客安全期望值最低的是郑州，为 0.3827 分；游客安全期望值最高的是上海，为 0.4847 分。据此可知，目的地旅游安全期望值差距较小且均处于较安全状态。从游客安全感知值看，多数样本城市旅游安全感知值处于中警状态。具体来看，仅上海（为 0.5045 分）和西宁（为

0.5081 分）的游客安全感知值处于较安全状态，其余 29 个城市旅游安全感知值均处于中警状态。

2. 游客安全感空间分布格局差异较显著

从游客安全感看，有 21 个城市旅游安全感知值小于旅游安全期望值，但安全期望值与安全感知值整体较为相近。其中武汉市游客的安全期望值与安全感知值最为接近，游客安全感指数为 0.9952；有 10 个城市游客安全感值大于 1，即游客安全感知值大于旅游安全期望值，分别为乌鲁木齐、长春、西安、呼和浩特、成都、南昌、上海、合肥、西宁和郑州。上述城市主要位于中西部，说明我国中西部地区旅游安全感较高。

四 2020年旅游安全热点问题剖析

（一）如何保障游客在旅游景区的人身安全，提升游客安全感

频繁发生的旅游景区安全事故为旅游安全管理敲响了警钟，旅游景区安全管理水平的提升刻不容缓。旅游景区安全事故类型多样，有关新兴网红项目的事故成为公众关注的焦点，如 2020 年 12 月 1 日，云南腾冲市发生热气球工作人员意外坠落事故，造成 1 人死亡。此次事故为一些匆匆上马的热门旅游项目敲响了警钟。[①] 游客擅闯未开放区域遇险等涉旅安全事件同样引发社会关注，如 2020 年 8 月 23 日，来自湖南、重庆等地的 6 名"驴友"在贵州滴水滩瀑布探险，两名"驴友"在挑战"瀑降"过程中不幸遇难。[②] 安全是旅游业的红线，旅游景区安全工作对于保持旅游业的健康发展至关重要。

---

① 《景区停业整顿！云南滕冲通报工作人员从热气球上坠落身亡》，央视新闻，https：//baijiahao. baidu. com/s？id＝1684840925909964168&wfr＝spider&for＝pc，2020 年 12 月 1 日。

② 《贵州瀑降被困两驴友均确认遇难，网红瀑布系野景区》，人民日报，https：//baijiahao. baidu. com/s？ide＝1676005689634336429&wfr＝spider&for＝pc，2020 年 8 月 25 日。

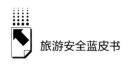

（二）如何统筹旅游场所疫情防控和安全管理，守住安全底线

在疫情影响下，旅游场所面临严峻的疫情防控形势。第一，局部地区疫情出现反弹。当前，我国疫情防控形势总体平稳，但国内部分地区有所反弹，且我国面临的境外输入病例和进口冷链食品消费导致的本地传播风险进一步增大。第二，人员流动增加防控压力。春节期间小规模的聚集性活动将多于日常，同时境外回国人员增多，境内人员跨域流动加大。第三，假日消费增长加大防控压力。假日期间，旅游景区、酒店等室内外旅游消费需求将显著提高。旅游系统及相关场所可能面临人手不足、防疫物资局部短缺、防控和应急处置压力大等问题。因此，旅游业常态化疫情防控任务十分艰巨，如何在满足广大人民群众旅游需求的同时保障旅游消费活动安全有序是旅游部门的重要任务。

（三）如何确保文物安全，守住文物保护生命线

文物安全是文物保护利用的前提，是文物保护的红线、底线和生命线。文物防汛救灾与火灾防控是文物安全保障的重点。2020 年是近年来汛期文物受损最为严重的一年。截至 2020 年 7 月 16 日，江西、安徽、湖南等 11 个省份有 500 余处不可移动文物因洪灾受到不同程度的损失，其中涉及全国重点文物保护单位 76 处、省级文物保护单位 187 处。近年文物防火工作也逐渐进入公众视野，受历史条件的局限，耐火等级、防火间距等为其带来了先天性火灾隐患。巴西国家博物馆、法国巴黎圣母院等一大批世界级文化遗产相继发生火灾事故，引起国际社会的广泛关注，也为我国文物、博物馆单位消防安全工作敲响了警钟。

五　建议与对策

为了更好地营造安全的旅游地环境，提升旅游地安全指数，本文提出以下建议与对策。

（一）增强游客安全意识

游客安全意识的形成与强化是保证旅游地安全平稳有序运营的关键环节，是调节游客旅游安全期望值和旅游安全感知值的重要举措。

一是联合旅游企业和相关部门提高旅游安全宣传力度。提醒游客在旅行前做好安全预案，旅行中积极与外界保持联系；确保游客选择正规开放的探险项目开展探险活动，并严格遵守当地的管理规定，杜绝盲目前往未开放区域探险。

二是落实救援费用分担举措。对"驴友"探险进行立法规范，从源头上避免"驴友"的任性探险行为。具体举措可以借鉴安徽等地的做法，将组织"驴友"探险活动写进地方旅游法规，要求探险活动组织者提前备案，对违规的组织者和参与者均要给予处罚；获救者除承担救援成本，还须接受处罚。

三是各地加强演练。督促旅游景区加强应急救援演练，提高大型游乐设施突发事件的快速反应、指挥协调和应急处置能力。各景区还需要加强隐患排查、强化安全举措，做到防患于未然，为游客提供安心的出游环境。

（二）筑牢旅游地疫情防控网

规范旅游地疫情防控流程、做好常态化疫情防控工作是满足公众出游需求、保障游客安全和恢复旅游经济的重要举措。

一是充分利用新媒体平台，积极传播旅游目的地相关信息。目的地文化与旅游部门同旅游电商平台共同推出"云旅游"项目，借助公益平台、社交网络平台等传播渠道，充分运用信息化手段宣传旅游目的地的特色美食、自然风光、文化底蕴以及疫情防控情况等，提升游客的出游信心。

二是强化旅游公共卫生安全管理，严格落实常态化疫情防控措施。对于景区而言，应做到错峰、限量开放，严格实行线上预约，加强景区入口的关口前置。同时，景区应推出疫情防控宣传片，不间断循环播放；在景区游客必经之路、卫生间、餐饮等场所设置安全提示语，引导游客自始至终做好个人安全防护。

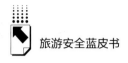
三是加大宣传教育力度，倡导正确的社会风尚。政府与公共卫生部门、景区等共同打好"组合拳"，积极维护游客的出游权益，不让恐惧和歧视变成病毒。此外，旅游目的地相关部门应公示明确统一的出游标准，避免游客的出游失败导致的信心受损，也能提前做好疫情防控措施。

（三）强化邮轮防疫举措

随着疫情防控形势逐渐向好，邮轮行业的专家和从业人员为邮轮旅游的再次启航做着积极准备。

一是进一步加强邮轮卫生防控体系，提高游客和船员的防疫意识。邮轮公司需要对呼吸类疾病进行有效防范。同时，推动邮轮卫生公共标准完善，推动邮轮港口软硬件设施改造，如优化游客进出港流程、提升港口测温等设施水平、强化对港口工作人员的防疫知识培训。

二是配合政府部门落实邮轮疫情防控措施。疫情发生后，与邮轮业相关的政府部门出台了相关防控措施，以上海为例，上海市文化和旅游局制定了《上海市邮轮旅游新型冠状病毒肺炎疫情防控工作指南》，涵盖港口服务与管理等34项具体措施。为保证中国邮轮旅游市场稳健恢复，邮轮旅游企业需要更多国家和地方政策的支持。

（四）创新古建筑消防管理体系

古建筑抵御火灾的能力较弱，火灾发生的频率越来越高，防控形势日趋严峻。

一是加强对古建筑内文物的消防保护，提高古建筑的耐火特性。木结构古建筑的耐火等级低是引发火灾的重要原因，涂刷防火涂料可以对可燃木结构进行阻燃处理。现如今，为了确保防火涂料不会影响古建筑原本的外貌特征，常用的阻燃产品有溶剂饰面型防火涂料和水基防火阻燃液。此外，还应针对不同的文物类型采取不同的消防保护措施。

二是保证充足的消防用水，有针对性地选择消防设施，完善和清通消防通道。古建筑群应充分利用市政供水管网，设置室外消火栓系统。此外，消火栓的布置不能简单套用规范，要根据古建筑的具体情况确定间距、位置及设置方式。

三是科学利用火灾探测报警技术。古建筑需要一种新型火灾探测报警技术，它既可以及时准确探测火灾，又能在安装设备时不破坏古建筑的空间特色。从安全、美观、安装方便的角度分析可知，我国古建筑可用的最佳防火探测器有分布式智能图像烟雾火焰探测器和线性光束感烟火灾探测器，这两种探测器的运用大大提高了火灾预警的准确性和全面性。

B.23
2020~2021年北京市旅游安全
形势分析与展望

韩玉灵　崔言超　周　航　陈学友*

摘　要：　2020年，面对新冠肺炎疫情对旅游业的巨大冲击，北京市文
　　　　　化和旅游局统筹推进旅游行业疫情防控、复工复产复游和安
　　　　　全生产等各项工作，不断夯实疫情防控常态化下旅游行业安
　　　　　全基础，总体安全形势良好，安全管理工作取得明显成效。
　　　　　展望2021年，随着疫情防控形势向好，北京市文化和旅游局
　　　　　将继续推进旅游业稳步复苏，全面提升旅游行业安全管理整
　　　　　体水平，确保行业安全、平稳、有序。

关键词：　北京市　旅游安全　安全管理

一　2020年北京市旅游安全的总体形势

2020年，受新冠肺炎疫情影响，北京市旅游业受到巨大冲击，全年接待旅游人数1.8亿人次，同比下降42.9%；旅游总收入2914.0亿元，同比

---

* 韩玉灵，北京第二外国语学院教授、北京法学会旅游法研究会副会长；崔言超，北京市文化和旅游局安全与应急处（假日办）处长；周航，北京财贸职业学院讲师；陈学友，北京市文化和旅游局安全与应急处（假日办）副处长。

下降53.2%。① 疫情防控工作成为2020年北京市旅游安全管理工作的重中之重，北京市文化和旅游局严格落实疫情防控措施，严把企业复工复产复游安全关，坚持疫情防控和复工复产两手抓、两不误。据北京市文化和旅游局公布的各季度游客总量数据，北京市第一季度接待旅游人数1781.0万人次，同比下降72.6%;② 第二季度接待旅游人数3845.3万人次，同比下降59.3%;③ 第三季度接待旅游人数5767.9万人次，同比下降32.2%;④ 第四季度接待旅游人数6992.3万人次，同比下降9.6%,⑤ 虽然尚未恢复到2019年同期旅游市场规模，但旅游业呈现稳步复苏态势。在"外防输入、内防反弹"疫情防控压力持续存在的背景下，旅游安全管理工作面临巨大挑战。北京市文化和旅游局在不断提高疫情防控能力的同时，深入开展隐患排查工作，加强旅游安全风险控制，全力保障全市旅游行业安全稳定。2020年北京市全年旅游行业未发生疫情事件和安全事故，也未接到其他各类旅游安全突发事件上报，旅游安全形势总体良好。

二　2020年北京市旅游安全形势的特点

（一）疫情是影响旅游安全的最大风险

根据突发事件的性质，突发事件可以分为自然灾害、事故灾难、公共卫生事件以及社会安全事件。2020年初突袭而至的新冠肺炎疫情属于公

①　《全市旅游市场总体情况（1~4季度）》，北京市文化和旅游局，http://whlyj.beijing.gov.cn/zfxxgkpt/zdgk/tjxx/202102/t20210210_ 2282127.html，2021年2月10日。

②　《全市旅游市场总体情况（1季度）》，北京市文化和旅游局，http://whlyj.beijing.gov.cn/zfxxgkpt/zdgk/tjxx/202008/t20200812_ 1991756.html，2020年5月12日。

③　《全市旅游市场总体情况（2季度）》，北京市文化和旅游局，http://whlyj.beijing.gov.cn/zfxxgkpt/zdgk/tjxx/202008/t20200812_ 1991754.html，2020年8月12日。

④　《全市旅游市场总体情况（3季度）》，北京市文化和旅游局，http://whlyj.beijing.gov.cn/zfxxgkpt/zdgk/tjxx/202011/t20201102_ 2131398.html，2020年11月2日。

⑤　《全市旅游市场总体情况（4季度）》，北京市文化和旅游局，http://whlyj.beijing.gov.cn/zfxxgkpt/zdgk/tjxx/202102/t20210210_ 2282127.html，2021年2月10日。

共卫生事件，具有传染性强、潜伏期长的特点，旅游多为聚集性活动，疫情传播风险较大，疫情成为影响 2020 年北京市旅游安全的最主要因素。为确保疫情不因旅游活动而扩散，北京市春节期间关闭了封闭式管理的 181 家景区，统计摸排了全市 3000 余家旅行社和 1000 余名带团导游，统筹协调了 1182 个在京旅游团队 31587 人安全结束行程，帮助安排了出境游团队 2.8 万余人全部安全回国，并做好入境旅客转运管理工作。疫情期间，全市旅行社退团 13525 个，涉及游客 76.45 万人，涉及金额 25 亿元。① 在疫情防控的关键时期，北京市文化和旅游局应对及时，采取了积极有效的防范措施，保障了旅游行业的安全，全年旅游行业未发生疫情事件。近年来公共卫生事件一直占比较大，主要为旅游行程中游客突发疾病事件，且致死率较高。2020 年受疫情影响，游客出游更为谨慎，对自身身体状况的关注度较高，且以市域范围内的近距离旅游为主，未发生游客突发疾病而致伤、致亡事件。

（二）节假日和汛期是旅游安全突发事件的易发时期

据往年统计数据，由于节假日旅游人数激增，各类旅游安全突发事件在节假日期间频繁发生。尽管受疫情影响，2020 年北京市旅游市场规模整体收缩，但疫情防控常态化下，节假日出游人数依然逐渐增多。据北京市第 101 场新型冠状病毒肺炎疫情防控工作新闻发布会公布的数据，"五一"假期，全市监测的重点旅游景区累计接待游客 311.6 万人，恢复到上年同期的 35.2%；全市乡村旅游累计接待游客 66.6 万人，恢复到上年同期的 23.2%。端午节、"十一"国庆假期期间，游客人数已超过上年同期，全市共接待游客 998.2 万人次，同比增长 8.4%。其中，外省来京游 407.4 万人次，同比增长 5.4%；市民在京游 590.8 万人次，同比增长 10.6%。② 在疫

---

① 《2020 年北京市文化和旅游局工作总结》，北京市文化和旅游局，http：//whlyj. beijing. gov. cn/zwgk/tzgg/202101/t20210108_ 2209843. html，2021 年 1 月 8 日。

② 《"十一"假期北京旅游总收入、游客量实现同比双增长》，北京商报，https：//www.bbtnews. com. 2020 年 10 月 8 日。

情的特殊背景下，出游人数的增多增加了旅游安全管控风险，节假日依然是旅游安全突发事件的易发时期。2020年北京市汛期，气象部门多次发布暴雨预警，部分旅游景区存在山洪、山石坠落、山体滑坡、泥石流等安全风险，容易发生恶劣天气带来的自然灾害类突发事件，2020年全市因降雨临时关闭景区461家次，乡村民宿、民俗村户8700家次暂停接待游客，320个旅行团6000余人改变或取消行程。且汛期与暑期重叠，仍存在旅游人数增多带来的安全风险。

（三）旅游景区和酒店是旅游安全突发事件的易发地点

从往年接到的相关突发事件报告分析，景区游览和酒店住宿环节是最易发生旅游安全突发事件的两个环节，最易出现突发疾病、淹溺事故、坠落事故等旅游安全突发事件，因而防汛、消防、特种设备、用电用气等均为旅游景区和酒店安全管理的重点。2020年初由于疫情突袭而至，旅游景区和酒店等众多旅游企业长时间停工停产，存在设备设施停运、缺乏保养，人员教育培训不到位，安全生产投入不足的问题，安全风险和隐患增加。且由于在旅游各环节中，游客停留在旅游景区和酒店的时间最长，活动内容最为丰富，尤其是在疫情背景下，一些较为封闭的旅游景区和酒店场所，人员相对密集，疫情传播风险加大，故旅游景区和酒店仍是旅游安全突发事件最易发生的地点。

三 2020年北京市旅游安全工作的主要进展

（一）强化工作统筹，健全完善制度体系

2020年，北京市文化和旅游局认真归纳总结文化和旅游机构合并后安全生产工作特点，制定印发了《北京市文化和旅游行业2020年安全与应急工作要点》，明确了行业安全管理的主攻方向和重点任务。加强统筹部署的同时，进一步完善制度建设，依照相关法律法规，对《北京市旅游

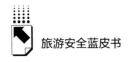
突发事件应急预案》《北京市旅游突发事件信息报告制度规定》进行了重新修订。结合机构改革实际，进一步完善《北京市假日旅游工作运行机制》，全面提高了假日旅游工作运行效率，确保了假日安全服务保障工作运行有序。根据安全生产专项整治三年行动工作要求和行业实际，编制了《北京市文化和旅游行业生产事故隐患目录》，明确不同业态隐患标准，督导行业对照开展本行业、本领域、本单位风险隐患排查，对检查发现的风险隐患建立台账，紧盯整改落实，守好安全底线。并对北京市文化和旅游局防火安全委员会成员进行了调整，进一步明确防火责任，确保防火安全责任落实。

（二）突出疫情防控，细化安全保障措施

统筹疫情防控安全是2020年旅游安全日常管理和法定假日的主要工作，北京市文化和旅游局动态调整防疫政策，在满足游客旅游需要的同时，严控疫情传播风险。1～3月是疫情防控重点时期，对840余家文化旅游企事业单位进行了疫情防控安全督导检查。疫情防控进入常态化后，及时印发《关于做好文化旅游行业疫情防控常态化条件下安全工作的通知》，指导不同旅游业态落实好疫情防控指南，针对性开展找隐患、查风险、补漏洞工作，严防企业带病运行酿成事故。春节、"五一"、"十一"等重点时期，组织召开专项工作部署会，确保疫情防控措施到位。督导旅游景区严格落实扫码、测温、消毒消杀、隔离室设置等疫情防控措施，坚持防控为先、限量开放、有序开放的原则，落实限量预约错峰措施。对旅游景区入口、核心景点、狭窄路段等人群集聚区域，加大巡查疏导力度防止游客聚集扎堆，并加强对网红打卡地以及河道、沟域、道边、绿地等非景区的现场秩序管控，严防疫情传播风险。

（三）深化隐患排查，提升风险管控能力

北京市文化和旅游局持续深化行业安全生产源头治理、系统治理和综合治理，不断提升行业隐患排查治理体系建设质量。以安全生产专项整治三年

行动为载体，结合行业相关业态风险高、隐患多、事故易发多发的实际，增加了大型游乐设备、高风险旅游项目、A级景区预约限量错峰游览、防汛安全、应急预案、公共卫生安全、文化和旅游大型活动安全7项专项整治内容，编制了星级饭店、A级景区安全隐患目录，确保行业专项整治目标清晰、任务实在、标准明确。完成了A级景区安全风险评估工作，基本实现全市A级景区各类重大风险和隐患的识别、评估、监控、预警、处置等全过程动态管理。针对北京市经济型酒店、社会旅馆编制了安全风险辨识评估标准、安全风险源辨识建议清单、安全风险辨识评估清单，督导企业对存在重大安全风险的场所、区域、岗位、设备设施等进行重点管控，制定切实可行的防范化解措施。并委托专业机构，围绕重点时段，针对重点企业、重点区域开展安全生产督查抽查，狠抓风险防控责任和隐患排查治理措施落实。针对春节、汛期等开展季节性隐患排查，制定有限空间、煤气中毒、烟花爆竹等安全专项整治工作方案，及时消除事故隐患。在"两会"、中国国际服务贸易交易会等重大活动期间，加强人员密集场所火灾防控和代表驻地及周边200米范围内旅游企业安全检查，确保重大活动期间行业风险隐患得到有效管控、有效治理。

（四）增强宣传培训，全面提高安全意识

北京市文化和旅游局集中开展了一系列有效果、接地气、有亮点、贴近一线从业人员和社会公众的宣传教育活动，普及安全知识，培育安全文化，提高行业安全宣传质量。全市共开展各类安全培训50余场次，参训人数9730人次，发放各类安全宣传材料53000余份。面向旅游企业和从业人员，开展深入学习习近平总书记关于应急管理、安全生产、防灾减灾的重要论述有关培训，持续推进相关法律法规及安全生产等级评定技术规范的宣传贯彻。通过北京旅游网官方微博、E直播、虎牙等平台开展线上安全培训。围绕"消除事故隐患，筑牢安全防线"主题，开展了行业安全生产月活动。针对疫情防控、重大活动、法定假日、汛期和旅游高峰期等安全服务保障工作开展专项培训，并组织了以消防、防汛、治安反恐、水上救援、大客流疏

散等为重点的应急演练活动。面向游客大众，北京市文化和旅游局推出线上安全宣传咨询日直播活动，邀请市民深入景区、酒店等场所进行安全体验，邀请专家对相关安全法律法规、应急救援知识进行讲解。针对节假日和汛期，充分利用传统媒体和新媒体进行安全风险提示，集中开展防汛、应急避险常识、防雷击、防泥石流等安全应急知识宣传，及时发布旅游气象预报警提示信息，向游客提供景区临时关闭和恢复开放信息，引导广大游客自觉提高安全防范意识和应急救护能力。

四 2021年北京市旅游安全形势的展望

（一）旅游安全突发事件形势

北京市旅游业回暖迹象明显，2021年春节假期，北京市接待旅游人数663.2万人次，恢复到2019年同期的81.7%；旅游总收入42.5亿元，恢复到2019年同期的51.9%。① 预计2021年北京市民在京旅游市场将进一步扩大，境内旅游人数逐步增加，尤其是"五一""十一"假期期间，旅游人数可能出现新高，旅游人数的增加势必加大旅游安全管理难度。但随着旅游安全管理能力的不断提高、疫情防控体系的日益完善，预计2021年发生涉旅突发疫情的可能性较小，旅游安全突发事件的总体数量将得到有效控制。除防范传统旅游风险和隐患，随着旅游业态的不断丰富、旅游消费形式的多样化，更多不确定的风险因素可能增加，做好疫情防控常态化背景下的旅游安全工作，成为不可回避且必须面对的新挑战。

（二）旅游安全管理工作要点

1. 落实安全责任，推进规范化建设

严格落实行业安全管理责任，督促、指导企业建立落实从主要负责人到

---

① 《2021春节假期，北京市接待旅游总人数663.2万人次，恢复至2019年同期的81.7%》，凤凰网旅游，https://travel.ifeng.com/c/83wPSt7Lw2y，2021年2月17日。

一线员工的隐患排查治理责任制，建立健全隐患排查、登记、报告、监控、治理、验收、资金保障等规章制度。以"发现实情、摸清底数、解决问题"为主线，采取集中检查、问卷调查、座谈研讨、综合分析、抽查检查等方式，统筹开展行业安全管理、风险管控、隐患排查治理、协调联动等方面的工作调研，着力研究疫情防控常态化背景下旅游安全管理办法。进一步加强标准化建设，组织编制北京市旅游景区防汛隐患排查治理标准。引导企业主动开展安全生产标准化建设工作，对标准化期满需要复核的企业及时按照安全生产等级评定技术规范要求进行复核，对未开展标准化建设的企业，通过加大执法检查力度、企业落实安全生产主体责任检查评估、信用信息建设等措施，督导企业开展安全生产标准化建设。加快发挥科技创安的引领作用，提升信息化建设质量，强化人防、物防与技防结合，切实提升企业安全防范能力。

2. 推进重点工作，加强重点时段保障

推进落实旅游安全重点工作，一是聚焦行业安全生产专项整治内容，继续开展安全生产专项整治三年行动。二是对全市经济型酒店、社会旅馆进行安全风险评估，编制完成重大安全风险源清单、安全风险评估报告、应急资源调查报告、应急能力评估报告、安全风险管控措施和应急预案，并组织开展应急演练。三是开展全国自然灾害综合风险普查。四是持续对未实施安全生产标准化建设的旅游企业进行检查评估，督导整改隐患。五是持续推进行业安全生产责任保险投保工作。在2021年全国"两会"、建党一百周年庆祝活动、冬奥会测试赛等重大活动及节假日期间，深入开展隐患排查和安全风险管控，强化旅游安全服务保障，严格落实疫情防控责任，严防人员大规模聚集风险。监测分析A级景区可能出现的大客流，制定完善应对措施和应急预案。做好假日旅游统计监测、宣传报道、交通保障、安全应急、环境整治、服务接待、集中值班等工作。

3. 深化排查治理，提高应急管理能力

立足疫情防控常态化，进一步完善重大疫情防控体制机制，督促旅游活动相关场所严格落实测温、验码、戴口罩、保持社交距离、常通风、勤清洁

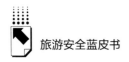
消毒、健康监测管理等措施。建立 A 级景区限量、预约、错峰游览管理长效机制，严格落实大客流管控措施，督促 A 级景区对高风险旅游项目、玻璃栈道、大型游乐设备设施等定期检测，定期开展安全风险评估和隐患排查治理，对新兴旅游项目实施安全管理。督促旅行社做好疫情防控、旅游线路安全风险评估、旅游包车安全、出游安全风险提示、行前安全教育、安全预案、应急处置、信息报告等方面的工作。会同相关部门，加强隔离酒店疫情防控安全检查，确保隔离酒店疫情防控、安全管控无死角、无漏洞、无盲区。继续依托社会技术力量开展安全生产督查抽查，着力解决行业安全监管力量不足、隐患排查专业力量缺乏等问题。开展汛期专项安全检查，督导建立"汛前排查、汛中巡查、汛后核查"机制。开展应急预案专项整治，确保行业各层级、各业态应急预案编制合理，可操作性、实用性强，管理正规。加强重要时段、重点区域示范性演练活动，强化应急值守和旅游突发事件应急处置。

4. 开展教育培训，培育行业安全文化

持续开展安全生产法律法规、制度标准的宣传贯彻工作，针对性开展习近平安全生产工作重要论述、疫情防控、安全风险分级管控、隐患排查治理、安全生产专项整治三年行动、应急管理及突发事件处置等方面的教育培训，指导各旅游企事业单位开展本单位的安全生产教育培训。针对国家重大活动、假日、汛期、暑期、旅游高峰期、冬春季森林防灭火等重点时段，利用各类媒体，及时发布突发事件预警预报，开展旅游安全风险防范、应急处置以及假日服务保障等安全常识和提示信息宣传。以"应急宣传进万家"活动为牵引，着力开展"5·12 全国防灾减灾日"、安全生产月、"11·9 全国消防日、消防宣传月"等主题宣传教育活动，进一步普及行业安全知识，培育行业安全文化，提高行业安全宣传质量。

B.24

2020~2021年港澳旅游安全形势分析与展望

陈金华　林　海　李宇靖　朱芊儒*

摘　要： 2020年受疫情影响，港澳旅游市场接近冰点，旅游安全环境形势严峻。据统计，全年港澳地区共发生旅游安全事件206起，同比增长53.73%，以交通事故、公共卫生事件及社会暴力事件为主，疫情影响持久且深远，对港澳地区旅游业造成沉重打击。展望2021年，港澳地区一方面要加强卫生安全制度建设，开发面向本地市民的休闲产品，拓展云旅游与数字化安全管理；另一方面要借力粤港澳大湾区旅游合作，共同防范疫情，构建重大疾病监测防控体系，增强旅游业的抗风险能力。

关键词： 旅游安全　新冠肺炎疫情　香港　澳门

2020年，全球暴发的新冠肺炎疫情对港澳地区旅游业造成致命打击。香港入境旅游数量由2019年的5591.1万人次降到356.9万人次，同比降低93.6%；[①] 澳门入境旅游数量由2019年的3940.6万人次降到589.7万人次，[②] 同比降低85%（见图1）。2020年2月内地游客访港澳数量开始明显

---

* 陈金华，博士，华侨大学旅游学院教授，主要研究方向为区域旅游资源开发与安全管理；林海、李宇靖、朱芊儒，华侨大学旅游学院硕士研究生。

① 香港旅游发展局，https://www.discoverhongkong.cn/china/hktb/newsroom/tourism-statistics.html。

② 澳门统计暨普查局，https://www.dsec.gov.mo/zh-MO/。

减少；而非内地游客访香港和澳门数量分别于 3 月和 4 月开始明显减少并一直持续到年末。受疫情的持续影响，全球各地疫情均有反复，旅游业难以迅速恢复到往年水平，港澳地区亟须对旅游业进行转型升级。

图 1　2015～2020 年港澳入境旅游数量及内地访港澳游客数量分析

资料来源：香港政府统计处，https：//www. censtatd. gov. hk/home/index_ tc. jsp。澳门特别行政区政府旅游局，https：//dataplus. macaotourism. gov. mo/Publication/Report？lang = T。

一　2020年港澳旅游安全总体形势

通过百度、谷歌等主流搜索引擎，结合香港《大公报》、香港《文汇报》、《香港仔》、《澳门日报》、澳门《大众报》、新加坡《联合早报》等报纸，以及香港、澳门新闻网，网易新闻，头条新闻等各大新闻网站，查询涉及港澳旅游安全事件的新闻报道，对香港和澳门两地 2020 年全年的旅游安全事件进行整理分析。据统计，2020 年港澳发生旅游安全事件共计 206 起，其中香港发生 61 起，澳门发生 145 起，两地旅游安全形势有明显特点。

（一）新冠肺炎疫情影响巨大，旅游业受重创

2020 年新冠肺炎疫情肆虐全球，港澳地区旅游安全均受到严重打击，

香港尤为严重，全年新冠肺炎确诊病例超8000例，死亡病例过百；澳门全年新冠肺炎确诊病例共46例，其中7例确诊病例为入境旅客，无死亡病例。随着新冠肺炎疫情持续以及港澳防疫管制措施不断升级，港澳旅游业受到严重打击，出入境游客数量出现断崖式下跌（见图2），旅行社、酒店、餐饮、交通等各行业均遭遇严重打击。2020年1月28日，国家移民管理局发布公告，暂停办理内地居民往来港澳地区旅游签注。2020年2月3日，香港特别行政区政府宣布，自2020年2月4日零时起暂停陆路、水路和航空部分口岸人员通行。2020年2月4日起澳门相关的博彩企业和娱乐场所暂停运营半个月时间。旅游业是香港和澳门经济支柱之一，受客源市场波动的影响，零售、餐饮等旅游相关行业也受到冲击，旅游业实际遭受的损失难以估量。

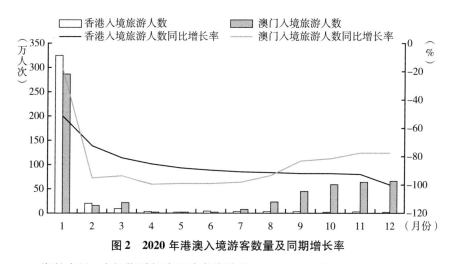

图2　2020年港澳入境游客数量及同期增长率

资料来源：澳门特别行政区政府旅游局，https：//dataplus. macaotourism. gov. mo/Publication/Report? lang = T。香港旅游发展局，https：//www. discoverhongkong. com/tc/hktb/newsroom. html。

（二）交通事故突出，事故危害严重

2020年港澳地区旅游安全的事故灾难分类中，交通事故最为突出，共发生47起。2020年1月3日，澳门友谊大桥2辆旅游巴士相撞并引发大火，其中1辆旅游巴士燃烧仅剩车架，另一辆严重焚毁，大桥交通瘫痪，司机受

伤。7月13日，1辆旅游巴士在澳门劳动节大马路污水处理厂停车场发生交通意外，导致停车场外墙大面积损毁。9月12日，香港深水埗1辆巴士与1辆洗街车相撞，巴士右边车身被破坏，24人受伤。

（三）诈骗案件频发，涉案金额巨大

受疫情影响，全年网购口罩、网购测温枪、投资、外币兑换等诈骗案件频发，仅在2020年2月18日至4月4日澳门司法警察局就接获51宗网购口罩诈骗案，共涉及69名被害人，合计损失296.3万元。2020年9月18日，内地女游客在澳门旅游期间，遭遇"抖音"投资诈骗，最终被骗约26万元。

二 2020年港澳旅游安全的概况与特点

（一）旅游安全事件类型

根据国务院2010年颁布的《特别重大、重大突发公共事件分级标准》，将上述206起旅游安全事件进行分类，可以划分为自然灾害、事故灾害、公共卫生事件、社会安全事件四类，选取其中21起主要旅游安全事件进行归纳整理，结果如表1所示。

表1 2020年港澳地区主要旅游安全事件

事件类型	时间	地点	主要内容	伤亡情况		安全事故等级
				死亡	受伤	
自然灾害	2020.6.14	香港	台风"鹦鹉"逼近香港，致一艘游艇翻船，13人坠海，1人受伤送医	0	1	一般
	2020.8.19	澳门	台风"海高斯"登陆澳门，造成澳门低洼地区海水入侵，交通瘫痪，商户撤离，多处旅游设施遭到损坏。	0	0	一般
	2020.9.18	香港	受台风"红霞"影响，一棵高约20米的大树被强风吹倒，击中1辆专线旅游小巴、1辆新巴和的士。	0	2	一般

续表

事件类型	时间	地点	主要内容	伤亡情况		安全事故等级
				死亡	受伤	
自然灾害	2020.10.13	香港澳门	台风"浪卡"吹袭香港期间,所有海上客运及公共汽车停运,港珠澳大桥巴士暂停,多地旅游景区暂停营业,共造成9宗事故,无伤亡人员。	0	0	一般
事故灾害	2020.1.1	香港	港岛东区走廊发生一起严重交通意外,旅游巴士与的士及私家车失控相撞,12人受伤,交通受阻2小时。	0	12	较大
	2020.1.3	香港	沙田龙华酒店花圃位置杂物起火并且发生爆炸,火势迅速蔓延,所幸30名游客获得安全疏散。	0	0	一般
	2020.4.28	香港	观塘避风塘海面发生火灾,三艘游艇被烧沉,海面受黑色油污污染,多名泳客全身染黑。	0	0	一般
	2020.5.11	澳门	黑沙环拱形马路的一家酒店一名六旬旅客从高处坠落,送医不治身亡。	1	0	一般
	2020.6.4	香港	黄金沙滩海域一名女游客遇鲨鱼袭击,溺水身亡,景区紧急关闭。	1	0	一般
	2020.10.8	澳门	地堡街一旅游巴士因故障撞向一餐饮店,导致5名本地居民、2名外籍旅客受伤。	0	7	一般
	2020.11.16	香港	香港油麻地广东道唐楼内在举办庆祝会期间餐厅发生火灾,造成多人伤亡。	7	10	较大
公共卫生事件	2020.1.1~2020.12.31	香港澳门	新冠肺炎疫情期间香港染疫总人数达8672人,累计死亡人数达141人;澳门累计感染人数46人,死亡人数为0。	141	8719	特大
	2020.1.23	澳门	澳门德兴海鲜火锅及大仓酒店30位顾客饮食不当,引发病毒性肠胃炎。	0	30	较大
	2020.2.23	香港	"钻石公主"号从日本至中国香港期间发现6名乘客新冠确诊,引起高烧,送往医院。但仍有70名确诊香港游客和30名密切接触者滞留日本。	0	—	较大
	2020.5.28	香港	本地顾客与外来游客共229人进食洪家手工三文治后中毒,出现腹痛、呕吐和发烧等症状。	0	229	较大
	2020.6.23	香港	香港旺角泰式餐厅暴食物中毒,共6人出现腹痛、呕吐及发烧等症状。	0	6	较大

续表

| 事件类型 | 时间 | 地点 | 主要内容 | 伤亡情况 | | 安全事故等级 |
				死亡	受伤	
社会安全事件	2020.1.11	香港	香港长沙湾美心西饼店遭5名黑衣暴徒投掷汽油弹和镪水弹,1名女顾客遭到腐蚀性液体灼伤。	0	1	一般
	2020.1.14	澳门	4名内地旅客春节期间盗窃7辆旅游巴士,造成5.6万元损失,遭警方抓捕。	0	0	一般
	2020.1.29	香港	大批乱港暴徒在旺角朗豪坊一带聚集,其间与多名内地游客发生争执,1名内地游客被施暴,受伤倒地。	0	1	一般
	2020.2.3	香港	香港暴徒在东铁放土制炸弹封锁罗湖站,并恐吓要炸死内地旅客,造成罗湖站关闭6小时,上百名乘客被迫滞留。	0	0	重大
	2020.10.30	澳门	1名旅行社人员盗用5名旅客信用卡资料,不法消费4.5万元,并配合内地同伙收取赃物,逃避侦查。	0	0	一般

资料来源:香港《文汇报》、香港《大方报》、《澳门日报》、澳门《大众报》、新加坡《联合早报》等主流媒体新闻报道。

1. 自然灾害

2020年共发生自然灾害事件18起,占比8.7%,以当地最活跃的台风灾害为主。台风"浪卡""海高斯"风急浪大,以及由此产生的暴雨,造成香港与澳门航班延误及景区关停。5月下旬,澳门暴雨淹没多处低洼地区,导致道路封闭、交通瘫痪,多地旅游设施遭到损毁,游客旅行受阻。

2. 事故灾难

2020年港澳地区共发生事故灾害89起,占全年旅游安全事件的43.2%,占比较大,以交通事故、行游意外、火灾等为主,交通事故占事故灾难的52.8%,行游意外次之。火灾危害不容忽视,2020年2月23日,香港马鞍山鹿巢山向梅子林方向起火,燃烧长达17小时,形成绵延400米的火线,大量浓烟升上半空,对香港居民及游客出行造成不良影响。

3. 公共卫生事件

截至2020年12月31日,港澳地区染疫人数高达8718人,死亡人数高达 141 人。除此之外，流行性疾病传播、食品中毒不适时有发生。2 月 4 日香港暴发为期两周的冬季流感，累计 63 人流感严重，27 人因流感死亡。5 月 4 日澳门一集团酒店员工集体食物中毒引起肠胃炎，出现腹泻、呕吐及发热症状。

4. 社会安全事件

港澳地区社会安全事件共发生 71 起，主要是极端暴力行为、偷窃行骗行为、偷渡贩毒行为等，严重影响港澳地区品牌形象及游客生命安全。因疫情，黑色暴力在 2020 年较 2019 年有所减少，但仍有发生，餐饮门店、地铁交通受到损毁，2 月 3 日在罗湖站发现有炸弹威胁，对旅客在港出行造成极大威胁。澳门则常有游客来澳旅游被诈骗，每起诈骗损失金额从几千元到几十万元不等，严重扰乱旅游氛围。

（二）旅游安全事件发生的特点

1. 疫情影响深远持久

突如其来的疫情对港澳地区旅游影响深远且持久。2020 年新冠肺炎疫情突袭而至，受疫情影响，港澳地区开始限制外地游客来访，2～12 月来港澳游客均不到万人，12 月内地游客来访香港较往年数量减少 99.9%。旅游业占香港本地生产总值的 5%，是当地经济四大支柱之一，带动就业人数约 80 万，疫情导致旅游业损失惨重，并延至零售、餐饮等相关行业，损失难以估量。由于国际上疫情还未得到有效控制，2021 年各国各地区之间的旅行禁止在短时期里难以解除，疫情对港澳等地社会、经济的影响必将深远持久。

2. 空间聚集性明显

2020 年港澳地区旅游安全事件的发生呈现明显集聚特征，主要体现在疫情感染、社会暴力、交通事故、食品卫生、偷窃行骗等方面。而香港和澳门旅游安全事件较为不同，新冠肺炎疫情对香港的影响较澳门更甚，游客遭受暴力事件也在香港频发；而澳门博彩是当地旅游特色，发生游客受骗事件、游客偷渡及贩毒事件较多，总体呈现事件类型的聚集性。

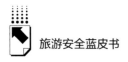

3. 本地休闲性明显

2020 年港澳地区旅游安全事件主要发生在 1 月及第三季度，与往年不同的是，原来在节假日、寒暑假等时段内地访港澳游客暴增的情况并没有发生，旅游安全事件更多发生在本地居民休闲过程中，而事件多集中于餐饮场所、交通干道、娱购场所、社交媒体等地。

三 影响港澳地区旅游安全的主要因素

（一）环境因素

新冠肺炎疫情等灾害因素给港澳地区的旅游安全带来巨大的影响。2020 年 1 月内地旅客在旺角朗豪坊被暴徒殴打事件和全年超 8000 人染疫情（死亡超 100 人）事件危害旅游目的地环境。此外，台风暴雨等对地窄人稠的港澳地区影响较大，台风"浪卡"迫使所有海上客运及公共汽车停运，港珠澳大桥穿梭巴士暂停，多地旅游景区暂停营业，共造成 9 起事故。

（二）人为因素

旅游者和旅游从业人员的安全防范意识不够强，从而引发旅游安全事故。2020 年访港澳旅游者中不少游客陷入爬山失足坠崖、自拍坠崖、失足落水溺亡、被诈骗等各种旅游安全事件，人身安全和财产安全受到了极大的损失。旅游从业人员中如旅游巴士司机因为操作或其他自身因素，交通事故频发，酒店工作人员因轻信他人而被骗钱财。

（三）设施设备因素

港澳地区旅游安全事故的诱因还体现在基础设施老化、设备故障等方面。2020 年澳门氹仔新城大马路银河酒店地盘在建升降槽内部分棚架突然倒塌，最终导致 3 死 4 伤；澳门在司打口开设数十年的皇宫大旅馆因缺乏维修保养发生多次墙体剥落，对游客和居民的安全造成影响；港澳地区多处电路老化引发起火、设备老旧导致游客被困电梯、因旅游交通工具故障起火等。

（四）管理因素

受管理体制的影响，在应对大型突发公共卫生事件时港澳特区政府无法像内地一样实行严格的安全管控，如受社情影响且管理不足，香港疫情控制不足，全年超 8000 人染疫，超 100 人死亡；相比之下，澳门相关部门由于及时采取有力且有效的措施，较好地控制了澳门地区整体旅游安全环境。

四　2021年港澳地区旅游安全管理对策与形势展望

（一）港澳地区旅游安全管理对策

1. 实施严格的安全标准，规范旅游场所的安全措施

在应对史无前例的疫情危害时，香港与澳门旅发局及旅游业界要为旅游相关行业订立卫生防疫标准，包括要求测量体温、保持社交距离、保证室内通风等，适度提升旅游行业安全管理标准；利用人工智能、互联网、网络技术等科技手段防疫抗疫；对符合标准的旅游企业（商场、酒店、旅游景点、旅行社、会展场所、航空公司、餐饮及零售商户）颁发安全认证标签。港澳政府聚力财政、税务、旅游等部门的核心作用，增强共同监管，降低疫情对旅游业的影响，复苏旅游经济。疫情期间企业积极配合政府采取重整策略，提升旅游从业人员素质。

2. 发展旅游新业态，规避疫情风险

发展本地休闲旅游市场，如香港可以持续推广"旅游·就在香港"计划，为香港市民提供包括景点、餐饮、零售等信息和优惠，带动香港消费气氛，向全球传递正面信息。香港与澳门也可以与周边地区和国家建立"航空旅游气泡"原则性协议，积极推广香港澳门自然风光、民俗文化等的虚拟现实影片，面向全球发布，为旅游复苏做好准备。借鉴周边国家与地区的

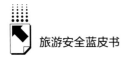

经验，加强科技应用，发展港澳地区"云"旅游，使线上博物馆、展览馆、各类景区及旅游活动等成为疫后旅游新常态，激发人们的旅游兴趣，同时减少后疫情时期游客线下互动存在的交叉感染风险，切断疫情传播途径，建立新的商业模式。

（二）港澳地区旅游安全形势展望

1. 港珠澳大湾区协同抗疫，拓展旅游新业态

依托大湾区优势，港珠澳大湾区相关卫生局加强协调，共享食品安全监督、预防各类型流感病毒及突发事项信息，监测疫情走向，做好防控措施，保护居民及旅客生命安全。在疫情得到初步控制的澳门与珠海地区，可以采取健康码互认，开发两地居民休闲游、遗产数字旅游，恢复部分旅游业态。

2. 数字科技场景化应用，降低疫情传播风险

港澳地区相关旅游部门及企业加快数字化建设，如完善针对基于移动终端、支付系统、运营系统在景区景点、酒店、餐饮等旅游吸引物的运用；自助服务终端，机器人、智能终端在服务场景中常态化运转；线上线下的旅游服务、旅游业态无缝对接，减少游客线下接触的风险；实现旅游大数据的收集、处理、共享等。

3. 构建重大疾病监测防控体系，增强旅游业抗风险能力

港澳地区旅游业应在构建安全有效的旅游重大疾病监测防控体系、增强旅游业抗风险能力、确保游客出游安全等方面下功夫，大力推动构建政府管控与高科技手段管控相结合的"人力＋技术管控旅游安全"的新模式，监测并管控好疫情和旅游安全，提升游客的旅游安全感，消除游客的后顾之忧，使人们在疫情有效控制时能放心出游、安全出游。

B.25
近十年台湾旅游安全形势分析

黄远水　赖丽君　李智莉*

摘　要：　2020年，新冠肺炎疫情全球蔓延，台湾旅游安全形势严峻，大陆赴台旅游人数继2019年后呈现断崖式下跌。在此背景下，本研究剖析了2020年台湾旅游安全事件的特征及影响因素，研究发现：①2020年台湾旅游安全事件数量较上年维持稳定，但事故伤亡率有所降低；②台湾旅游安全事件类型以事故灾难为主，主要表现为旅游交通事故和娱乐安全事故；③旅游安全事件多发于夏季，台湾北部是旅游安全突发事件的高发区域；④自然灾害事件周期性发生，主要表现为地震灾害和海洋灾害；⑤公共卫生事件暴发突出。

关键词：　台湾旅游　旅游安全　大陆赴台旅游

2020年新冠肺炎疫情使赴台人次大幅度下跌，本土民众也取消出游计划。台湾的航空、饭店、餐饮、免税店及游览业遭受重创。作为旅游振兴的关键一环，旅游安全更需要长期持续关注、加强。本研究对台湾2020年旅游安全形势进行评估及对近十年台湾旅游安全形势加以总结并展望2021年安全形势，对旅游安全特点和影响因素进行深度剖析，进而为台湾旅游安全建设提供依据。

---

* 黄远水，博士，华侨大学旅游学院教授、海峡旅游研究院院长；赖丽君、李智莉，华侨大学旅游学院硕士研究生。

本研究主要通过百度新闻等搜索引擎收集台湾旅游突发事件数据，通过关键词和时间设置来获取相关案例信息，同时有针对性地访问凤凰网资讯、中国新闻网、新华网等新闻门户网站进行进一步检索和对比整理。搜索使用的关键词包括"台湾＋游客＋安全"等。此外，在台湾"交通部观光局"网站，对比行政公开咨询文件，进一步整理相关信息。

一 2020年台湾旅游安全的总体形势

新冠肺炎疫情暴发以来，台湾旅游经济严重受挫。2020 年 1 月 21 日，台湾出现首例新冠肺炎感染病例。1 月 22 日起，台湾地区启动"安全机制"，宣布两岸武汉旅游团全部暂停，部分航班取消，大陆赴台游客人数逐渐下跌。理论上台湾旅游安全事件的发生率应比 2019 年有所下降。然而，由于网络案例搜索关键词的变化以及实际情况的复杂性，2020 年台湾旅游突发事件的发生率及具体死亡人数较 2019 年有所增长。

表1 台湾 2020 年旅游安全事件一览

事故类型	细分类型	序号	事故时间	事故地点	事故表现	游客伤亡情况（人）	
						受伤	死亡
事故灾难	旅游交通安全事故	1	4 月 10 日	台北市	列车与火车相撞,3 节车厢出轨	4	0
		2	6 月 8 日	台北市	旅客跌下铁轨遭列车撞击	0	1
		3	6 月 14 日	台北市	松山机场飞机降落时系统失灵	0	0
		4	6 月 28 日	台北市	游览车追撞公交车	24	0
		5	6 月 30 日	台中市	游览车与客车发生撞击	0	0
		6	7 月 13 日	台中市	丽宝乐园断轨列车卡住	0	0
		7	7 月 22 日	新北市	游览车擦撞公交车	6	1
		8	11 月 22 日	台中市	休旅车在高速公路侧翻	2	4
		9	11 月 30 日	南投县	游览车翻车	20	1
		10	12 月 6 日	桃园市	桃园机场航空车辆发生撞击	1	0

续表

事故类型	细分类型	序号	事故时间	事故地点	事故表现	游客伤亡情况（人）	
						受伤	死亡
事故灾难	旅游娱乐安全事故	1	7月19日	基隆市	游客在海边沙滩溺水	1	0
		2	7月19日	新北市	游客自由潜水时溺水	0	1
		3	7月19日	桃园市	一名女性落入坤塘中	0	1
		4	7月19日	新北市	蝙蝠洞公园发生溺水事件	0	1
		5	7月19日	新北市	露营区内发生溺水事件	1	0
		6	7月19日	屏东县	神山瀑布发生溺水	1	0
		7	8月30日	新竹市	风筝节活动3岁女童被风筝卷上天	1	0
		8	9月13日	南投县	游客在河床露营被水冲走	1	4
		9	9月24日	屏东县	一名女性被冲浪板撞到鼻梁	1	0
		10	12月11日	高雄市	游客登山时中弹受伤	1	0
社会安全事件	航司业务事件	1	11月15日	南投县	机场附近发生爆炸	3	0
自然灾害	地震	1	4月9日	花莲县	发生4.4级地震	0	0
		2	7月26日	宜兰县	发生6.1级地震	0	0
		3	12月11日	宜兰县	发生4.4级地震	0	0
	气象灾害	1	9月7日	宜兰县	突发"疯狗浪"袭卷钓客	5	4
公共卫生事件	疫情	1	1月21起	台湾	新冠疫情病例出现	—	—
		2	7月起	台湾	登革热病例出现	—	—
		3	11月23日	台北市	台北往返伦敦客机航班数减半	—	—
		4	12月15日	新北市	一名大陆返台的男性在防疫饭店猝死	0	1

据不完全统计，2020年台湾共发生29起旅游安全事件，失踪或死亡人数19人，受伤人数72人。具体情况为：事故灾难事件20起，其中旅游交通安全事件10起，旅游娱乐安全事件10起，共造成64人受伤，14人死亡；自然灾害4起，造成5人受伤，4人死亡；社会安全事件1起，造成3人受伤；公共卫生事件4起。

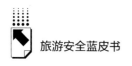

二 近十年台湾旅游安全形势总结

通过分析近十年台湾旅游安全事件数据，发现自 2011 年以来，超过 1500 名大陆游客在台湾地区发生死伤意外，平均每年有超过 150 名大陆游客伤亡。台湾旅游风险防控水平差强人意，当地旅游安全事件频发，台湾旅游安全环境亟待改善。

（一）旅游安全事件主要类型与伤亡情况

本研究以 2011～2019 年旅游安全蓝皮书中统计的台湾地区旅游安全事件为数据，分析近十年来台湾旅游安全事件的主要类型与伤亡情况。总体来看，旅游突发事件与旅游伤亡人数皆呈波动趋势。从旅游安全事件看，年均约发生 24 起旅游安全事件，其中 2014 年是旅游安全事件发生最多的年份；从受伤人数看，2015 年受伤人数达到峰值，2016 年后旅游受伤人数呈现下降趋势；从失踪或死亡人数看，2014～2017 年失踪或死亡人数较多，而近 3 年失踪或死亡人数呈下降趋势，可见重大旅游安全事件正逐渐减少。台湾旅游安全事件主要有自然灾害、事故灾难、公共卫生事件、业务安全事件和社会安全事件 5 个类型。近十年的事故灾难以旅游交通安全事故和旅游娱乐安全事故为主。

（二）旅游安全事件时空特征

在时间分布上，台湾旅游安全事件存在季节差异性，且 2011～2020 年间旅游安全事件高发季节有所不同。2011 年旅游安全事件多发于夏秋两季，2012 年和 2016 年则以春夏两季为主；2013 年和 2014 年旅游安全事件多发于秋季，2015 年、2017 年和 2019 年旅游安全事件高发季节以冬季为主；2018 年旅游安全事件高发于春季，而 2020 年旅游安全事件高发于夏季。总体来看，旅游安全事件夏秋偏多，冬春偏少。每年 4～9 月是旅游旺季，而夏秋两季是台风、暴雨高发的季节，自然灾害频发，容易导致旅游事故

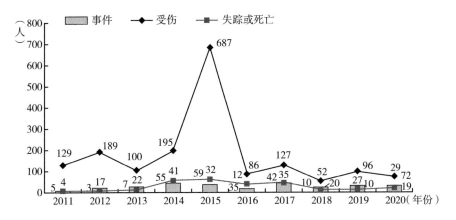

图1　2011～2020年旅游安全事件发生次数与伤亡人数

注：由于部分安全事件伤亡人数不详，故实际伤亡人数与图表显示有一定出入。

发生。

在空间分布上，台湾旅游线路多集中于南部地区，因此旅游事故多发于南部。花莲太鲁阁、阿里山、垦丁国家公园是旅游事故高发地区，阿里山公路频发旅游交通事故，垦丁国家公园是旅游娱乐项目事故高发区域，花莲太鲁阁公园附近经常发生落石砸伤游客事件。

表2　台湾2011～2020年旅游安全事件季节分布统计

年份 ＼ 季节	春季	夏季	秋季	冬季	总计
2011	2	3	3	1	9
2012	5	6	4	2	17
2013	5	5	7	5	22
2014	7	9	16	9	41
2015	7	8	4	13	32
2016	4	4	2	2	12
2017	8	5	10	12	35
2018	12	1	4	3	20
2019	7	6	6	8	27
2020	2	15	7	5	29

注：资料来源于参考文献［1］～［8］。

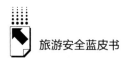
三 2020年台湾旅游安全形势分析

（一）旅游安全形势较为稳定

2019 年 8 月 1 日起，大陆 47 个城市居民赴台个人游试点全部暂停，加之 2019 年年底新型冠状病毒的出现，使 2020 年度台湾地区的旅游业大受影响。旅游业的缓滞发展，使得 2020 年的旅游安全形势较为稳定。2020 年，台湾共发生各类旅游安全事件 29 起，与 2019 年的 27 起基本持平。其中，安全事件仍然以事故灾难为主，自然灾害、社会安全事件和公共卫生事件频数较少。2020 年，台湾发生旅游事故灾难 20 起，造成 64 人受伤，14 人死亡；社会安全事件 1 起，造成 3 人受伤；自然灾害 4 起，造成 5 人受伤，4 人死亡；公共卫生事件 4 起，造成 1 人死亡。

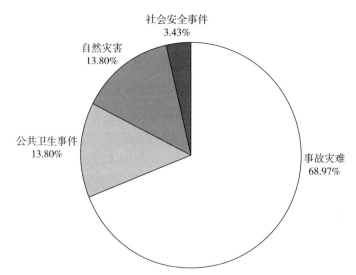

图 2　2020 年台湾旅游突发事件类别和比例

（二）旅游安全事件的季节差异明显

较之于 2019 年各季度间台湾旅游突发事件差异较小，2020 年台湾旅游突发事件则表现出较强的季节性，其中以夏季为旅游突发事件高峰期，尤其以 7 月最为显著。台湾夏季旅游突发事件涉及旅游交通事故 6 起，旅游娱乐安全事故 7 起，地震灾害 1 起以及疫情事件 1 起。其主要原因如下：一方面，夏季疫情已基本得到了控制，台湾本土出游人次逐渐增多，因此旅游交通安全事故多发；另一方面，夏季天气炎热，滨海等目的地成为众多游客的旅游首选，因此导致涉水事故多发。

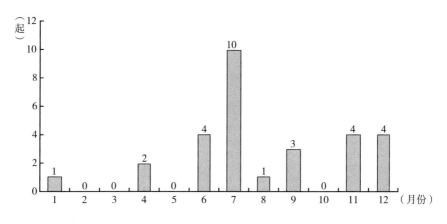

图 3　2020 年台湾旅游突发事件数量月份分布

（三）旅游突发事件的空间格局不平衡

2020 年台湾旅游突发事件呈现不平衡的空间格局。统计表明，北部、中部和南部①的旅游安全突发事件数量分别为 17 起、7 起和 3 起，北部是旅游安全突发事件的高发区域。具体而言，北部的台北市、新北市和宜兰县是旅游突发事件比较集中的区域，桃园市发生 2 起事故，基隆市和新竹市各发生 1 起；中部的台中市和南投县旅游突发事件也较密集，此外花莲县有发生 1 起事故；南部则只有屏东县发生 2 起事故、高雄市发生 1 起事故，其余地区无旅游安全事件的发生。

---

① 台湾北部主要包括台北市、基隆市、新北市、桃园市、新竹县、新竹市、宜兰县、苗栗县，中部主要包括台中市、彰化县、南投县、花莲县和金门，其余地区为南部。

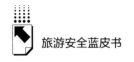

（四）旅游交通事故和娱乐安全事故多发且伤亡较严重

2020 年，事故灾难是台湾旅游突发事件的主要构成部分，共发生 20 起，占旅游突发事件总数的 68.97%。具体来看，旅游交通事故和娱乐安全事故分别发生了 10 起，10 起旅游交通事故中，多数为游览车事故和航空事故，共造成 57 人受伤和 7 人死亡，其中 6 月台北市游览车追撞公交车造成 24 人受伤，11 月南投县游览车翻车事故造成 1 死 20 伤；10 起娱乐安全事故共造成 7 人死亡和 7 人受伤，伤亡严重。

（五）自然灾害事件周期性发生

2020 年台湾自然灾害主要有地震和海洋灾害，其中共发生地震 31 次，震级较高的有 3 次，分别发生在宜兰县和花莲县。宜兰县和花莲县均位于台湾东部地区，位于板块交界处，为地震多发区。海洋灾害主要表现为"疯狗浪"。根据相关资料，每年 6 月至 11 月，台风季与东北季风盛行期间，台湾港口灯塔附近的防波堤、突出海岸的礁石与靠近海边的平台等较常出现"疯狗浪"，台湾沿海"疯狗浪"发生次数以东北角海岸最多，基隆市外木山、新北市三貂角和台中市清水北防沙堤都是危险海域。

（六）公共卫生事件影响深远

2020 年，新冠肺炎疫情重创台湾旅游业。1 月 21 日，台湾地区出现首例确诊新型冠状病毒感染者；1 月 22 日，台湾地区启动"安全机制"，宣布两岸武汉旅游团全部暂停，部分航班取消。根据相关媒体报道，受新冠肺炎疫情的影响，台湾旅游业、航空业遭受重创，多家旅行社和航空公司传出准备放长假或者是裁员。根据中国国家卫生健康委员会官方网站统计，截至 12 月 31 日 24 时，累计收到台湾地区新型冠状病毒肺炎疫情通报确诊病例 799 例（出院 671 例，死亡 7 例）。新冠肺炎疫情的蔓延，严重影响了台湾旅游业的发展，也对游客的安全造成了极大威胁，2020 年疫情成为台湾主要旅游安全问题，也是当下和未来亟须解决的关键问题。

四　台湾旅游安全事件的引致因素分析

事故致因理论是研究人、物、环境和管理这些基本因素如何作用而形成事故、造成损失的理论。根据事故致因理论，本研究将台湾旅游突发事件成因剖析为四方面的因素：人员因素、设施设备因素、环境因素和管理因素。

（一）人员因素

人员因素包括旅游相关工作人员和游客两方面。就工作人员而言，其不当操作行为和安全意识低都易导致旅游突发事件的发生。台湾 2020 年多次出现旅游交通事故，例如游览车追撞公交车、游览车与客车发生撞击、游览车翻车等，这些事故都和司机的专业操作息息相关。于游客而言，游客是旅游活动中的能动主体，旅游者对安全风险的态度、应对突发事件的专业技能等安全素质，是影响旅游者突发事件应对能力和事件处置结果的重要因素。

（二）设施设备因素

设施设备是旅游活动运转的构成要素之一，但设施设备存在诸多的安全隐患。在旅游经营中，设施设备安全设计不过关、检修维护不及时、缺乏良好的设备使用说明、安全应急设备不完善等状况时有发生。2020 年飞机在松山机场降落时系统失灵、丽宝乐园断轨列车卡住、南投县武界坝凌晨异常开闸 2 次，水库无预警泄洪导致下游露营游客 4 死 1 伤等事故都与相关设施设备问题相关。

（三）环境因素

环境因素包括自然环境因素和社会环境因素。在自然环境方面，由于台湾地区地壳不稳定，地形复杂，不可避免地会对旅游活动造成影响。2020 年 9 月发生的"疯狗浪"席卷钓客意外造成了 5 死 4 伤的严重后果，此外，2020 年台湾发生了多次地震，虽未对旅游安全状况造成直接影响，但给游

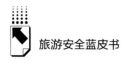
客带来了不便和威胁。在社会环境方面，政治经济环境、社会治安环境、民俗风情环境等都是重要影响因素，2020 年年初出现的新冠肺炎疫情造成了极度的社会不安的局面，不仅对全台人民的生活构成威胁，也严重影响了游客的出游意愿和旅游活动。

（四）管理因素

旅游经营场所管理不当、旅游管理部门的管理疏忽或力度不足等也是导致旅游突发事件的因素之一，例如旅游经营场所安全管理制度不健全、安全监管力度不足、安全教育培训不够等问题都容易导致旅游突发事件的发生。游览车多次发生撞击事故、夏季发生多起游客溺亡事件、风筝节活动中 3 岁女童被风筝卷上天等事故灾难也反映出旅游管理部门在相应管理层面的疏忽，台湾旅游管理部门在行业规范、约束、竞争等方面监管不力也会导致各类旅游突发事件的产生。

参考文献

［1］黄远水、向飞丹晴：《2011～2012 年台湾旅游安全形势分析与展望》，载郑向敏、谢朝武主编《中国旅游安全报告》，社会科学文献出版社，2012。

［2］黄远水、张庆：《2012～2013 年台湾旅游安全形势分析与展望》，载郑向敏、谢朝武主编《中国旅游安全报告（2013）》，社会科学文献出版社，2013。

［3］黄远水、张庆：《2013～2014 年台湾旅游安全形势分析与展望》，载郑向敏、谢朝武主编《中国旅游安全报告（2014）》，社会科学文献出版社，2014。

［4］黄远水、孙盼盼：《2014～2015 台湾旅游安全形势分析与展望（2015）》，载郑向敏、谢朝武主编《中国旅游安全报告（2015）》，社会科学文献出版社，2015。

［5］黄远水、陈龙妹：《2015～2016 年台湾旅游安全形势分析与展望》，载郑向敏、谢朝武主编《中国旅游安全报告（2016）》，社会科学文献出版社，2016。

［6］黄远水、陈龙妹：《2016～2017 年台湾旅游安全形势分析与展望》，载郑向敏、谢朝武主编《中国旅游安全报告（2017）》，社会科学文献出版社，2017。

［7］黄远水、郁敏超：《2017～2018 年台湾旅游安全形势分析与展望》，载郑向敏、谢朝武主编《中国旅游安全报告（2018）》，社会科学文献出版社，2018。

［8］ 黄远水、吴佩谕：《2018～2019 年台湾旅游安全形势分析与展望》，载郑向敏、谢朝武主编《中国旅游安全报告（2019）》，社会科学文献出版社，2019。

［9］ 黄远水、张梦娇、王芷安：《2019～2020 年台湾旅游安全形势分析与展望》，载郑向敏、谢朝武主编《中国旅游安全报告（2020）》，社会科学文献出版社，2020。

Abstract

"ANNUAL REPORT ON CHINA'S TOURISM SAFETY AND SECURITY STUDY (2021)" (Blue Book of Tourism Safety), is the annual research report written by experts organized by College of Tourism, Huaqiao University, Tourism Safety Research Institute and Center for Tourism Safety & Security Research of China Tourism Academy. It is an important part of Blue Book Serial Publication of Social Sciences Academic Press. This year's Blue Book of Tourism Safety consisted two parts – General Report, Special Reports. The Special Reports are further divided into four chapters of Industry Safety, Safety Incidents, Safety Management and Regional Safety.

Beginning with the overall picture of China's 2020 tourism safety and security situation, the General Report comprehensively analyzed the safety and security situation of the main branches of China's tourism industry-lodging, catering, transportation, attractions, shopping entertainment, and travel agency, etc. , and deeply analyzed the situation of each type of tourism incidents including natural disasters, accidents, public health incidents, and social security incidents. By reviewing 2020's major administrative issues of different tourism subjects, the General Report analyzed the influencing factors of China's tourism safety and security in 2020 and provided prospects for China's safety and security situation of tourism in 2020.

In 2020, it will be difficult to control the safety of domestic and foreign tourism, and the influencing factors of the coronavirus pandemic are still complex and changeable, which will have a greater impact on China's tourism industry. Although there are various types of tourism safety incidents in 2020 and the tourism safety situation is more severe, under the unified leadership of the

Party Central Committee and the State Council, and with the support of party committees and governments at all levels, the entire industry will continue to adhere to the "safety first, prevention first, and comprehensive governance policy, implement the Safety Production Law of the People's Republic of China, the Tourism Law of the People's Republic of China, The People's Republic of China Emergency Response Law and other safety regulations. Enterprise safety production responsibility, build a safety joint prevention and joint control system, strengthen joint handling mechanism, continue to strengthen tourism safety training, prevention, early warning and emergency response, rationally resolve various tourism emergencies, and ensure the overall safety situation of China's tourism industry in 2020 stable development.

The security situation of the tourism branch industry includes: the number of security incidents in the tourism accommodation industry has increased, the security situation of tourism catering is more severe, the performance of security incidents in tourist attractions is unbalanced in time and space, tourism shopping security incidents have increased significantly, and the security situation of tourism and entertainment has been trending. The travel agency industry is struggling to survive and the overall security status is relatively tight. From the perspective of categorized events, the trend of natural disasters related to travel is improving, but the number of casualties has decreased, the scale of travel-related accidents and disasters has stabilized and increased slightly, the situation of travel-related public health and safety is severe, and the social security of travel-related matters? The number of incidents has decreased, and safety management rights and responsibilities need to be improved.

The general report puts forward that the national tourism security situation is generally stable in 2020, but the factors affecting tourism security are still complex and diverse, and negative effects such as risk factors, technical factors, governance factors, and security factors still exist. In 2020, China will optimize tourism safety governance by strengthening tourism safety prevention preparations, coordinating tourism safety epidemic monitoring, strengthening tourism safety production, improving tourism emergency response capabilities, and giving play to the role of tourism insurance. Looking forward to 2021, under the

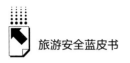

normalization of the new coronavirus pandemic, epidemic prevention and control will still be an important task. At the same time, tourism public health management will be refined, humanized and intelligent. High-risk projects will also be the focus of tourism safety prevention and control, and tourism safety management must be further improved. Mechanisms will resolve major tourism risks, and make the tourism safety early warning system more systematic and intelligent.

The Special Reports consisted of four chapters-Industry Safety, Safety Incidents, Safety Management and Regional Reports. Chapter of Industry Safety synthetically analyzed the safety situation of tourist lodging, tourist catering, tourist transportation, senic spots, tourist shopping, tourist entertainment and travel agency industry. Chapter of Safety Incidents comprehensively analyzed the situation of tourism-related natural disaster, tourism-related accidents, tourism-related public health and tourism-related social security. Chapter of safety management is mainly organized around tourism safety administration management, holiday travel safety, self-service travel safety, female travel safety, travel agency liability insurance, travel safety warning, annual hot events of travel safety, and the safety and management of homestay business under the background of the normalization of the pandemic. The regional security chapter mainly provides an in-depth analysis of the tourism security situation and management experience of Beijing, a representative of China, and also introduces the security situation of Hong Kong, Macao and Taiwan, outbound tourism and inbound tourism.

Keywords: Safety in Tourism Industry; Tourism Safety and Security Incidents; Tourism Safety and Security Management; Safety in Tourism Region

Contents

I General Report

II Special Reports

Abstract: The COVID − 19 pandemic in 2020 is a global public health event. This pandemic has dealt a heavy blow to China's tourism and accommodation industry and has increased the complexity of the causes of emergency safety incidents in the tourism and accommodation industry. From the perspective of event types, safety emergencies in the tourism and accommodation industry mainly include four major categories: accidents, disasters, social security incidents, public health incidents and natural disasters. The characteristics of safety

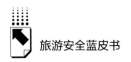
emergencies in the tourism accommodation industry in China are mainly manifested as the following: the occurrence time mainly concentrated after March, the type and structure of accidents have changed significantly, conventional safety factors occupy a major position, and the proportion of unconventional and unsafe factors has increased.

Keywords: Tourism and Accommodation Industry; Security Emergencies; Security Situation

B.3 Analysis and Outlook on the Security Situation of China's Tourism Catering Industry in 2020 −2021

Wang Jingqiang, Feng Ping, Zhang Chi and Wu Jingyuan / 030

Abstract: In 2020, due to the impact of the coronavirus pandemic, the development of China's tourism and catering industry is greatly impacted; tourism catering takeaway business is rapidly developing; the safety situation of tourism catering is good; Three new types of safety events: new facilities safety incidents, violations of construction safety incidents, and cold chain food safety have been added. The types of safety accidents and their causes are complex and the accidents are harmful. Looking forward to 2021, the safety of food delivery and the safety of imported cold-chain food transportation in tourism catering will become the focus of attention from all walks of life; contactless service technology will be promoted; together with the smart catering safety system, it will become a guarantee for the safety of tourism catering.

Keywords: Tourism and Catering Industry; Catering Industry Safety; Security Situation

B.4　An Analysis and Prospect of the Safety Situation of China's

Tourism Transportation Industry in 2020 － 2021

Shi Yalan, *Cao Yongqing* / 045

Abstract：In 2020, affected by the pandemic situation, the domestic tourism traffic safety maintains a stable and good situation in the face of challenges. The safety situation of each transportation system is generally stable. There are no serious traffic accidents in waterway, railway and civil aviation transportation, but there are still frequent traffic accidents in tourism roads and scenic spots. The tourism traffic safety makes important progress in the aspects of epidemic prevention, intelligent transportation and integration of transportation and tourism. In 2021, we should continue to improve the intelligent transportation system, coordinate the management and control of traffic safety, strengthen key areas according to the travel needs of tourists, strengthen policy support, and promote "standardized" management.

Keywords：Tourism; Traffic Accident; Traffic Safety Situation

B.5　Safety Situation Analysis and Prospects of 2020 －2021

Tourism Attractions in China

Huang Anmin, *Cheng Ruxia* / 056

Abstract：Tourist attractions are the important carrier of tourism activities, the core focus of tourism safety management, and an important part of high-quality tourism development. With the increasing number of tourist attractions and the growing development of emerging tourism, the factors affecting the safety of tourist attractions are complex and diverse, and the safety risks of tourist attractions are becoming more prominent while the safety management is increasing. In this paper, based on the safety incidents of tourist attractions in China in 2020 (excluding Hong Kong, Macao and Taiwan), the overall situation,

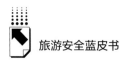

development situation, characteristics and causes are summarized, and the prospect analysis and targeted suggestions for effective management are put forward, in order to provide reference for future safety management of tourist attractions.

Keywords: Tourist Attractions; Attractions Safety; Tourism Safety

B. 6   The Security Situation and Prospect of 2020 −2021 Tourism Shopping in China

Chen Qiuping, *Wu Jiajia and Liu Zijuan* / 067

Abstract: During the COVID − 19 pandemic, the security situation of tourism shopping in China in 2020 is still very severe. Based on the statistical analysis of 218 tourism shopping safety incidents in China, we found that the number of tourist shopping safety incidents increased 21. 91% compared to last year. The safety incidents of tourism shopping are different from those of previous years in terms of occurrence time, distribution, types, groups of tourists and goods. The lack of safety awareness of tourists and the cooperation of relevant interest groups to share excessive profits are still the main causes of safety incidents of tourism shopping. The state is committed to improving the consumption environment of tourism shopping, rectifying the chaos of shopping in the tourism market, and making new progress in regulations and policies, service supervision, and scientific and technological support. Looking forward to 2021, when the COVID −19 pandemic is fully controlled, China's tourism industry will usher in a new round of recovery. The diversified demand of tourists and the diversified consumption mode will bring new challenges to the security situation of tourism shopping. Therefore, the security system of tourism shopping can be constructed from the aspects of increasing the punishment of violation, developing the rigid demand group to favor commodities, purifying the environment, and strengthening the supervision of online shopping.

Keywords: Tourist Shopping; COVID − 19 Pandemic; Consumption Environment

B.7   Analysis and Prospect of the Security Situation of China's Tourist
      Recreation and Entertainment Spots in 2020 −2021

Lin Meizhen, Li Yue and Wang Yanwen / 079

Abstract: In 2020, the overall safety situation of China's tourism and entertainment industry will improve. Weekends and summer vacations are the high-incidence periods for safety incidents; Central and East China are areas with high incidence of safety incidents; general amusement and water projects are high-incident types of safety incidents; children and teenagers are the main group injured by security incidents. Although the safety situation of China's tourism and entertainment industry has improved in 2020, it still faces severe challenges. It is necessary to pay attention to the management of high-speed, high-altitude, water, and emerging Internet celebrity amusement projects.

Keywords: Tourism Safety Emergency; Tourism and Entertainment Industry

B.8   The Security Situation and the Prospect of the Travel Agency
      Industry in 2020 −2021

Hou Zhiqiang, Han Ziwei / 091

Abstract: In 2020, China's tourism industry was impacted by the novel coronavirus pandemic and entered a "dormant period" as a whole. The travel agency industry has also undergone tremendous changes due to the epidemic. During the Spring Festival, the travel agency business was completely shut down, followed by the problems like cancellation and refund. The overall security status was relatively tense. The main characteristics are: the types of security accidents are concentrated,

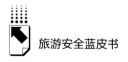

low and peak seasons in tourism and holiday effects are no longer significant, the security situation of online tourism is severe, and travel disputes based on refunds is prominent. Tourism companies are struggling to survive, with more than 10% of the write-offs of travel agencies. Looking forward to 2021, overseas tourism market will continue to be frozen, and online tourism enterprises will continue to draw great attention. The government should strengthen macro-control, at the same time, enhance guidance and supervision of travel agency industry. Tourism industry should establish tourism crisis management mechanism and crisis management system. In addition, travel agencies should optimize the organization and management structure of enterprises, actively carry out innovative design of tourism products and service training of practitioners. More importantly, tourists should also establish a correct concept of tourism consumption based on the development of the epidemic situation and strengthen the awareness of safe travel.

Keywords: Travel Agency Industry; Security Situation; Online Tourism Company

Chapter 2: Safety Incidents

B . 9   Analysis and Prospect of the Natural Disaster Safety Situation of China's Tourism in 2020 − 2021

Ye Xincai , Li Ximing and Xu Tianlei / 103

Abstract: Natural disasters are one of the main factors affecting tourism safety in China. The analysis of domestic travel-related natural disaster safety incidents shows that the number of travel-related natural disaster safety incidents in 2020 is slightly lower than that in 2019, and the number of deaths is significantly lower, reaching the lowest point in the past eight years. The main natural disasters that affect tourism safety are flood disasters and meteorological disasters. It is expected that the number of travel-related natural disaster safety incidents will show a steady decline trend in 2021. As the epidemic becomes normal, priority should be given to epidemic prevention and control, natural disaster prevention and control, comprehensive management, and emergency management. It is urgent for all sectors of society to cooperate, raise people's safety awareness, and do a good job in the prevention and response of natural disasters related to travel.

Keywords: Travel-related Natural Disasters; Tourism Security Situation; Countermeasures

B.10 Situation Analysis and Prospect of Tourism-related
Accidents in China in 2020 −2021

Wang Xinjian, Chi Liping ∕ 116

Abstract: The overall situation, classification characteristics and management progress of tourism-related accidents in 2020 are analyzed. Findings are as follows : The number of fatal accidents increased slightly in 2020, and the number of accidents and casualties remained at a low level. The number of casualties caused by safety accidents of tourism facilities has increased dramatically. The temporal and spatial distribution of travel related accidents and disasters presents aggregation. In view of the disaster trend of tourism related accidents in 2021, this paper puts forward some management suggestions, such as promoting the construction of joint supervision mechanism for special governance of high-risk tourism projects, improving the application level of tourism safety technology, and constructing and improving the tourism safety awareness education and emergency ability training system.

Keywords: Tourism Safety; Accident Disaster; High-risk Tourism Project

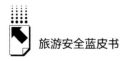
B. 11　Analysis and Prospect of Travel Related Public Health Incidents
in 2020 −2021

Wang Fang，Tong Xiaoyu and Wang Xiufang / 127

Abstract：In 2020，the overall situation of tourism-related public health
security in China was extremely severe due to the impact of the COVID − 19
epidemics. Tourism-related public health incidents emerged endlessly，which were
impossible to prevent. Compared to 2019，the number and the degree of tourism-
related food poisoning incidents reduced in 2020，but infectious diseases occurred
with unusual frequency and more serious grades；the frequency and the number of
other tourism-related public health incidents increased significantly，and the
tourism-related public health situation was facing severe challenges，especially the
spread of the COVID −19 epidemics was changing the social lifestyle. The tourism-
related public health security situation in 2020 mainly included：the sudden
outbreak of the COVID − 19 epidemics caused the insufficient security
management of tourism public health，the recovery and self-help of tourism
industry made and increasing difficulties of tourism-related public health security，
the prevailing peripheral tourism and the invisible dangers that the tourism public
health facilities had multiple threats to persons'physical and mental health which
resulted in tourism public health accidents were impossible to prevent，the global
epidemic situation was complicated，and international cooperation in tourism
public health was facing challenges. So here are the development trend of tourism-
related public health in 2021：the COVID −19 pandemic is a normality that needs
standardized daily prevention from tourism public health security；expansion in
booking tourism and focusing on accurate management of tourism public health
security ；the peripheral tourism is in vogue to need construct human-oriented
facilities of tourism public health security；smart tourism is universal and needs
accurate response of tracking tourism public health security.

Keywords：Public Health Incidents；Security Situation；Tourism Safety
Facility

Abstract: Based on the 95 travel-related social security incidents that occurred in 2020, this article analyzes the situation of travel-related social security incidents in 2020, and looks forward to the trend of the situation of travel-related social security incidents in 2021. This paper analyzes the time and space characteristics of travel-related social security incidents, and analyzes the causes of travel-related social security incidents from five aspects, including personnel, facilities and equipment, environment, management, and uncontrollable factors. The study found that the number of travel-related social security incidents in 2020 has decreased, but security management and control is still severe and complex; security incidents spread rapidly and the scope of influence is further expanded; management rights and responsibilities still need to be improved, and coordination work is more difficult. Looking forward to the travel-related social security situation in 2021, it is necessary to strengthen online public opinion monitoring and raise awareness of crisis; take advantage of the development trend of "cloud tourism" to actively guide public participation; and create a good tourism market environment with the security management system as a guarantee.

Keywords: Travel-related Social Security Incidents; Tourism Security; Management Advice

Chapter 3: Safety Management

Abstract: This article sorts out the series of epidemic prevention and control

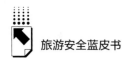
policies issued by tourism administrative departments at all levels and relevant ministries and commissions across the country in 2020, analyzes the main challenges of tourism administration in the normalization stage of epidemic prevention and control, and discusses the policies of tourism administrations under normalization of the epidemic. Optimization made recommendations. Policy review found that in 2020, China's tourism administrative departments at all levels will carry out the epidemic control work in an orderly manner, and have successively introduced a series of policies such as epidemic prevention and control, enterprise support, and market recovery. Entering the stage of normalization of epidemic prevention and control, tourism administrative departments are facing challenges such as the escalation of the difficulty of management and control of tourism places, the improvement of the accuracy of governance measures, and the strengthening of coordinated governance requirements. The study proposes that tourism administrative departments should break through the predicament, establish a multi-level and multi-sectoral linkage governance mechanism, and form a comprehensive policy system such as epidemic prevention and control, enterprise support, industrial transformation and upgrading, and consumption stimulation. It must be based on ensuring effective prevention and control of the epidemic. Simultaneously exert efforts from both ends of supply and demand to accelerate the recovery and development of the tourism industry.

Keywords: Epidemic Prevention; Normalize Prevention and Control; Tourism Management

B.14 Development and Safety Strategy of China's Holiday Tourism Market under the Impact of the Epidemic from 2020 to 2021

Zhou Lingfei, Li Mengyuan / 162

Abstract: Under the impact of the epidemic, the holiday tourism in 2020 suffered a heavy hit but recovered stubbornly. This paper expounds the stage characteristics and development characteristics of China's holiday tourism in 2020, and has an optimistic expectation for the recovery and safety situation of holiday tourism in 2021. It is expected that booking travel will become one of the new ways of holiday travel consumption in 2021, local tourism will become the leading role of holiday travel in 2021, and cloud tourism will light up the holiday travel in 2021. On this basis, this paper puts forward strategies to promote the safe development of the holiday tourism market in 2021 from three aspects of orderly promoting the recovery and development of the holiday tourism market, strictly doing a good job in the prevention and control of the epidemic situation in holiday tourism places, and strengthening the safety management of holiday tourism.

Keywords: Epidemic; Holidays and Festivals Tourism; Tourism Market Safety

B. 15 Development and Countermeasures of Self-tourism in China under the Impact of Epidemic Situation from 2020 to 2021

Zeng Wuying, *Liu Zehua* / 171

Abstract: In 2020, the tourism economy once stopped due to the coronavirus pandemic outbreak. Through the correct leadership of the Party and resisting the epidemic actively by the masses of the people, the prevention and control of the epidemic situation has changed from the emergency stage to the normal condition, and self-tourism became very popular. Under the normal condition for the epidemics, self-tourism presents three characteristics: short-distance, closing to nature and family-oriented. Through the analysis of the upsurge of self-tourism, it is found that the related self-driving travel, the policy of free travel and the support of enterprises, the self-tourism to meet the security needs during the special epidemics and the sudden emergence of cloud tourism all make self-service tourists obtain destination information more conveniently and diversely. In the future, self-driving tourism forms, peripheral self-service and

suburban tourism products, natural ecology and health products may be a major trend in the self-tourism market. Under the normal condition for the epidemics, a series of measures must be taken to avoid self-tourism safety incidents: strengthen the construction of intelligent tourism, strengthen the ability of tourists'self-safety protection, strictly control undeveloped attractions, formulate emergency plans for security rescue, and promote the security and healthy development of self-tourism.

Keywords: Normal Condition for the Epidemics; Self-tourism; Intelligent Tourism

B. 16　Research on the Present Development and Future Trend of Travel Insurance under the COVID −19 from 2020 to 2021

Li Yongquan, Zhang Fan and Lan Danni / 181

Abstract: With the outbreak and the spread of COVID − 19 epidemic in 2020, Chinese tourism industry has suffered a huge impact, and travel insurance companies are facing daunting challenges. However, the sudden epidemic makes tourists and tourism companies gaining deeper understanding and stronger awareness of risks. During this period, the tourism industry develops slowly, but Chinese travel insurance market will return to good posture and gain a long-term progress after the epidemic. By summarizing the developing situation and characteristics of the government, enterprises and tourists in 2020, this article analyzes the main influencing factors of the Chinese travel insurance industry in 2020, and predicts its "three changes" and "three constants" in 2021. The sudden epidemic has accelerated the digital transformation of the travel insurance industry. And its traditional operation and product distribution were changed by financial technology and its oscillation was prevented by online insurance. At present, the epidemic situation is repeated, and how to relieve the safety anxiety of tourists and help the tourism industry to resume its work become urgent problems to be solved. To sum up, based on big data analysis, this research puts forward the following three development suggestions: Strengthening the guiding role of the government and supporting the industry recovery through many innovations; enhancing the responsibility sense of tourism enterprises and popularizing travel insurance market education; improving relevant laws and regulations to protect tourists' travel confidence and legitimate rights.

Keywords: Travel Insurance; Financial Technology; Legitimate Rights

B. 17   Research on the Response Strategies of Tourism Safety Early

Warning to the New Normal of Epidemic

Luo Jingfeng, An Hong / 192

Abstract: The normalisation of the Covid − 19 epidemic will be the social environment that the global tourism industry will have to face for some time to come. Therefore, it is necessary to clarify the new changes and demands of the tourism safety early warning work under the normal epidemic situation, so as to make precise measures and effectively guarantee the safe travel of tourists. With the epidemic becoming normal, four new changes have taken place in the tourism safety early warning work: epidemic and the superimposed early warning including the epidemic become the mainstream of the tourism safety early warning; The early warning threshold of scenic spot reception capacity is adjusted from static fixed value to dynamic variable value; Tourist distance warning has become a new content of tourism safety warning in scenic spots. Under the epidemic situation, civilized tourism early warning is endowed with new connotation. According to the above new changes, four coping strategies are proposed as follows: tourism safety warning should still be integrated with epidemic factors to improve the intrinsic safety level of tourism; In order to keep pace with the current situation, a dynamic adjustment mechanism should be established for tourism safety warning. In order to realize high quality tourism safety early warning, a fast early warning mechanism should be established. Tourist civilized tourism early warning and

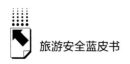
practitioners civilized tourism early warning pay equal attention to reshape civilized tourism early warning.

Keywords: the New Normal of Epidemic; Tourism Safety Early Warning; Warning Threshold

B.18 Research on the Development Strategy of Female Tourism Market under the Normalization of the Epidemic

Fan Xiangli，Wu A'zhen / 201

Abstract: COVID − 19 is one of the most serious global public health emergencies so far, and the tourism markets in all regions of the globe have suffered heavy losses. After the lockdown of the city and home isolation in the first quarter of 2020, the gradual resumption of work and production in the second quarter of 2020, and the partial rebound of the epidemic in early 2021, the resumption of work and production in the tourism industry is still struggling despite the expectations. As an important part of today's tourism market, women are the main decision makers and main force in tourism consumption. Their perception, confidence and prediction of tourism products determine the degree of recovery of the tourism market to a certain extent. Therefore, from the perspective of women, this article proposes development strategies of the female tourism market based on the characteristics of women's tourism consumption demand under the background of the normalization of the epidemic and the obstacles they face in tourism consumption.

Keywords: Normalize the Epidemic; Women's Tourism Market; Tourism Consumption

B. 19 Study on the Normalization of the Epidemic and the Prevention

of High Tourist Cluster Risk *Yin Jie*, *Ji Yingchao* / 210

Abstract: The normalization of the epidemic and the prevention and control of aggregated infection have become the focus of attention from all walks of life, focusing on analyzing the temporal and spatial characteristics of tourist aggregation risks, and proposing targeted governance paths. Taking the 595 gathering safety accidents in tourist gathering places from 2004 to 2020 as the research object, this paper analyzes the temporal and spatial characteristics of tourist gathering risks and the contributing factors. The study found that February, April, May and October are the months with high risk of tourist aggregation. The "Eleventh" Golden Week, the "May 1st" small holiday, and weekends are the high-risk periods for the aggregation risks for tourists. The areas with high risk of tourist aggregation mainly include Henan, Sichuan, Shaanxi and other provinces, and 15 places such as ancient streets, seashores and islands, rivers and lakes, and mountains have become high-risk spaces for tourist aggregation. Entrances and exits, public leisure spaces, and observation decks, etc. are the nodes with high risk of tourist aggregation, and the tour link is the link with high risk of tourist aggregation. Personnel factors, facilities and equipment factors, environmental factors and management factors are the main factors that cause the risk of tourist aggregation. Under the normalization of the epidemic situation, the management of tourist aggregation risks can follow the path of building a joint prevention and control system, improving prevention and control guarantee capabilities, strengthening the joint treatment mechanism, and improving post-treatment measures.

Keywords: Normalize the Epidemic; Tourist Gathering Place; Aggregation Risk; Governance Path

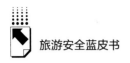
B . 20　Normalization of Epidemic Prevention and Control and Safety Management of Research Travel

Xu Guoxi , Zhang Kun and Li Beibei / 220

Abstract：China's study travel was severely impacted by the COVID － 19 epidemic in 2020. From the perspective of security situation , China's study travel suffers from the superposition of traditional security risks and COVID － 19 epidemic security risks. Since entering the normalization stage of epidemic prevention and control , tourism has gradually recovered. However , influenced by the persistence , repetitiveness and discontinuity of COVID － 19 epidemic , and the particularity of study travel , the road to recovery of study travel is still relatively long. From the perspective of short-term impact , the number of study tourists has shrunk under the normalization of epidemic prevention and control , which has led to the stagnation of study activities and is not conducive to the short-term recovery of the study travel market ; However , from a long-term perspective , the normalization of epidemic prevention and control is conducive to enhancing the industry concentration and the entry threshold of study travel market , improving the overall quality of study travel enterprises , paying more attention to the security of study travel , and promoting the long-term healthy development of the industry. The research suggests that in order to cope with the normal situation of epidemic prevention and control , an integrated management system should be established , including school security system , government security system , relevant departments security system , research enterprise security system and safety management system before , during and after the study trip.

Keywords：Normalization of Epidemic Prevention and Control ; Study Travel ; Study Travel Enterprise

B. 21 The Development Risks and Safety Countermeasures of the

Homestay Business under the Normalization of the

Epidemic Situation   *Pi Changling , Wang Lu and Ning Jun* / 229

Abstract: Under the normalization of the epidemic situation, the development of China's homestay business is facing many risks and insecurity issues. The risks faced by the homestay business include: the survival risks of homestays, safety supervision risks, product quality risks caused by labour shortages, exit risks caused by soaring costs, disputes between homestay operators, landlords, and communities, and the impact of commercial capital entry on the homestay market wait. Furthermore, we should strengthen the supervision of homestays, enhance the authority of industry associations, improve the prevention and control of homestay epidemics, and strengthen the cooperation of government, industry, academia and research to further strengthen the prevention and control of homestay business risks under normalization of epidemic prevention and control, and promote the sustainable development of homestay businesses. Promote the risk prevention and safe development of the homestay business under the situation of normalization of the epidemic.

Keywords: Normalize the Epidemic; Homestay Format; Risk Prevention

B. 22 The 2020 Tourism Safety Index Report and Analysis of Hot

Issues under the Situation of Normalization of the Epidemic

Zou Yongguang , Guan Zhihui , Yang Yong and Wu Pei / 238

Abstract: Based on the pre-constructed tourism safety degree and tourist safety sensing evaluation index system, this paper analyzes the tourism safety index data of the sample areas in 2020. The study finds that the tourism safety degree of the sample areas is generally in a safe state, and the tourist safety perception value slightly lower than the safety expectations of tourists, tourists in central and western cities have a relatively

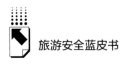
high sense of safety, and the sense of safety of destination tourists still needs to be improved. This article reflects on and analyzed problem how to ensure the personal safety of tourists in tourist attractions and enhance the sense of safety of tourists; how to coordinate epidemic prevention and control and safety management in tourist places to keep the bottom line of safety; how to ensure the safety of cultural relics and keep the lifeline of cultural relic protection. At the same time, suggestions are put forward to enhance tourists' safety awareness; build a network of epidemic prevention and control in tourist destinations; strengthen cruise epidemic prevention measures; innovate ancient building fire management systems and other management suggestions to provide scientific basis and practical reference for promoting the formulation of tourist destination safety management countermeasures.

Keywords: Tourism Safety; Tourism Safety Index; Tourist Safety Degree; Tourist Safety Sensing

Chapter 4: Region Safety

B. 23 Analysis and Prospect of Beijing's Tourism Security Situation from 2020 to 2021

Han Yuling, Cui Yanchao, Zhou Hang and Chen Xueyou / 250

Abstract: In 2020, in the face of the huge impact of the new coronavirus pandemic pneumonia epidemic on the tourism industry, the Beijing Municipal Administration of Culture and Tourism will coordinate the promotion of epidemic prevention and control in the tourism industry, resumption of production and travel, and safety production, and continue to consolidate the normalization of epidemic prevention and control. The safety foundation of the tourism industry, the overall safety situation is good, and the safety management work has achieved obvious results. Looking forward to 2021, as the epidemic prevention and control situation improves, the Beijing Municipal Bureau of Culture and Tourism will continue to promote the steady recovery of the tourism industry, comprehensively

improve the overall level of safety management in the tourism industry, and ensure that the industry is safe, stable and orderly.

Keywords: Beijing; Tourism safety; Safety management

B.24 Analysis and Prospect of Hong Kong and Macao Tourism Security Situation from 2020 to 2021

Chen Jinhua, Lin Hai, Li Yujing and Zhu Qianru / 259

Abstract: Due to the impact of COVID −19 the tourism market was close to freezing point, and the situation of tourism security environment is grim in Hong Kong and Macao in 2020. According to the local government statistics, there were 206 tourism security incidents in Hong Kong and Macao, an increase of 53.73% over the previous year, which mainly includes traffic incidents, public health incidents, social riot incidents. With the lasting and far-reaching impact of COVID −19 , the tourism in both regions is in a serious recession. Looking forward to 2021, on the one hand the local tourism industries should strengthen the system construction of health security, develop leisure products for local citizens, expand smart cloud tourism and digital security management, on the other hand, local SAR Governments should leverage the tourism cooperation of Greater Bay Area in the Guangdong −Hong Kong −Macao to jointly guard against the epidemics spreading, build a major disease surveillance and prevention system, and strengthen the ability to resist various risks.

Keywords: Tourism Safety; COVID −19; Hong Kong; Macao

B.25 Analysis of the Tourism Security Situation in Taiwan in the Past Ten Years   *Huang Yuanshui, Lai Lijun and Li Zhili / 269*

Abstract: In 2020, with the spread of COVID −19 pandemic in the world,

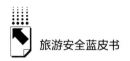

Taiwan's tourism security situation is seriously suffered, the number of mainland tourists to Taiwan after 2019 showed a cliff – breaking decline. With such situations, this study analyzes the characteristics and influencing factors of tourism safety incidents in Taiwan in 2020, and finds that: (1) the number of tourism safety incidents in Taiwan remains stable in 2020 compared with the previous year, but the accident casualty rate is reduced; (2) The type of tourism safety incident in Taiwan is mainly accident disaster, which mainly manifests itself in tourist traffic accident and entertainment safety accident; (3) Tourism safety incidents occur mostly in the summer, northern Taiwan is a high incidence of tourism security emergencies; (4) natural disasters occur periodically, mainly in earthquake disasters and marine disasters; (5) public health incidents occur prominently.

Keywords: Taiwan Tourism; Tourism Safety; Mainland Travel to Taiwan

皮 书

智库报告的主要形式
同一主题智库报告的聚合

❖ 皮书定义 ❖

皮书是对中国与世界发展状况和热点问题进行年度监测，以专业的角度、专家的视野和实证研究方法，针对某一领域或区域现状与发展态势展开分析和预测，具备前沿性、原创性、实证性、连续性、时效性等特点的公开出版物，由一系列权威研究报告组成。

❖ 皮书作者 ❖

皮书系列报告作者以国内外一流研究机构、知名高校等重点智库的研究人员为主，多为相关领域一流专家学者，他们的观点代表了当下学界对中国与世界的现实和未来最高水平的解读与分析。截至2021年，皮书研创机构有近千家，报告作者累计超过7万人。

❖ 皮书荣誉 ❖

皮书系列已成为社会科学文献出版社的著名图书品牌和中国社会科学院的知名学术品牌。2016年皮书系列正式列入"十三五"国家重点出版规划项目；2013~2021年，重点皮书列入中国社会科学院承担的国家哲学社会科学创新工程项目。

权威报告·一手数据·特色资源

皮书数据库
ANNUAL REPORT(YEARBOOK)
DATABASE

分析解读当下中国发展变迁的高端智库平台

所获荣誉

- 2019年，入围国家新闻出版署数字出版精品遴选推荐计划项目
- 2016年，入选"'十三五'国家重点电子出版物出版规划骨干工程"
- 2015年，荣获"搜索中国正能量 点赞2015""创新中国科技创新奖"
- 2013年，荣获"中国出版政府奖·网络出版物奖"提名奖
- 连续多年荣获中国数字出版博览会"数字出版·优秀品牌"奖

成为会员

通过网址www.pishu.com.cn访问皮书数据库网站或下载皮书数据库APP，进行手机号码验证或邮箱验证即可成为皮书数据库会员。

会员福利

- 已注册用户购书后可免费获赠100元皮书数据库充值卡。刮开充值卡涂层获取充值密码，登录并进入"会员中心"—"在线充值"—"充值卡充值"，充值成功即可购买和查看数据库内容。
- 会员福利最终解释权归社会科学文献出版社所有。

社会科学文献出版社 皮书系列
SOCIAL SCIENCES ACADEMIC PRESS (CHINA)

卡号：793759171414
密码：

数据库服务热线：400-008-6695
数据库服务QQ：2475522410
数据库服务邮箱：database@ssap.cn
图书销售热线：010-59367070/7028
图书服务QQ：1265056568
图书服务邮箱：duzhe@ssap.cn

基本子库 SUB DATABASE

中国社会发展数据库（下设 12 个子库）

整合国内外中国社会发展研究成果，汇聚独家统计数据、深度分析报告，涉及社会、人口、政治、教育、法律等 12 个领域，为了解中国社会发展动态、跟踪社会核心热点、分析社会发展趋势提供一站式资源搜索和数据服务。

中国经济发展数据库（下设 12 个子库）

围绕国内外中国经济发展主题研究报告、学术资讯、基础数据等资料构建，内容涵盖宏观经济、农业经济、工业经济、产业经济等 12 个重点经济领域，为实时掌控经济运行态势、把握经济发展规律、洞察经济形势、进行经济决策提供参考和依据。

中国行业发展数据库（下设 17 个子库）

以中国国民经济行业分类为依据，覆盖金融业、旅游、医疗卫生、交通运输、能源矿产等 100 多个行业，跟踪分析国民经济相关行业市场运行状况和政策导向，汇集行业发展前沿资讯，为投资、从业及各种经济决策提供理论基础和实践指导。

中国区域发展数据库（下设 6 个子库）

对中国特定区域内的经济、社会、文化等领域现状与发展情况进行深度分析和预测，研究层级至县及县以下行政区，涉及省份、区域经济体、城市、农村等不同维度，为地方经济社会宏观态势研究、发展经验研究、案例分析提供数据服务。

中国文化传媒数据库（下设 18 个子库）

汇聚文化传媒领域专家观点、热点资讯，梳理国内外中国文化发展相关学术研究成果、一手统计数据，涵盖文化产业、新闻传播、电影娱乐、文学艺术、群众文化等 18 个重点研究领域。为文化传媒研究提供相关数据、研究报告和综合分析服务。

世界经济与国际关系数据库（下设 6 个子库）

立足"皮书系列"世界经济、国际关系相关学术资源，整合世界经济、国际政治、世界文化与科技、全球性问题、国际组织与国际法、区域研究 6 大领域研究成果，为世界经济与国际关系研究提供全方位数据分析，为决策和形势研判提供参考。

法律声明

　　"皮书系列"（含蓝皮书、绿皮书、黄皮书）之品牌由社会科学文献出版社最早使用并持续至今，现已被中国图书市场所熟知。"皮书系列"的相关商标已在中华人民共和国国家工商行政管理总局商标局注册，如LOGO（ ）、皮书、Pishu、经济蓝皮书、社会蓝皮书等。"皮书系列"图书的注册商标专用权及封面设计、版式设计的著作权均为社会科学文献出版社所有。未经社会科学文献出版社书面授权许可，任何使用与"皮书系列"图书注册商标、封面设计、版式设计相同或者近似的文字、图形或其组合的行为均系侵权行为。

　　经作者授权，本书的专有出版权及信息网络传播权等为社会科学文献出版社享有。未经社会科学文献出版社书面授权许可，任何就本书内容的复制、发行或以数字形式进行网络传播的行为均系侵权行为。

　　社会科学文献出版社将通过法律途径追究上述侵权行为的法律责任，维护自身合法权益。

　　欢迎社会各界人士对侵犯社会科学文献出版社上述权利的侵权行为进行举报。电话：010-59367121，电子邮箱：fawubu@ssap.cn。

社会科学文献出版社